江苏省教育科学"十三五"规划 2016 年度课题"在苏高职中西部少数民族大学生的适应与发展研究"（项目编号：B-a/2016/03/22）

融合与重塑：在苏高职中西部
少数民族大学生的文化适应性研究

陈　燕　王旭华　严贝贝◎著

西南财经大学出版社
Southwestern University of Finance & Economics Press

图书在版编目(CIP)数据

融合与重塑:在苏高职中西部少数民族大学生的文化
适应性研究/陈燕,王旭华,严贝贝著.--成都:
西南财经大学出版社,2024.11
ISBN 978-7-5504-6149-9

Ⅰ.①融…　Ⅱ.①陈…②王…③严…　Ⅲ.①少数
民族—大学生—民族文化—研究—江苏　Ⅳ.①G641②K28

中国国家版本馆 CIP 数据核字(2024)第 071410 号

融合与重塑:在苏高职中西部少数民族大学生的文化适应性研究
RONGHE YU CHONGSU:ZAI SU GAOZHI ZHONGXIBU SHAOSHUMINZU DAXUESHENG DE
WENHUA SHIYINGXING YANJIU

陈　燕　王旭华　严贝贝　著

策划编辑	李邓超
责任编辑	李特军
责任校对	冯　雪
封面设计	曹　签
责任印制	朱曼丽

出版发行	西南财经大学出版社(四川省成都市光华村街55号)
网　　址	http://cbs.swufe.edu.cn
电子邮件	bookcj@swufe.edu.cn
邮政编码	610074
电　　话	028-87353785
印　　刷	成都金龙印务有限责任公司
成品尺寸	170 mm×240 mm
印　　张	21.25
字　　数	305 千字
版　　次	2024 年 11 月第 1 版
印　　次	2024 年 11 月第 1 次印刷
书　　号	ISBN 978-7-5504-6149-9
定　　价	78.00 元

前　言

进入 2016 年后，在苏高职院校招收的中西部学生人数显著增加，大多数在苏高职院校特别是苏北的高职院校，越来越多的中西部少数民族大学生来到江苏高职院校求学深造，少数民族大学生的比例已达到30%以上，预计这一比例还会继续增加。但少数民族的文化背景、行为习惯和生活环境等与汉族存在一定的差异，他们在生活和学习上会感受到一定程度的不适。对于异地上学的少数民族大学生来说，其适应性问题不仅是教育类型的适应性问题，更是一种跨文化适应性问题，这一群体及其适应性问题理应受到政府、学术界的高度重视。正如 2017 年全国教育工作会议工作报告中提到的，要逐步缩小东中西部教育发展差距，重点强调要启动实施"职业教育东西协作行动计划"，通过协作实现更多贫困地区孩子享受到优质职业教育。因此，研究高职院校中西部少数民族大学生的适应与发展问题是一个关乎社会稳定、民族团结与教育布局的现实和战略问题。有效处理在苏高职院校中西部少数民族大学生的适应性问题有助于发挥江苏高职院校的办学优势，同时对缓解西部教学资源紧张状况、推动东西部教育协调发展具有积极意义。

笔者，即本研究主持人，出生、成长在汉、回、苗、瑶等多民族混居的中部民族自治地区，大学及研究生阶段教育都在云南民族大学完成，毕业后在江苏食品药品职业技术学院担任教师。这些成长、求学、工作的独特经历使笔者对少数民族大学生有着深厚的感情，更容易与他们坦诚地沟通交流，了解他们的真实想法和内心世界。同时，笔者也有责任和义务去关注这一群体，帮助他们解决学习、生活、工作上的一系列具体问题。课题组通过现场座谈、跟踪调查、数理统计、比较分析等多种形式与方法，对在苏高职中西部少数民族大学生的适应和发展问题进行了系统、全面的动态研究。课题组将理论与实践结合，剖析在苏高职院校中西部少数民族大学生的适应与发展存在的问题及其原因，最终基于"融合与重塑"理念，为高职院校及教育主管部门提出了解决中西部少数民族大学生适应性问题的对策与建议。这在一定程度上丰富了江苏高职院校乃至整个教育领域在此议题上的理论探讨，体现了本书在此领域研究的贡献与价值。

本研究主要划分为三个阶段，将个体研究和群体研究相结合，每一阶段选取一个重点内容进行研究，针对其提出具体建议和对策并形成研究报告。具体来说，第一阶段的研究对象主要是入学的少数民族新生，研究的重点内容是他们的文化适应问题及专业选择的合理性；第二阶段的研究对象主要是大二学生，研究的重点内容是他们的专业、技能学习情况及考工考证情况等；第三阶段的研究对象主要是大三学生，研究的重点内容是他们的实习、就业情况，以及他们的大学生活满意度与影响因素。本研究基于"融合与重塑"理念，探讨通过构建针对少数民族大学生的公共服务平台，强化在苏高职院校关注与帮扶少数民族大学生的责任及服务意识，不断健全工作机制，做好对少数民族大学生的服务与管理工作，从而有效解决在苏高职院校中西部少数民族大学生的适应性问题，促进少数民族大学生身心健康发展与综合素质的全面提高。

本书为江苏省教育科学"十三五"规划 2016 年度"职教重点资助"项目研究成果，凝结了团队成员多年的学术研究成果，汲取了国内外的科学研究理论，借鉴了许多实践成功案例，紧跟前沿学术动态，具有较大的科研与应用价值。与此同时，囿于作者水平与资料的更新速度，书中难免存在不足之处，敬请各位读者批评指正。

陈燕

2024 年 4 月

目　　录

第一章　绪论

一、研究缘起

由于区域间经济社会发展不平衡及其历史积累，我国东部发达地区的高等教育资源比较丰富，中西部地区高等教育资源相对不足，办学条件偏弱。为此，我国一直将振兴中西部教育作为缩小区域教育差距、推进教育公平的重要战略。2008 年开始实施的"支援中西部地区招生协作计划"就是重要的举措之一，该计划每年专门安排招生增量计划，由高等教育资源相对丰富、录取率较高省份的高校面向高等教育资源不足、录取率较低的中西部省份招生，对中西部地区进行教育扶持。随着职业教育的不断发展，其教育规模不断扩大，越来越多的少数民族学生离开家乡，前往经济发达地区的高职院校求学，他们肩负着亲人、国家的期望，励志成才以反哺家乡与社会。

我们应当看到，这些少数民族大学生，尤其是居住在民族聚居区和比较偏远地区的学生，他们原本一直生活在自己熟悉的民族环境之中，进入高校之后要面对不同的学习模式与全新的职业教育，更要面对不同地域的文化冲击，这必然会使他们产生差异感、陌生感和压力感，进而产生心理落差。少数民族大学生自身是如何应对这些问题的？他们在逐步适应的过程中心理状态发生了怎样的变化？社会和学校如何对他们进行有效的帮助、教育和管理？相关部门如何遵循成长规律、教育规律，制定针对少数民族大学生的全过程、全方位的立体帮扶政策？面对众多问题，本项目团

1

队利用自身优势，着眼于江苏地区高职院校，对其学生进行了长期的动态跟踪、网络调研及现场访谈，并结合江苏高职院校实践摸索中的成功案例，多角度深入探讨了高职院校中西部少数民族大学生的适应情况，为主管部门及高校应对少数民族大学生的适应性问题提供了行之有效的科学建议和对策。

（一）越来越多的少数民族学生来到江苏求学

2016 年 6 月，《国务院办公厅关于加快中西部教育发展的指导意见》提出，要增加民族地区学生上大学的机会，继续实施高等学校招生向少数民族地区倾斜的有关政策；职业教育高等院校要紧贴民族地区需求，动态调整专业设置，通过委托培养、定向培养、订单式培养等形式，为民族地区培养急需人才；适度增加高等院校少数民族预科班、民族班招生规模，让更多的少数民族学生有机会进入不同类型的高校接受高等教育。在区域发展总体战略中，国家把民族教育摆在了更加重要的位置，将中西部教育置于全国教育总体格局中谋划设计，统筹规划中西部教育与经济社会的协调发展，系统谋划加快中西部发展的政策措施，确保各项政策相互配套、相互支撑，形成合力。

2019 年 3 月全国两会期间，国务院政府工作报告作出"高职扩招百万"的决定。随后，教育部为贯彻落实"高职扩招百万"的有关要求，全面深化职业教育改革，统筹做好计划安排、考试组织、招生录取、教育教学、就业服务及政策保障工作，确保稳定有序、高质量完成扩招工作任务，特制定《高职扩招专项工作实施方案》。该方案的指导思想是坚持以习近平新时代中国特色社会主义思想为指导，全面加强党的领导，深入贯彻党的教育方针，认真落实党中央、国务院决策部署和《国家职业教育改革实施方案》，适应产业升级和经济结构调整对技术技能人才越来越紧迫的需求，把发展高等职业教育作为缓解当前就业压力、解决高技能人才短缺的战略之举，坚持中央统筹、地方主责、系统化推进、质量型扩招，以现代职业教育的大改革大发展为蓝本，加快培养国家发展急需的各类技术技能人才，让更多青年凭借一技之长实现人生价值，让三百六十行人才荟萃、繁星璀璨。

高职院校"百万扩招"任务，既是缓解当前总体的就业压力的有效途径，又是解决技术技能人才短缺的战略之举。伴随"百万扩招"序幕的拉开，各省份纷纷出台了新的招生考试制度，最引人注目的是取消高职招收中职毕业生的比例限制，扩大中职毕业生参加高职院校单独考试的招生比例。近年来，江苏高职院校向中西部招生的名额不断增加，少数民族大学生群体也日益扩大。2020 年江苏高职（专科）学生数为 68.86 万人，2021 年江苏高职（专科）学生数为 75.96 万人，其中高职（专科）层次少数民族大学生达到 4 万多人。

课题组根据江苏高职院公众号公布的数据，查询和整理了江苏部分高职院校 2020 年的新生数据及少数民族新生的比例。我们选取了三个不同区位的代表性职业院校，分别是苏州农业职业技术学院、江苏食品药品职业技术学院、江苏航运职业技术学院，其少数民族新生数据表 1-1 所示。

表 1-1 2020 年江苏部分高职院校新生数据

学校	招生总人数 / 名	少数民族人数 / 名	占人数比例 /%
苏州农业职业技术学院	3 586	385	11
江苏食品药品职业技术学院	3 819	1 293	34
江苏航运职业技术学院	5 031	566	12

从表 1-1 中的数据可知，江苏高职院校中少数民族新生占比基本达到10% 以上，江苏食品药品职业技术学院招收的少数民族新生甚至达到了新生总数的34%。此外，课题组通过问卷调查得知少数民族大学生来自藏族、维吾尔族、蒙古族、回族、彝族、壮族、苗族、东乡族、纳西族等40多个少数民族，其中藏族、维吾尔族、壮族、回族等少数民族大学生的人数

居于前列。

（二）高职院校少数民族大学生面临适应性问题

增强职业教育的适应性是一项非常重要且艰巨的时代任务，它是我国新发展阶段的客观要求，也符合人民群众日益增长的对于高质量、多类型、多层次的职业教育的需求。对于少数民族大学生来说，增强职业教育适应性具有双重含义：其一，少数民族大学生来到一个异文化环境，他们要适应学校所在地的社会生活、文化氛围和人际交往；其二，作为一种类型教育的接收者，少数民族大学生要学有所成，以满足高等职业教育人才的培养标准，将家国情怀厚植于其思想深处，勇挑重担，积极服务家乡所在地的经济社会发展。

1. 适应性既是职业教育长期的短板和痛点，也是高质量发展的内在需求

党的十九届五中全会、"十四五"规划和 2035 年远景目标纲要提出要把"增强职业教育适应性"作为实现建设高质量职业教育体系的重要举措。国内众多专家，如新乡学院教授赵荷花、教育部职业教育发展研究中心副主任研究员曾天山、中国职业技术教育学会常务副会长兼秘书长刘建同等对职业教育适应性的解读，可以为职业教育中增强少数民族大学生的适应性提供探寻路径，从而为制定更加精准的教育和管理措施起到抛砖引玉的作用。

第一，适应性不足是职业教育长期存在的短板和痛点。职业教育作为类型教育，其体系尚未建立完全，与经济社会发展、人民群众需要还有很大差距。目前，职业教育与经济社会发展和产业转型升级要求不匹配的矛盾非常突出，一方面，接受过职业教育的毕业生找不到合适的工作；另一方面，用人单位也难以招到合适的高质量人才。这也是职业教育吸引力不足、认同度不高的重要原因。职业教育的人才培养与经济社会发展和产业转型升级需要之间存在不对称性和不适应性，需要政府、企业、学校、学生、

家长、社会等多元主体共同发力，深入推进育人方式、办学模式、管理体制、保障机制改革，深化产教融合与校企合作，建设"双师型"教师队伍，使学生"上手快、后劲足"，不断提高自身的适应能力。

第二，促进职业教育高质量发展的关键是增强适应性。现阶段，职业教育发展还未完全适应经济发展方式的转变和人的全面发展的要求，要想打破僵局继续发展，高职院校唯有顺应国家大力支持和推动职业教育发展的新形势，激发内生动力，挖掘内在潜力，勇敢面对社会和人的发展中对其产生的新需求和新挑战，超越自身发展中的短板与局限，主动摸索办学模式，积极进行自我调适和修正，加强专业内涵建设，才能在可持续发展中找到自身存在的意义。增强适应性就是要瞄准技术变革和产业优化升级的方向，推进产教融合、校企合作，促进教育链、人才链与产业链、创新链的有效衔接，吸引更多青年接受职业技能教育，切实促进产业升级转型，加快建设制造业强国，切实增进民生福祉，实现更加充分、更高质量的就业，扩大中等收入群体，促进共同富裕。

2. 江苏高职院校提升少数民族大学生的适应性更为紧迫

对于来江苏接受职业教育的少数民族大学生来说，适应性既具有职业教育类型的共性问题，也有此群体的特殊性和复杂性。由于历史传承和社会发展的原因，少数民族地区的经济发展和教育水平赶不上东部地区。这些地区的学生来到江苏接受优质的高职教育，可以成为产业转型中所需的高端技术技能人才，从而促进少数民族地区经济社会发展，承担起巩固少数民族地区脱贫攻坚成果的重任。

课题组进行了多次调研，少数民族大学生的不适应性可以表现在以下三个方面：一是学习不适应，主要表现在学习态度、学习动机、学习环境的适应程度及学习内容的理解等方面。它们与地区经济因素、民族教育情况、民族文化因素有关。对于部分意志不坚定的少数民族大学生来说，学习不适应会使他们丧失学习的兴趣，进而荒废学业。二是人际关系不适应，主要表现为部分少数民族大学生对人际交往的逃避和恐惧。他们从单一民族的生活环境进入多民族的生活环境，交往技巧缺乏、交往方式不当等都会严重影响他们的人际交往，严重时甚至会造成学生性格内向、孤僻、自卑等不良心理状况。三是环境不适应，江苏高职层次少数民族大学生多来自我国西藏、云南、内蒙古等地区，自然环境和人文环境与就学地区迥异。例如，某高职院校中很多学生来自西藏，西藏地处青藏高原，空气稀薄、日照充足、紫外线强烈，与该高职院校所处的自然环境差异较大，一些少数民族大学生在校园易出现水土不服等身体不适的情况。

有小部分少数民族大学生的不适应性可能会导致一些不良情绪、心理与行为，如孤僻、敏感、抑郁等不良情绪，严重时甚至有极少部分学生出现打架斗殴、酗酒闹事等不良行为；自行其是、无理取闹、不尊重辅导员、不听老师善意劝阻等逆反行为；厌学、怠学、无故旷课、考试作弊等违纪行为。这些行为影响了校园和谐，使人才培养目标难以实现。由于我国少数民族分布区域性特点及学者自身学习、工作经历的局限性，对于少数民族大学生的适应性问题的研究较少。因此，如何增强江苏高职院校少数民族大学生的适应性，以及在这一过程中高校应如何融合、重塑、超越现有教育体系、服务观念和管理机制，是亟待研究的重要课题。

二、研究方案

（一）研究目标

适应性是职业教育基于自身的性质与特点，及时响应与应对内外环境的变化，通过调整与变革自身以与社会、公众及其自身发展的新要求相协调，获得可持续发展的特性、能力与表现，是新时代职业教育高质量发展的内在需要。因此，政府、学校、企业和家长等多元主体要立足于受教育者发展的需要，精准定位少数民族大学生的人才培养目标，促进教育链、人才链与产业链、创新链的有机衔接，打造学生成长成才高地，服务民族地区经济社会发展。

鉴于上述原因和重要性，本研究的研究目标是：为主管部门及高职院校出谋划策，为中西部培养合格的高素质技术技能型人才，使其服务于生源地经济发展和产业转型升级；调整和改革江苏高职院校专业人才培养模式，丰富江苏高职教育教学服务和管理的内涵；探讨提升少数民族大学生适应性的具体措施并建设相关机制；促进各民族间融合，铸牢中华民族共同体意识；充分利用江苏优质职业教育资源，培养高素质、高质量技术技能人才。

（二）研究框架

课题组成员在根据国内外跨文化研究理论并借鉴已有研究成果的基础上，聚焦问题、搜集资料、整理资料、分析资料，确定研究目标和研究内容，系统探讨了江苏高职院校中西部少数民族大学生的适应和发展问题。具体研究框架如图 1-1 所示。

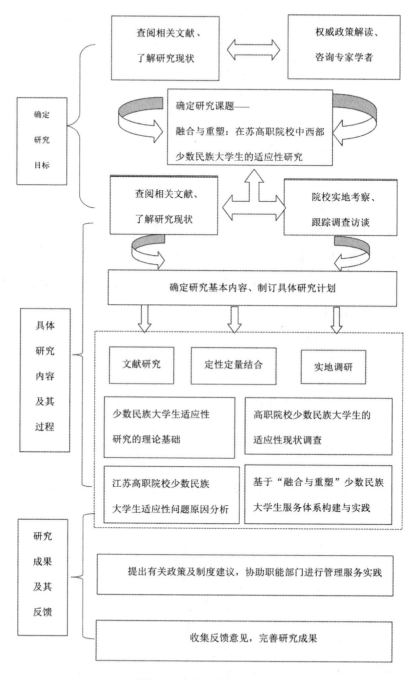

图 1-1　本研究的研究框架

（三）研究方法

本书受"江苏省教育科学'十三五'规划 2016 年度课题"基金项目资助，课题组期望在有限的时间内能按时完成，力求取得标志性的研究成果，拟解决一些关键性问题。在前期准备和研究过程中，课题组成员主要采用了文献研究法、实证研究法与访谈法等，坚持理论与实证相结合，定性研究与定量研究相结合。具体研究方法介绍如下：

1. 文献研究法

课题组成员利用图书馆、资料室、书籍等收集有关少数民族大学生研究的文献资料，查阅相关的词典、硕博士论文、学术著作和学术期刊等国内外文献，通过对已有的书面文献资料和电子文献资料的收集，深入理解项目研究的理论背景和主要内容，了解有关少数民族大学生研究的最新成果及国内外研究动态，提炼出对本研究有价值的资料和信息，为研究提供学术理论依据。如整合梳理特殊群体跨文化适应理论，在理清相关研究理论成果脉络后，再综合分析目前的研究对象，在此基础上为课题研究提供理论基础并深化认识。

2. 实证研究法

课题组成员采用调查问卷和现场访谈等多种形式，对江苏高职院校的少数民族大学生进行调查，获取研究所需的第一手数据。课题组通过"问卷星"对少数民族大学生发放问卷，网上匿名回答问题，问卷回收后进行分析、归纳与总结，全面、全过程地了解少数民族大学生适应性的真实状况和存在的问题。此外，课题开始后，课题组成员还利用身份便利，走进研究对象的日常生活中，观察、发现他们存在的适应性问题并分析出现问题的根源。研究过程中将理论与实践相结合，根据调查结果，基于"融合与重塑"理论观点，课题组成员讨论了提升少数民族大学生适应性的几个重点维度，提出了构建提升少数民族大学生适应性的多方联动机制，探讨了提升少数民族大学生适应性的教育策略。

3. 定性与定量结合法

课题组成员采用问卷星、Excel、SPSS 17.0 等工具与软件收集、分析数据，得到实证结果，找出对策和措施。本研究先回顾了已有的文化适应问卷，在此基础上设置自己的问卷，最后通过初测问卷的因素分析及信效度验证，确定进行文化适应调查的正式问卷。在定量题型上采用李克特五级量表，赋值 1～5，通过信度效度分析、百分比、交叉分析、单因素方差分析、线性回归、卡方检验、探索性因子分析等多种分析方法对问卷的信度与效度进行检验，并对问卷中涉及的各类定性定量数据进行分析。本研究通过问卷调查法，结合定性与定量的研究方法，明确了少数民族大学生在文化适应中存在的问题，并提出有效的解决策略，以帮助少数民族大学生尽快适应并融入新的文化环境。

4. 访谈法

本研究的访谈对象来源主要为江苏高职院校大一至大三的少数民族大学生，其中有适应较为顺利的学生，也有适应较为困难、存在一定问题的学生。访谈对象包括班主任、专业教师及日常交往的汉族同学，这就避免了访谈结果仅仅是来自少数民族学生的一面之词和主观感受，从而得到更真实的结论。本研究通过个案访谈法研究少数民族大学生的家庭背景、民族认同感、价值观等问卷内容收集不到的信息。个案访谈过程中一些不经意的研究视角和思路，能够帮助课题组获得一些"意外收获"，从而有利于拓展研究的深度和广度。本研究围绕少数民族问题学生和榜样人物展开了多次面对面的访谈及网络交流，利用自己在民族地区成长和学习的优势，获得了很多江苏高职院校少数民族大学生的真实想法和第一手资料。

（四）研究价值

少数民族大学生的教育管理工作涉及面广、敏感度高、政策性强。在"东西协作"促职业教育发展背景下，高职院校如何做好少数民族大学生人才培养工作，成为江苏许多高职院校的重要课题，也直接影响着行动计划和对口帮扶的工作成效,对促进各民族团结和民族地区经济社会发展具有重要的理论和现实意义。

1. 丰富在苏高职教育人才培养的内涵

面对江苏高职院校日益壮大的少数民族学生群体,很多问题需要我们去思考和研究:少数民族大学生的专业选择是否具有盲目性?是否符合生源地的经济特点和产业发展优势?是否契合就读高职院校的办学特色?高职院校的教育和管理措施是否体现了少数民族大学生的诉求?招生与培养是否有效对接?人才培养模式是否需要做出合理调整?混合式的班级教学的课程设置及教学评价是否有具体对策?少数民族大学生毕业后是否愿意回生源地就业?这一系列问题都要我们去调查和研究,从而认识到这些问题给社会、国家带来的长远影响。个体的文化适应不仅会影响学生个人的发展前途,还会影响整个高职院校的发展前途及声誉,本研究把研究视角投向江苏高职院校的少数民族大学生这一特定群体,拓宽了在苏高职教育的研究内涵。

2. 促进少数民族学生自我价值的实现

中西部少数民族大学生大多居住在边远落后、经济和文化欠发达的山区,从小接受本民族文化、习俗的熏陶和影响,大多数学生在自己的民族语言环境下长大,意识形态上带有本民族文化和价值观念的烙印。本研究着眼于他们在此种状态下的适应性问题,有利于帮助他们尽快适应大学生活,有利于提高少数民族大学生在高职院校学习、生活的质量,帮助他们更好地融入集体,发挥自己的长处,从中获得自我成就感,实现自身价值,并进一步增强社会责任意识,促进民族大融合。

3. 有助于制定科学合理的服务与管理措施

江苏高职院校在少数民族学生的教学与管理上仍存在一些问题,本研究在深入了解在苏高职院校中西部少数民族大学生的适应情况和发展需求的基础上,为学校领导、教师和政府管理部门做好少数民族大学生的教学、服务与管理工作提出有针对性、可操作性的建议与措施，包括建设为少数民族大学生服务的平台，搭建全方位、立体化的帮扶机制，鼓励各民族大学生交流融合，丰富大学校园文化生活，营造和谐大学校园。

4. 有利于促进民族地区经济社会持续发展

地区间发展的不平衡是影响各民族共同繁荣、民族关系和谐和社会稳定的深层次根源，少数民族地区的经济社会发展关系到中华民族的伟大复兴。要解决发展不平衡的问题，实现中西部经济和文化的快速发展，根本在于培养少数民族人才。少数民族大学生作为少数民族优秀人才的代表，东部学成归来反哺当地社会，肩负着振兴民族地区经济，巩固国家边疆，增强各民族团结的责任和使命。

第二章　少数民族大学生适应性研究的理论基础

一、核心概念界定

（一）高等职业教育

2019 年 1 月，国务院印发的《国家职业教育改革实施方案》中指出，职业教育与普通教育是两种不同的教育类型，具有同等重要地位。2022 年，新修订的《中华人民共和国职业教育法》（以下简称《职业教育法》）首次以法律形式明确："职业教育是与普通教育具有同等重要地位的教育类型，是国民教育体系和人力资源开发的重要组成部分，是培养多样化人才、传承技术技能、促进就业创业的重要途径。"根据新修订的《职业教育法》，职业教育是指为了培养高素质技术技能人才，使受教育者具备从事某种职业或实现职业发展所需的职业道德、科学文化与专业知识、技术技能等职业综合素质和行动能力而实施的教育，包括职业学校教育和职业培训。

高等职业学校教育由专科、本科及以上教育层次的高等职业学校和普通高等学校实施。高等职业技术院校既可以是专科层次，也可以是本科以上层次，是一个独立于理论性本科高校之外的高等职业教育体系。本研究所涉及的高职院校包括大学本科层次的职业技术大学，但主要是指具有专科层次且独立设置的高等职业技术学院或高等职业院校，招生对象为通过国家高考的普通高中毕业学生或者具有高中同等学历的学生，基本学制一般为三年。

（二）中西部少数民族大学生

研究群体对象来自中西部：西部地区包括12个省级行政区，分别是四川、重庆、贵州、云南、西藏、陕西、甘肃、青海、宁夏、新疆、广西、内蒙古；中部地区有6个省级行政区，分别是山西、安徽、江西、河南、湖北、湖南。关于对中国"少数民族"的定义，在济南出版社于1995年出版的《民族知识辞典》中表述为"除汉族以外的其他民族，即人口数量上占少数的民族"。本研究所研究的少数民族大学生特指原本一直生活在中西部少数民族聚集地，现来到非民族高职院校（即以汉族学生和汉文化为主要背景的高职院校）上学的大学生。他们从小生活在少数民族聚居地，在自身民族文化的特殊背景下与汉族学生接受着不同的教育，有着不同的语言、习俗等。

（三）适应性

根据四川出版集团等出版社于1990年联合出版的《汉语大字典》，"适应"作为名词时与"适应性"同义，意味着事物与客观环境相应、相适、平衡的程度和状态；作为动词时则意味着事物主动或被动地、渐进地改变、调整、调节自身，以应对客观环境变化对其产生的新要求与挑战。这意味着适应是事物变革现状的目标、过程与结果的统一，事物总是在调适、变革与超越自我的适应过程中获得发展。

上海教育出版社于2003年出版的《心理学大辞典》对"适应性"的定义是：个体在生活环境中，在随环境的限制或变化下改变自身的同时，又反作用于环境的一种交互过程，个体通过这个过程达到与环境之间和谐、平衡的状态。可见，适应性是一个持续不断地调整、变化的过程，既有自身的改变，也有对环境的反作用。

综观不同观点，我们认为：适应性是一个动态变化的过程，个体能够随着外界生存环境的改变而不断调整自身行为，使自己与新的生活环境达到一种和谐相处的状态。由于少数民族的风俗习惯、个性特征、历史变迁和社会发展的影响，少数民族学生在认知、情感和意向方面呈现出特有的群体样态。探讨江苏高职院校中这一群体的适应性问题，既要研究增强职业教育适应性共性的问题，也要研究少数民族大学生这一群体在离开原生态母体文化后所表现出的独特特点。

二、跨文化适应性研究的理论

适应性研究，特别是跨文化适应这一概念被提出以来，经过一百余年的发展，诸多学者从不同的学术视角，针对不同的时代现实问题，构建了许多关于适应性的经典理论。跨文化适应的过程错综复杂，群体或个体在这一过程中应对外界环境变化的特征、模式等是跨文化适应研究的主要专题，学者们围绕这些专题开展了一系列的研究，形成了一些具有应用性、可操作性的理论和实践成果。

（一）文化冲击理论

文化人类学家奥伯格于 1960 年首次提出"文化冲击"这一概念。奥伯格将文化适应过程分为四个阶段：蜜月期、危机期、恢复期和适应期。当一个人进入异文化中时，最初会因为对不同文化环境感到新奇、新鲜而兴奋，这个阶段人的感官刺激得到了极大满足，以情绪反应为主，反而会忽视一些现实问题，这是适应过程的蜜月期。在适应的第二个阶段，个体兴奋感消退，开始面对现实问题，如陌生的环境、生活不便利、人际关系压力等，个体进入文化冲击期，会产生负面情绪、出现适应不良等现象。同时，个体也会因为适应压力产生动力，在苦恼中挣扎，寻找出路，这是适应过程的危机期。第三个阶段是恢复期，在这个阶段个体开始真正面对现实环境的改变，开始思考个体与环境的关系并不断调整自己。最后一个阶段是适应期，个体在这个阶段已经完全适应了新的文化环境，产生了文化认同，并以"局内人"的身份生活在现实的文化环境中。从以上理论可以看出，文化冲击可以是多方面的，包括气候、饮食、语言、服饰，乃至行为举止、人口密度、政治经济环境，等等。既有身体因素，也有精神因素。在一个崭新的文化环境中，文化冲击会使受冲击者无所适从，甚至完全丧失心理平衡和价值判断标准。

文化冲击理论，实际上是关于文化适应过程的理论。该理论强调了在文化适应过程中，个体因为文化差异所受到的冲击、适应过程的四个阶段及每个阶段的不同特点。基于此，我们可以采取不同策略以应对少数民族大学生的适应性问题，这对于研究如何对少数民族大学生进行科学的服务与管理有着重要意义。对少数民族大学生来说，进入新的校园环境要经受一定的文化冲击，他们不仅脱离了土生土长的社会环境，转变了生活空间，更重要的是他们还将因为意识到自己与非少数民族大学生的诸多不同而表现出独特的不适应心理。少数民族大学生的不适应不仅表现在外显的语言、交际、生活习俗上，还表现在内在的宗教信仰、行为准则、思维方式等冲突带来的一系列体验上，这些必将对少数民族大学生的心理感受和行为导向产生很大的影响。

当然，我们也要清楚了解，来自中西部的少数民族大学生并非都以"蜜月般的甜蜜"开启适应东部高校生活的篇章。例如，来自西藏、新疆等地的学生在适应初始阶段对江苏的自然环境、文化环境就有很强的不适感，心理上有陌生感、孤独感、失落感，甚至一些学生在一段时间以后仍旧难以适应江苏的天气和饮食。可见，由于社会文化背景和研究对象的不同，国外学者构建的文化适应阶段理论并不能够完全解释我国少数民族大学生的文化适应问题。如今，我国职业教育事业蓬勃发展，民族地区产业结构逐步调整，脱贫攻坚已取得胜利，在这种新时代背景之下，亟需探索发展适合我们国家少数民族大学生的跨文化适应理论。

（二）理性寻求理论

路易斯提出了文化适应的理性寻求理论，他认为文化适应就是个体理性寻求的过程，不同的个体其文化适应的过程可能是不一样的，同一个人也会出现传统文化适应阶段的重复叠加现象。

路易斯的理性寻求模式包含"变化""差异""惊奇""理性寻求""归

结原因""更新期望和框架概念""选择行为方式"等阶段。"变化"是个体进入到新的环境所看到和经历的与以前不一样的地方，也即新旧文化之间的差异，是客观环境的不同。"差异"主要指个体心理预期的差异。个体进入新环境中，心理上会产生"怎么和我想的不一样"的想法，有心理落差。"惊奇"就是个体进入新环境后面对变化和差异的反应。惊奇是情绪和态度反应，个体通常会对出乎意料的事物感到惊奇，如文化差异。"理性寻求"是个体在惊奇的情绪反应之后自然地进入的心理阶段。这一阶段个体会理性分析自己为什么会感到惊奇，而影响个体理性发挥的因素主要有个人背景、其他有类似惊奇感的人及本地人的解释。"归结原因"是理性寻求的进一步发展，是个体对惊奇的解释，是内在原因和外在影响的归结。"更新期望和框架概念"是个体文化适应的一个成果，即个体理性解释自己面对新环境的反应之后，开始接受新环境中发生的一切，并调整自己的期望、态度和行为方式，从而形成新的认知框架。"选择行为方式"是指理性寻求之后，个体对在新环境中采取什么样的行为方式进行选择。

路易斯理性寻求理论从个体心理认知过程的角度解释了文化适应的过程，并且不回避"惊奇"和"意外"，强调让文化适应在一种自然的状态中发生，这对于指导个体文化适应有着重要的意义。一方面，少数民族大学生进入全新的文化环境时，将深刻地感受到新旧文化之间的变化和差异，并为此感到惊奇，这种惊奇将带领他们进行理性寻求。他们的理性主要来源于个人背景（民族文化差异）、其他有过类似惊奇感的人（同民族校友）以及本地人的解释三个方面。少数民族大学生中的不同个体在理性寻求各种解释之后，最终会归结出一些原因及新环境、新文化的特点。在此基础上他们将通过更新自我的期望值和认知框架结构，选择新的行为方式来适应全新的文化、自然环境。另一方面，高职院校可据此理论针对少数民族大学生制定全过程的服务方案与管理对策，指导少数民族大学生进行职业规划及设定就业期望值，遵循职业教育规律和少数民族大学生成长成才的特点，引导他们在良性状态下成长。

对于本研究来说，从个体的角度了解少数民族大学生在文化适应过程中的"惊奇"和"意外"，帮助他们认识自己的不足并归因，进而调整他们的认知和行为方式，这无疑是一种具有较强针对性和指导性的视角，对于提出促进少数民族大学生融合与重塑的策略有着重要的意义。我们要避免制度的不科学性和管理的盲目性，学会尊重和了解少数民族的行为准则和文化习俗，消除文化偏见和文化歧视。高职院校对少数民族大学生进行管理时，要能够站在他们的文化场景去思考问题，提高文化移情能力，减少文化冲突和矛盾，进而使少数民族大学生的适应过程更加顺畅，激励他们主动有为、重塑自我。

（三）螺旋式上升理论

螺旋式上升理论认为事物发展过程中，新事物会代替旧事物，好事物会代替坏事物，但因为受到旧的或坏的事物制衡，新的事物不会以直线的路径去发展，而是以曲线进程上升，逐渐摆脱阻力，达到成功。这一理论认为文化适应是一个动态的长期积累的过程，个体会反复经历"压力—调整—前进"这样的一个文化适应的动态过程。它像一个螺旋式的弹簧，个体的文化适应呈螺旋前进的形态，在持续的压力反弹过程中个体的文化适应能力和水平得到了提高。从某种程度上讲，螺旋式上升理论是一种文化适应的发展理论，它更加肯定文化适应的动态发展。在这一理论中，压力被认为是正常的心理，是前进的动力，而不是失败的表现。

少数民族大学生在江苏高职院校学习、生活的过程中，也必然经历一个不断调整和进步的过程，以螺旋式上升发展的视野来观察少数民族大学生的适应性，研究他们的适应性问题无疑更有全局性、前瞻性。在帮扶少数民族大学生时，我们应努力采取各种措施对症下药，切忌追求短期效应，而应着眼长远、动态跟踪、全员参与、全过程跟进、全方位发力。

（四）双维度模型

加拿大跨文化心理学家贝瑞，根据文化适应过程中个体所面临的问题提出了一个双维度文化适应模型，双维的一层含义是个体是否保持和发展源文化的特征特性，另一层含义是个体是否倾向于同新文化进行跨族群的交流并建立积极的关系。他根据个体对源文化和新文化的态度，提出了边缘、分离、融入、整合四种文化适应的方式。在个体文化适应过程中，如果个体坚持维护母体（传统）文化，而不希望和其他文化群体交流，那么就采取分离的适应方式；相反，如果个体不再重视甚至放弃母体文化，而倾向于选择其他民族的文化，则采取融入的适应方式。如果个体既重视、继承母体文化，也学习、接纳其他民族的文化，则是整合的适应方式；反之，个体既不重视母体文化，也拒绝其他民族的文化，则是边缘的适应方式。

贝瑞的双维度文化适应模型，既是个体文化适应的策略和态度，也反映了个体在文化适应过程中的存在状态和文化适应的结果。它既可作为静态模型，也可作为动态模型。不同文化定式和生长环境下的人对事物的判断带有自身的主观性，少数民族的价值观念、风俗习俗、思维方式、行为态度等与汉族有着很大的差异。在面对江苏高职院校这一新文化环境时，一些少数民族大学生在高度认同本民族文化的同时，也积极参与汉文化群体的互动交往，如结交更多的汉族同学、学习汉文化知识、加强普通话学习等，以达到更好的文化适应状态。课题组通过大量跟踪研究发现，个体积极主动融合是提升少数民族大学生适应性的最佳对策。

高职院校的教师要重视少数民族大学生文化适应模式的研究与实践，努力使少数民族大学生的跨文化适应达到融合模式，避免出现故步自封、一味认同或者边缘化的不良现象，使他们在认同并保留本民族文化的同时，也积极寻求与汉文化互动，汲取多元文化的精髓，在"融入—融合、适应—重塑"的过程中不断超越，进而培养出高素质的技术技能人才，促进民族地区经济社会的整体发展，铸牢中华民族共同体意识，实现中华民族的伟大复兴。

（五）文化适应分类理论

社会心理学家沃德从积极适应新环境的角度来理解文化适应，他认为文化适应包括了社会文化适应与心理适应两个方面。社会文化适应，指个体能有效地与当地文化接触，能了解、掌握新环境的文化和文化要求，并能实现对新文化的顺利融入，包括日常生活适应、价值观适应、学习适应等方面，具体分为自然环境适应、日常生活适应、学习适应、人际交往适应、价值观适应、语言适应等。心理适应，指个体在文化适应过程中的心理健康水平和对生活的满意度等，心理健康水平也体现了个体对文化适应压力的应对情况。如果个体健康水平高或对状态满意度高，则表明其顺利实现了文化适应。在文化适应过程中，心理适应包括没有或较少产生抑郁、焦虑、孤独等负面情绪。

据此理论，为了提升少数民族大学生的适应性，社会各界可以协同完善社会支持系统以缓解少数民族大学生因不适应产生的压力。如针对性地开展心理适应状况调查，建立个人心理健康档案，组织开展个人心理咨询与团体咨询，针对进入新环境时间较短的少数民族大学生开展跨文化心理训练，帮助他们进行自我调整，增强其心理适应能力，为他们适应异地生活和学习提供保障。这种支持与帮助会让人感受到关心、尊重和重视，使人内心产生一种归属感，这些积极的情感体验能促使个体以乐观的心态处理问题，进而不断增强自身的心理承受能力。

课题组调查发现，高职院校中少数民族大学生的适应性情况与环境氛围、职业认同、心理弹性、社会支持、积极应对方式等呈显著正相关，与消极应对方式呈显著负相关。少数民族大学生总体适应性良好的江苏高职院校，基本都采取了很多行之有效的对策，例如设立学校二级学院——民族学院、课程中设立少数民族体育项目、举办少数民族节日盛会、招聘少数民族担任辅导员或者管理员，等等。

（六）多元文化整合教育理论

20 世纪 60 年代，在美国民族复兴运动的背景下，以英、美等西方国家为首，在欧洲等地方兴起，并在全球范围内迅速发生了一场社会与学校教育的改革运动，即多元文化教育。美国多元文化教育家詹姆斯·A. 班克斯（James A. Banks）教授认为多元文化教育理论是一种思想或概念、一场教育改革及一个持续的教育过程。多元文化教育的目的在于使不同阶层背景的人受到平等的对待，从而达到和谐共生。1988 年，费孝通先生在香港中文大学发表了名为《中华民族多元一体格局》的演说，认为在形成多元一体格局的过程中，汉族起到了核心凝聚作用。因此，在国内，多元文化教育主要被应用于对各少数民族的教育。在尊重、理解和包容少数民族文化多样性的前提下，不同少数民族的孩子享有平等的教育权。多元文化教育理论对指导我国教育体系的实践产生了重大作用，促进了我国民族教育公平的发展。

多元文化整合教育理论是结合中国具体国情，在多元文化教育理论的基础上发展而来的，可以说是多元文化教育理论的本土化。中央民族大学人类学教授滕星，在综合研究国外民族教育理论和多元文化教育理论的基础上，首次提出多元文化整合教育理论，其内涵在于：一个多民族国家的教育，在担负人类共同文化成果传递功能的同时，不仅要担负传递本国主流民族优秀传统文化的功能，同时也要担负起传递本国各少数民族优秀传统文化的功能。也就是说，各民族成员除了学习主流优秀文化之外，还要学习其他民族的优秀文化，这样各民族的优秀文化才能得以延续。

由此可见，不管是普通教育还是职业教育，都需要担负起民族多元文化整合教育的责任。而职业教育作为与地区产业转型、社会经济发展联系最为密切的一种教育类型，在传承优秀民族文化的同时，必须注重经济效益和社会效益。因此，在江苏高职院校少数民族群体日益壮大的背景下，江苏高职院校应以少数民族大学生的专业教育和思想教育为抓手，将优秀的民族文化元素融入校园文化和课程建设，培养少数民族地区优秀人才，实现少数民族文化的教育整合，使各民族传统优秀文化得以传承和创新。

（七）情境学习理论

西方学习理论的发展经历了行为主义、认知主义、建构主义三个阶段的转变。20世纪80年代以来，建构主义取向下的情境学习理论开始兴起，直至20世纪90年代，该理论逐渐成熟。情境学习理论解释了人类是如何学习，以及学习是如何发生的问题。它既包括以莱夫、温格为代表的人类学视角，也包括以布朗、柯林斯为代表的心理学视角。一方面，1991年，莱夫和温格出版了情境学习理论颇具代表性的著作《情境学习：合法的边缘性参与》。书中提到了三个关键概念：实践共同体、合法的边缘性参与、学徒制。他们认为学徒的身份是从新手到实践共同体的转变，这一过程即合法的边缘性参与。知识和技能应在真实的环境中学习并获得，学习发生的过程也是个体与社会相互作用的过程。另一方面，布朗等人认为，理论知识与实践活动是密不可分的，实践活动并不是学习的附属方式，而是整个学习的一部分，它和理论知识具有同等重要的作用。因此，综合人类学视角和心理学视角关于情境学习理论的两大主流观点之后，我们可以得出：学习不仅是个体进行自我构建的过程，也是个体与社会情境互动、个体与个体之间互动的生成过程。

情境学习理论对于教学具有重要的指导作用，特别是对注重理论知识与实践技能并重的职业教育来说。情境学习理论认为知识具有情境性、生成性、默会性和分布性。在职业教育的实践教学中存在大量的缄默知识，在教学过程中可能会出现"只可意会，不可言传"的情况，这就需要借助创设情境。学徒在创设的与岗位相似的情境中学习缄默知识的过程，同时也是从合法的边缘参与者成为实践共同体的过程。由此可知，高职院校教师在对少数民族大学生进行专业课堂教学、专业实训、社会实践、顶岗实习、思政教育、社会志愿活动时，都可以借助情境教学让学生身临其境、耳濡目染，提高少数民族大学生的学习兴趣及学习效能。另外，也可借助情境理论营造富含多民族文化的校园文化氛围，让各民族学生都能感受到其他民族的文化，亲身感受其他民族的节日、游乐情境，让不同民族的学生领略到不同的文化魅力。

三、实践中形成理论创新：融合与重塑

职业教育高质量发展、提质倍优的关键所在就是增强职业教育的适应性，而高职扩招后，在苏高职院校中少数民族大学生日益增多，如何提升他们在异文化环境中的适应性显得尤为重要。针对此课题，本研究团队参照中外各种学派精髓，通过理论与实践验证，进行了系统、全面的动态研究，提出了"融合与重塑"理论。此理论认为：个体进入到新环境后，要经历融入到融合、适应到重塑的过程，在这个过程中个体不断改变，进而实现自我超越。

"融合"是指个体或群体由于自身生存环境或发展需求的不同，形成了具有自身特点的心理活动。随着个体的发展，个体在社会中将不同程度地接触具有其他特点的个体，从而与他人的心理活动或心理观念产生碰撞。经过一定程度的熟悉和了解之后，不同个体会形成心理认知上的理解、情感关系上的共情或态度倾向上的协调，从而达到融合的状态；反之，则会形成个体之间的心理区别。良好的身心融合有利于个体的健康成长和发展，有利于群体的幸福感提升，有助于形成正能量的世界观、人生观、价值观。

"重塑"就是重新塑造，认知重构。它的内涵包括不断学习、敢于践行、自我超越。不断学习包括学习专业技能、社交技能等，以突破自己走入新领域，与主流社会保持高度的融合。践行才能巩固所学并升华理论，理论需要用行动去实践，而不只是停留在言语层面上。自我超越是指个体能发挥自己最大的能力，挖掘自己最大的潜能，具备在现有的内外环境下自我生存、自我发展的能力。换句话说，自我超越的含义就是个体能够认识自我，敢于挑战自我，最终战胜自我、超越自我。在重塑环节，超越是学习和践

行的最终结果。

"融合与重塑"理论的构架如图 2-1 所示。

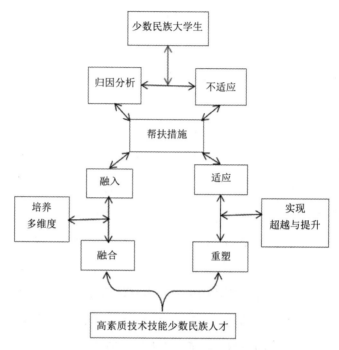

图 2-1 "融合与重塑"理论构架

（一）价值取向

首先，铸就中华民族共同体意识。"融合与重塑"理论以文化认同为价值导向，加强对各少数民族大学生的"历史观""民族观""奋斗观"教育，铸牢了中华民族共同体意识，增强了国家认同和民族认同，使中华民族共同体意识转化为推动共同实现中华民族伟大复兴中国梦的向心力、凝聚力与和谐力。

其次，推进民族地区经济社会发展。异地求学的高校少数民族大学生在本民族文化和主流文化的反复推拉作用下，通过不断自我调适的跨文化适应获得了自我的进步与成长，实现了人才培养目标，以及个体职业发展规划与少数民族地区经济社会发展和产业转型的有机衔接。多数少数民族大学生在毕业后愿意回到熟悉的本民族地区，反哺家乡，耕耘基层，达到了职业教育人才培养目标，为民族地区实现跨越式发展培育了智力资源，巩固了扶贫攻坚成果。

最后，丰富高职院校校园文化内涵。少数民族文化元素与高职院校校园文化的融合，可以催生多样性的物质载体，开展各种校内活动，营造和谐的精神文化氛围，增强学校的人文底蕴，使所有学生都能领略到中华民族大家庭的不同文化魅力。这不仅体现了校园文化的包容性和多元化，也发挥了校园文化潜移默化的教育功能，加快了少数民族大学生从"融入到融合，适应到重塑"的过程，实现了他们的认知重构、自我超越。

（二）实践机理

从过程来看，少数民族学生进入新环境后的身心发展是螺旋上升的动态发展过程，本研究也运用"实践—理论—再实践—升华理论"的螺旋式上升理念，研究方法较为系统，研究视野更加广阔。从结果来看，本研究提出了提升少数民族大学生适应性的具体策略，包括学业、心理、资助、交往、职业规划、专业认知度等各个方面。从形式来看，本研究通过适应策略，升华到少数民族大学生的提升与超越维度，体现了形式与内容、过程与结果的有机统一。"融入到融合，适应到重塑"不是一个孤立的阶段，而是一个连贯的过程，是理论与实践的植入、浸润。少数民族大学生从不适应到适应，最后到"融合与重塑"的过程是一个完整的、综合的、全面的整体，而不是某个方面或者某一部分。它是一个质变发生的动态过程，既是理念及理论的辩证过程，也是不断实践的过程。

"融合与重塑"理论为解决少数民族大学生的适应性问题进行了归因分析，力求从不同维度去剖析影响适应性的因素，包括学生自身、家庭影响、学校教育、社会环境等。根据研究结果，提升少数民族大学生的适应性既需要他们自身不断努力以提高包括学业、心理、身体等各方面的素质，也需要学校、社会等协力搭建立体化的帮扶平台和措施。实践应用证明，

"融合与重塑"理论下，个体的适应性使其既能保留本民族的身份和特征，又倾向于和主流群体接触并保持积极良好的关系。采取融合策略的少数民族大学生在高度认同本民族文化的同时，又能积极参与汉文化群体的互动交往，形成良好的人际关系，营造健康的身心状态，加强专业技能学习。

"融合与重塑"理论体现了少数民族大学生个人发展与民族地区经济社会发展的协调统一。"融合与重塑"理论的重要维度是："思政教育与铸就中华民族共同体意识"融合、"校园文化与少数民族传统文化元素"融合、"就业创业与生源地经济社会发展"融合。少数民族大学生应树立个人发展与民族复兴同向同行的理念，勇于担当大任，将自身发展融入家乡产业高质量发展之中，以建设家乡。

在苏高职院校充分重视本研究的科研进展情况和科研成果的应用。例如，本研究提出的高职院校应成立二级学院 —— 民族学院的建议已被采纳；在苏高职院校多次邀请课题组参与少数民族大学生相关的会议和活动策划，以及学校少数民族大学生的管理和教学；高职院校还制定了《江苏食品药品职业技术学院涉及民族宗教事件处置应急预案》、针对少数民族学生的分层教学策略，等等。目前，本研究的大部分成果都已被成功应用，对提升同类高职院校少数民族大学生的服务和管理水平起到了重要的指导意义。

第三章 高职院校少数民族大学生的 适应性现状调查

一、调查问卷设计及检验

（一）调查问卷设计

课题组在江苏多所高职院校进行了现场调研，通过"问卷星"发放在线问卷，一共收集了419份有效问卷。这些问卷全部由中西部少数民族大学生作答，他们完成问卷时大多处在大一第二学期期末，已完成一学年的大学学习，对大学期间的学习和生活有了相对较为完整的体验，因此，问卷结果能够较为全面地反映中西部少数民族大学生在江苏高职院校的适应与发展情况。

"江苏高职中西部少数民族大学生的适应性调查"问卷由三部分组成，总共有48小题，有单选题、多选题、矩阵量表题、填空题（开放性试题）四种题型，定性、定量数据都有所涉及。

第一部分用来收集被调研大学生的人口统计学情况，如所属民族、年级、性别、家乡、父母职业情况、家庭子女与经济情况、入学前的语言使用情况等。

第二部分主要调查学生的学习情况与专业技能熟悉情况。调查内容包括学生对学习的理解、学习动力的来源、课堂行为表现、语言能力、挂科与学分绩点情况、专业满意度、计算机与英语考级情况、学习主动性、学习方法、学前基础、课堂适应性、学业困难的应对方式、奖励学分的获得情况、对特长学分的态度、获得奖助学金和荣誉的情况等。

第三部分主要调查学生的适应与发展情况。调查内容包括学生的社交语言能力、社交范围、社交心理、宗教信仰与生活习惯在社交中的影响、对高职院校的满意度与适应度、宿舍民族构成与适应情况、影响学生适应与发展的困扰因素、少数民族学生受关心情况与关心来源、与教师交流职业发展与思想情况、课余时间安排、对课外活动和社会活动的参与意愿和参与情况、对所在高校的期待、毕业后的打算、工作地的选择、选择工作的主要考虑因素、预期薪资情况等。

（二）调查信度、效度检验

1. 调研信度分析

课题组在问卷收集完成后首先对本次调研的定量数据进行信度分析，采用 SPSS 软件对 Cronbach's α 系数（或折半系数）进行分析，结果见表3-1。根据多数学者的观点，一般 Cronbach's α 系数（或折半系数）在 0.9以上，则该测验或量表的信度甚佳；0.8 ~ 0.9 之间表示信度很好；0.7 ~ 0.8之间则表示信度较好，可以接受；0.6 ~ 0.7 之间表示信度一般；0.5 ~ 0.6之间表示信度不太理想；如果在 0.5 以下就要考虑重新编排问卷。

表 3-1 为本次问卷模型的 Cronbach's α 系数结果，包括 Cronbach's α 系数值、标准化 Cronbach's α 系数值、项数、样本数，用于测量数据的信度质量水平。表中显示本次问卷模型的 Cronbach's α 系数值为 0.861，说明本次问卷的信度很好。

表 3-1 Cronbach's α 系数表

Cronbach's α 系数	标准化 Cronbach's α 系数	项数	样本数
0.861	0.853	46	419

2. 效度检验

KMO 检验中，通过 KMO 值检验则说明题项变量之间是存在相关性的，符合因子分析要求。一般来说，KMO 值在 0.9 以上表明非常适合做因子分析；0.8～0.9之间表示比较适合；0.7～0.8之间表示适合；0.6～0.7之间表示尚可；0.5～0.6之间表示差；0.5以下表示应该放弃。对于Bartlett的检验，若显著性小于0.05或0.01，则拒绝原假设，说明可以做因子分析；若不拒绝原假设，说明这些变量可能独立提供一些信息，不适合做因子分析。

表3-2为本次调研的KMO检验和Bartlett球形检验结果。其中，KMO的值为0.918，表明本问卷效度非常高，适合进行因子分析。同时，Bartlett球形检验的结果显示，显著性P值为0.000，在1%的水平上呈现显著性，拒绝原假设，各变量间具有相关性，因子分析有效，程度为适合。

表3-2 KMO检验和Bartlett的检验结果

KMO检验和Bartlett的检验		
KMO值		0.918
Bartlett球形度检验	近似卡方	9182.713
	df	1035.000
	P	0.000***

注：***、**、*分别代表1%、5%、10%的显著性水平。

二、基本信息、适应与发展情况调查及分析

（一）江苏高职院校少数民族大学生的基本信息统计分析

1. 民族分析

众多少数民族定居在我国的中西部地区，进入江苏高职院校就读的学生民族信息是我们进行少数民族学生服务与管理的基础信息之一。图3-1、图3-2为江苏高职院校少数民族大学生的所属民族信息。

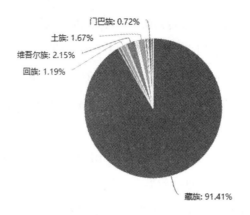

图 3-1　江苏高职院校大学生民族分布比例

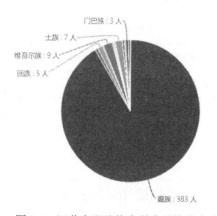

图 3-2　江苏高职院校大学生民族分布人数

调查显示江苏多数高职院校少数民族学生主要来自藏族，占比91.41%，其他民族为维吾尔族、土族、回族、门巴族等。此外，根据各院校公众号及网上调研数据，来江苏高职院校就读的少数民族学生的民族种类已达到 40 多个，但个别民族的学生数量比较稀少。

2.性别和家乡情况分析

如表 3-3 所示，通过分析参加问卷调研的少数民族学生的性别和家乡情况的频数，可以初步了解学生情况。表中展示了"你的性别是（单选题）""你的家乡属于（单选题）"两个问卷题目的频数分析结果，包括变量、频数、百分比等。

表 3-3 少数民族学生的性别和家乡情况的频数分析

名称	选项	频数 / 人	百分比 /%	累计百分比 /%
你的性别是（单选题）	女生	297	70.883	70.883
	男生	122	29.117	100.000
你的家乡属于（单选题）	农村	248	59.189	59.189
	县城	67	15.990	75.179
	乡镇	57	13.604	88.783
	地级城市	22	5.251	94.033
	省会城市	16	3.819	97.852
	直辖市	9	2.148	100.000
合计		419	100.000	100.000

"你的性别是（单选题）"频数分析结果显示："女生"频数为297，所占百分比70.883%；"男生"频数为122，所占百分比29.117%。

"你的家乡属于（单选题）"频数分析结果显示："农村"频数为248，所占百分比59.189%；"县城"频数为67，所占百分比15.99%；"乡镇"频数为57，所占百分比13.604%；"地级城市"频数为22，所占百分比5.251%；"省会城市"频数为16，所占百分比3.819%；"直辖市"频数为9，所占百分比2.148%。其中"农村"（59.189%）最高，"直辖市"（2.148%）最低。

性别和家乡情况对应的饼图见图3-3、图3-4。

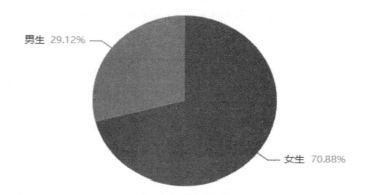

图 3-3　少数民族学生的性别分布图

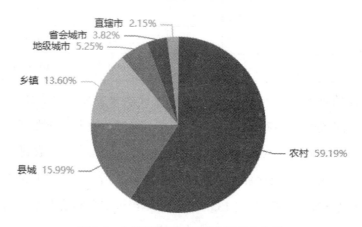

图 3-4　少数民族学生的家乡情况分布图

3. 家庭及教育背景分析

对于多选题，其百分比的计算方法为：

多选题选项百分比 = 该选项被选择次数 ÷ 有效答卷份数 × 100%

含义为选择该选项的人次在所有填写人数中所占的比例，所以多选题的百分比相加可能超过 100%。本次调研显示，父母职业主要是农牧民的学生有 341 人，占比 81.62%，具体百分比与数值见图 3-5、图 3-6。

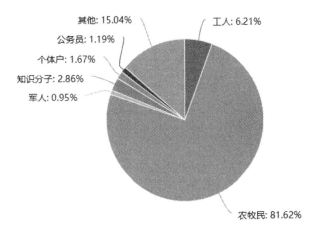

图 3-5 少数民族学生父母的职业（百分比）

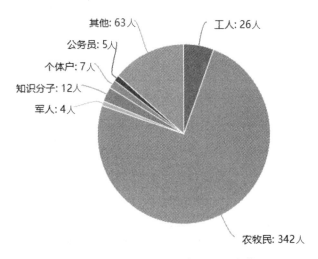

图 3-6 少数民族学生父母的职业（人数）

表 3-4 是学生家庭收入、子女、生活环境、语言环境的频数分析结果。"上大学对自身家庭来说是巨大的经济负担。（单选题）"的频数分析结果显示："2（同意）"频数为 252，所占百分比 60.143%；"1（非常同意）"频数为 105，所占百分比 25.06%；"3[无所谓（不确定）]"频数为 33，所占百分比 7.876%；"4（不同意）"频数为 20，所占百分比 4.773%；"5（非常不同意）"频数为 9，所占百分比 2.148%。其中，"2（同意）"（60.143%）最高，"5（非常不同意）"（2.148%）最低。

表 3-4　少数民族学生家庭和生活及语言环境频数分析

名称	选项	频数 / 人	百分比 /%	累计百分比 /%
上大学对你的家庭来说是巨大的经济负担。（单选题）	2（同意）	252	60.143	60.143
	1（非常同意）	105	25.060	85.203
	3[无所谓（不确定）]	33	7.876	93.079
	4（不同意）	20	4.773	97.852
	5（非常不同意）	9	2.148	100.000
你是独生子女吗？（单选题）	否	357	85.203	85.203
	是	62	14.797	100.000
进入我校之前，你一直生活在少数民族聚居区吗？（单选题）	是	351	83.771	83.771
	否	68	16.229	100.000
进入我校之前，你上学时是用何种语言？（单选题）	本民族语言为主，汉语为辅	170	40.573	40.573
	本民族语言	99	23.628	64.200
	汉语为主，本民族语言为辅	79	18.854	83.055
	汉语	71	16.945	100.000
合计		419	100.000	100.000

"你是独生子女吗？（单选题）"的频数分析结果显示："否"频数为357，所占百分比85.203%；"是"频数为62，所占百分比14.797%。其中，"否"（85.203%）最高，"是"（14.797%）最低。

"进入我校之前，你一直生活在少数民族聚居区吗？（单选题）"的频数分析结果显示："是"频数为351，所占百分比83.771%；"否"频数为68，所占百分比16.229%。其中，"是"（83.771%）最高，"否"（16.229%）最低。

"进入我校之前，你上学时是用何种语言？（单选题）"的频数分析结果显示："本民族语言为主，汉语为辅"频数为 170，所占百分比 40.573%；"本民族语言"频数为 99，所占百分比 23.628%；"汉语为主，本民族语言为辅"频数为 79，所占百分比 18.854%；"汉语"频数为 71，所占百分比 16.945%。其中，"本民族语言为主，汉语为辅"（40.573%）最高，"汉语"（16.945%）最低。

4. 少数民族大学生基本信息情况小结

通过上述频数分析，我们对少数民族大学生的基本情况有了比较细致的了解，即所调查的此所高职院校中绝大多数的学生为藏族，大都来自农村或县乡的非独生子女家庭，父母多为农牧民，经济条件比较困难，一直生活在少数民族聚居区，进入大学前的学习生活中多使用本民族语言，从小受到自身民族文化的熏陶。从本次问卷情况来看，高职院校中女多男少，男女比例呈 3：7 的比例。

（二）少数民族大学生适应与发展情况调查及分析

少数民族学生来江苏高职院校学习，首先要过语言关，较好的汉语能力将有助于他们在学校进行生活、学习与社交。如表 3-5、图 3-7 所示，针对"你现在的普通话能完全满足日常交流需要"这一陈述，接近 90% 的学生认为自己的普通话基本能或者完全能满足日常交流的需要，只有约 5% 的同学表示反对，他们认为自己的普通话还不能满足日常交流的需要。

表 3-5　少数民族学生普通话能力频数分析

选项	小计 / 人	比例	
非常同意	100		23.87%
同意	275		65.63%
无所谓（不确定）	23		5.49%
不同意	20		4.77%
非常不同意	1		0.24%
本题有效填写人次	419		

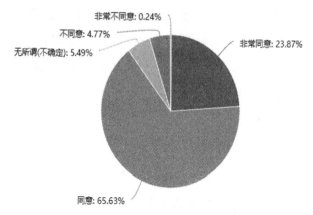

图 3-7　少数民族学生普通话能力频数分析

　　少数民族大学生的社交范围可以一定程度上反映学生在江苏高职院校的总体适应情况。如表 3-6、图 3-8 所示，针对"你的日常交际范围仅限在同民族同学的小圈子里"这一陈述，有约 75% 的学生的社交范围基本局限在同民族同学的交际圈子里，只有约 15% 的同学表示反对。这代表大部分少数民族大学生需要走出本民族社交圈，积极走向更广阔的社交领域，同其他民族进行交流或者交朋友。

表 3-6　少数民族学生日常交际范围频数分析

选项	小计 / 人	比例	
非常同意	64		15.27%
同意	253		60.38%
无所谓（不确定）	33		7.88%
不同意	58		13.84%
非常不同意	11		2.63%
本题有效填写人次	419		

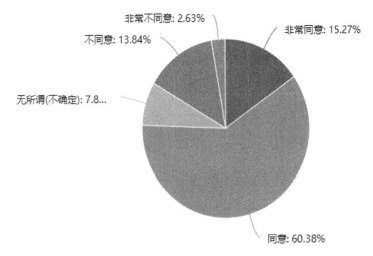

图 3-8　少数民族学生日常交际范围频数分析

学生社交时的心理状态既是其心理健康的一个要素，也是学生适应周围环境的表现。如表 3-7、图 3-9 所示，约有 86% 的同学能够与周围人正常交流，没有孤独、戒备心理，另外还有不到 5% 的同学有不同程度的孤独、戒备心理。针对"你能够与周围人正常交流，没有孤独、戒备心理"这一陈述的调查数据如表 3-7、图 3-9 所示。

表 3-7　少数民族学生社交时的心理状态分析

选项	小计 / 人	比例
非常同意	84	20.05%
同意	278	66.35%
无所谓（不确定）	37	8.83%
不同意	19	4.53%
非常不同意	1	0.24%
本题有效填写人次	419	

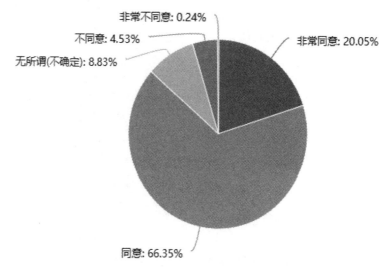

图 3-9　少数民族学生社交时的心理状态分析

宗教信仰是少数民族学生区别于汉族同学的重要特征，相对于大多数汉族同学，少数民族学生有本民族独特的信仰。如表 3-8、图 3-10 所示，针对"你没有因为宗教信仰、生活习惯与其他同学产生矛盾"这一陈述的调查结果表明，约 70% 的同学没有与其他同学产生过矛盾，另外还有约 20% 的同学认为自己会因为宗教信仰、生活习惯与其他同学产生不同程度的矛盾。

表 3-8　少数民族学生因宗教信仰等与其他同学产生矛盾的情况分析

选项	小计／人	比例
非常同意	74	17.66%
同意	219	52.27%
无所谓（不确定）	35	8.35%
不同意	72	17.18%
非常不同意	19	4.53%
本题有效填写人次	419	

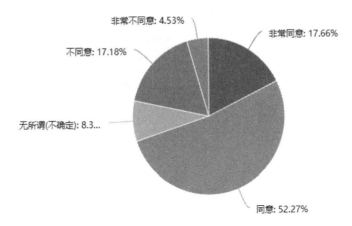

图 3-10　少数民族学生因宗教信仰等与其他同学产生矛盾的情况分析

如表 3-9、图 3-11 所示，少数民族学生对学校的满意度调查结果表明，约有 87% 的学生对学校感到满意，只有约 4% 的学生感到不满意。

表 3-9　少数民族学生对学校的满意度分析

选项	小计 / 人	比例
非常同意	89	21.24%
同意	279	66.59%
无所谓（不确定）	36	8.59%
不同意	10	2.39%
非常不同意	5	1.19%
本题有效填写人次	419	

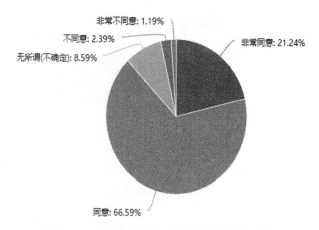

图 3-11　少数民族学生对学校的满意度分析

如表3-10、图3-12所示，在询问学生对"你能适应目前在校的大学生活"的看法时，约88%的学生表示基本可以适应，约5%的学生表示完全无法适应。

表 3-10　少数民族学生对大学生活的适应情况分析

选项	小计 / 人	比例	
非常同意	70		16.71%
同意	299		71.36%
无所谓（不确定）	30		7.16%
不同意	17		4.06%
非常不同意	3		0.72%
本题有效填写人次	419		

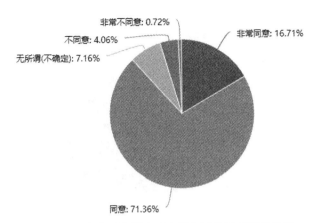

图 3-12 少数民族学生对大学生活的适应情况分析

宿舍是大学生日常生活最重要的场景之一。如表 3-11、图 3-13 所示，对宿舍人员构成的调查结果表明，约 73% 的学生所在宿舍都是本民族同学，约 8% 的学生独自与其他民族的同学住在一起，约 18% 学生的宿舍属于本民族和其他民族同学都有的混合宿舍。

表 3-11 宿舍人员民族构成情况分析

选项	小计 / 人	比例
宿舍全是本民族同学	306	73.03%
宿舍全是其他民族同学	34	8.11%
宿舍有本民族同学，也有其他民族同学	79	18.85%
本题有效填写人次	419	

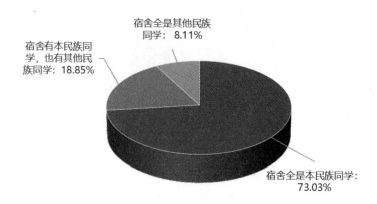

图 3-13　宿舍人员民族构成情况分析

　　室友间的关系是大学生在校期间最重要的人际关系之一，对于少数民族学生也是如此。如表 3-12、图 3-14 所示，针对"与宿舍同学没有因为生活习惯、宗教信仰等引起矛盾"的调查结果表明，约 70% 的同学认为没有矛盾，另有约 23% 的同学认为有不同程度的矛盾。

表 3-12　少数民族学生与同宿舍同学产生矛盾的情况分析

选项	小计 / 人	比例
非常同意	87	20.76%
同意	207	49.4%
无所谓（不确定）	30	7.16%
不同意	68	16.23%
非常不同意	27	6.44%
本题有效填写人次	419	

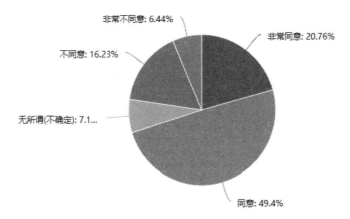

图 3-14　少数民族学生与同宿舍同学产生矛盾的情况分析

如表 3-13、图 3-15 所示，在困扰少数民族学生大学生活的因素中，选中经济压力和学习压力的学生非常多，都超过了 50%，其次才是人际压力和饮食压力等其他因素。

表 3-13　困扰少数民族学生大学生活的因素分析

选项	小计 / 人	比例	
学习压力	221		52.74%
人际关系	153		36.52%
经济压力	227		54.18%
气候	80		19.09%
饮食	92		21.96%
生活习惯和周围人不一样	81		19.33%
宗教信仰和周围人不一样	19		4.53%
我没有任何困扰	58		13.84%
本题有效填写人次	419		

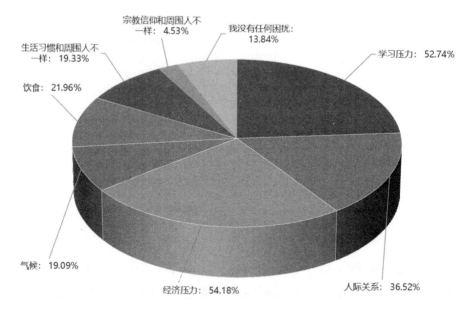

宗教信仰和周围人不一样：4.53%

我没有任何困扰：13.84%

生活习惯和周围人不一样：19.33%

学习压力：52.74%

饮食：21.96%

气候：19.09%

经济压力：54.18%

人际关系：36.52%

图 3-15 困扰少数民族学生大学生活的因素分析

如表 3-14、图 3-16 所示，针对"在校园生活中，因为自己的民族身份感受过他人的关心"这一陈述，约 70% 的同学表示受过他人关心，约 17% 的同学表示没有受到关心。

表 3-14 少数民族学生在校园中因民族身份感受过他人的关心的情况分析

选项	小计 / 人	比例
非常同意	40	9.55%
同意	246	58.71%
无所谓（不确定）	62	14.8%
不同意	56	13.37%
非常不同意	15	3.58%
本题有效填写人次	419	

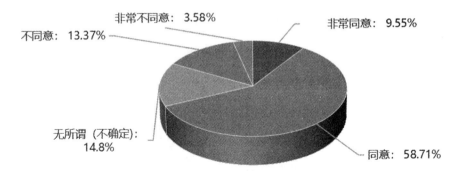

图 3-16　少数民族学生在校园中因民族身份感受过他人的关心的情况分析

如表 3-15、图 3-17 所示，关心少数民族学生的主体主要是宿舍同学、班主任和其他朋友。

表 3-15　关心少数民族学生的主体

选项	小计 / 人	比例	
宿舍同学	254		60.62%
辅导员	148		35.32%
班主任	189		45.11%
任课教师	93		22.2%
校领导	55		13.13%
其他朋友	166		39.62%
没有感受过	74		17.66%
本题有效填写人次	419		

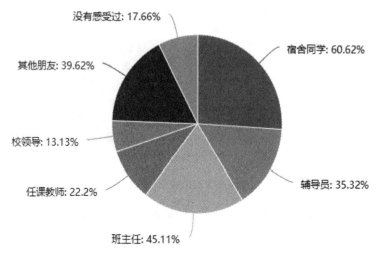

图 3-17　关心少数民族学生的主体

师生关系也是少数民族学生在校期间最重要的人际关系之一，除了课堂学习，与老师进行深入的探讨也能帮助少数民族学生更好地适应校园生活，有利于他们长远的发展。如表 3-16、图 3-18 所示，针对"你会和老师讨论自己的职业计划、想法、人生观、价值观等问题"这一陈述，超过80% 的同学表示同意，只有约 5% 的同学表示反对。

表 3-16　少数民族学生愿意与老师谈论自己的职业计划等的意愿分析

选项	小计／人	比例	
非常同意	58		13.84%
同意	288		68.74%
无所谓（不确定）	51		12.17%
不同意	17		4.06%
非常不同意	5		1.19%
本题有效填写人次	419		

46

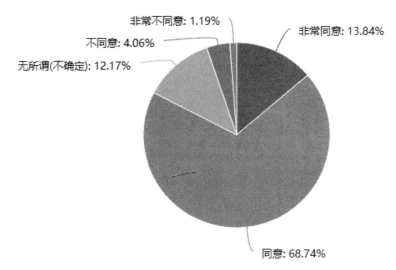

非常不同意: 1.19%
非常同意: 13.84%
不同意: 4.06%
无所谓(不确定): 12.17%
同意: 68.74%

图 3-18　少数民族学生愿意与老师谈论自己的职业计划等的意愿分析

如表 3-17、图 3-19 所示，针对"你会和老师一起参加课外的活动（比如社团活动、探索性学习、研究项目等活动）"这一陈述，约 85% 的同学表示赞成，只有约 5% 的同学表示反对。

表 3-17　少数民族学生与老师一起参加课外活动的意愿分析

选项	小计 / 人	比例
非常同意	65	15.51%
同意	291	69.45%
无所谓（不确定）	41	9.79%
不同意	16	3.82%
非常不同意	6	1.43%
本题有效填写人次	419	

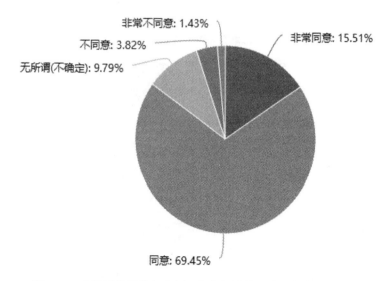

图 3-19　少数民族学生与老师一起参加课外活动和的意愿分析

　　如表 3-18、图 3-20 所示，通过对少数民族学生课余活动的调查，我们发现少数民族学生最常做的前两件事分别是：与朋友一起吃饭、玩耍，占 63.48%；锻炼身体，占 60.86%。排第三位的是自己上网娱乐或玩手机，占 43.2%；排第四位的是学习、考证，占 40.33%。

表 3-18　少数民族学生的课余活动项目分析

选项	小计 / 人	比例
自己上网娱乐或玩手机	181	43.2%
和朋友一起吃饭、玩耍	266	63.48%
睡觉	140	33.41%
学习、考证	169	40.33%
锻炼身体	255	60.86%
参加非学习性的学生或社团活动	141	33.65%
本题有效填写人次	419	

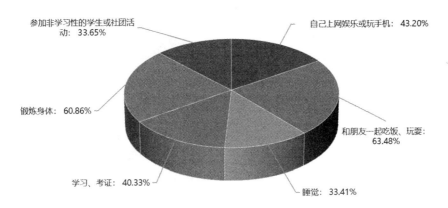

图 3-20　少数民族学生的课余活动项目分析

积极参加社会实践活动能帮助学生提前对社会或者自身的专业有一定的理解与认知，有助于他们找到未来职业的发展方向。如表 3-19、图 3-21所示，针对"你对社会活动感兴趣，愿意参加或经常参加"这一陈述，有约 86% 的同学表示同意，只有不到 3% 的同学表示反对。

表 3-19　少数民族学生参与社会活动的情况分析

选项	小计 / 人	比例	
非常同意	71		16.95%
同意	294		70.17%
无所谓（不确定）	42		10.02%
不同意	11		2.63%
非常不同意	1		0.24%
本题有效填写人次	419		

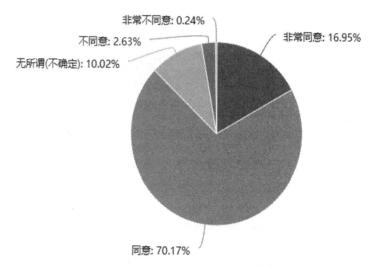

非常不同意: 0.24%

不同意: 2.63%

无所谓(不确定): 10.02%

非常同意: 16.95%

同意: 70.17%

图 3-21　少数民族学生参与社会活动的情况分析

在本次研究中，课题组还设置了一个开放式访谈问题，请同学们谈一谈是否适应现在的校园生活，觉得目前的校园生活怎么样，对未来的发展有什么想法。绝大多数同学都对在江苏高职院校的生活表示满意，认为自己能很好地适应学院生活和学习，表示会抓住在校期间的时光好好学习，以后找一份稳定的工作。图 3-22 为访谈结果的词云图。

图 3-22　少数民族学生对于校园生活的想法的词云图

（三）少数民族学生的适应与发展情况因子分析

上文对少数民族学生的适应与发展情况做了概述，此处，课题组将利用 SPSS 数据分析软件的因子分析、卡方检验等方法对少数民族学生的适应与发展情况做进一步的分析。

因子分析是在尽可能不损失或者少损失原始数据信息的情况下，将错综复杂的众多变量聚合成少数几个独立的公共因子，通过这几个公共因子可以反映原来众多变量的主要信息。这是在减少变量个数的同时反映变量之间内在联系的一种降维研究手段。

本部分选择了问卷中涉及少数民族学生的适应与发展情况的 11 道定量题目，对其进行因子分析。这些定量题目分别为：28. 你现在的普通话能完全满足日常交流需要。29. 你的日常交际范围仅限在同民族同学的小圈子里。30. 你能够与周围人正常交流，没有孤独、戒备心理。31. 你没有因为宗教信仰、生活习惯与其他同学产生矛盾。32. 你对学校感到满意。33. 你能适应目前在校的大学生活。35. 与宿舍同学没有因为生活习惯、宗教信仰等产生矛盾。37. 在校园生活中，因为自己的民族身份感受过他人的关心。39. 你会和老师讨论自己的职业计划、想法、人生观、价值观等。40. 你会和老师一起参加课外的活动（如社团、学习、研究等）。42. 你对社会活动感兴趣，愿意参加或经常参加。

分析步骤如下：

①进行 KMO 和 Bartlett 的检验，判断是否可以进行因子分析。

②通过分析方差解释表格和碎石图，确定因子的数量。

③通过分析因子载荷系数与热力图，分析每个因子中隐变量的重要性，也可结合具体业务进行各因子的隐变量分析；通过分析成分矩阵，得出因子公式。

④基于因子载荷图将多因子降维成双因子或者三因子，再通过象限图的方式呈现因子的空间分布。提取 2 个因子时，无法呈现三维载荷因子散

点图；提取 1 个因子时，无法显示因子象限图。

⑤通过分析成分矩阵，得出因子成分公式与权重。

分析结果如表 3-20、表 3-21、表 3-22、表 3-23、图 3-23、图 3-24 所示。

表 3-20　KMO 检验和 Bartlett 的检验结果表

KMO 值		0.736
Bartlett 球形度检验	近似卡方	1200.135
	df	55.000
	P	0.000***

注：***、**、* 分别代表 1%、5%、10% 的显著性水平。

表 3-20 展示了 KMO 检验和 Bartlett 球形检验的结果，用来分析是否可以进行因子分析。若通过 KMO 检验（KMO ＞ 0.6），说明了题项变量之间是存在相关性的，符合因子分析要求；若通过 Bartlett 检验：$P ＜ 0.01$ 或 $P ＜ 0.05$，呈显著性，则可以进行因子分析。

本次 KMO 检验的结果显示，KMO 值为 0.736。同时，Bartlett 球形检验的结果显示，显著性 P 值为 0.000***，水平上呈现显著性，拒绝原假设，各变量间具有相关性，因子分析有效，程度为一般。

表 3-21　方差解释表格

总方差解释					
成分	特征根			旋转后方差解释率		
	特征根	方差百分比	累积百分比	特征根	方差百分比	累积百分比
1	3.467	31.518%	31.518%	2.143	19.481%	19.481%
2	1.413	12.844%	44.362%	2.015	18.321%	37.802%
3	1.208	10.979%	55.34%	1.929	17.538%	55.34%
4	1.002	9.108%	64.448%			
5	0.918	8.342%	72.79%			

表 3-21（续）

成分	特征根			旋转后方差解释率		
	特征根	方差百分比	累积百分比	特征根	方差百分比	累积百分比
6	0.725	6.591%	79.381%			
7	0.692	6.295%	85.675%			
8	0.570	5.184%	90.86%			
9	0.433	3.932%	94.792%			
10	0.310	2.814%	97.606%			
11	0.263	2.394%	100.0%			

（表头）总方差解释

表 3-22　旋转后因子载荷系数表

问题	旋转后因子载荷系数			共同度（公因子方差）
	因子 1	因子 2	因子 3	
28. 你现在的普通话能完全满足日常交流需要	0.040	0.253	0.453	0.271
29. 你的日常交际范围仅限在同民族同学的小圈子里	0.069	0.111	0.511	0.278
30. 你能够与周围人正常交流，没有孤独、戒备心理	0.113	0.607	0.319	0.483
31. 你没有因为宗教信仰、生活习惯与其他同学产生矛盾	0.167	0.039	0.813	0.691
32. 你对学校感到满意	0.253	0.830	0.074	0.759
33. 你能适应目前在校的大学生活	0.112	0.867	0.146	0.785
35. 与宿舍同学没有因为生活习惯、宗教信仰等引起矛盾	0.129	0.111	0.745	0.583
37. 在校园生活中，因为自己的民族身份感受过他人的关心	0.534	0.083	0.273	0.367
39. 你会和老师讨论自己的职业计划、想法、人生观、价值观等	0.844	0.236	-0.031	0.769

表 3-22（续）

问题	旋转后因子载荷系数			共同度（公因子方差）
	因子 1	因子 2	因子 3	
40.你会和老师一起参加课外的活动（如社团、学习、研究等）	0.800	0.233	0.017	0.695
42.你对社会活动感兴趣，愿意参加或经常参加	0.604	-0.007	0.207	0.408

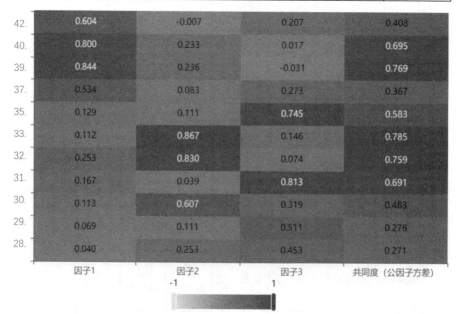

图 3-23　因子载荷矩阵热力图

表 3-23　成分矩阵表

成分矩阵表			
名称	成分		
	成分 1	成分 2	成分 3
28.你现在的普通话能完全满足日常交流需要	0.012	0.179	0.375
29.你的日常交际范围仅限在同民族同学的小圈子里	0.02	0.078	0.423
30.你能够与周围人正常交流，没有孤独、戒备心理	0.032	0.43	0.264

表 3-23（续）

名称	成分		
	成分 1	成分 2	成分 3
31. 你没有因为宗教信仰、生活习惯与其他同学产生矛盾	0.048	0.027	0.673
32. 你对学校感到满意	0.073	0.588	0.062
33. 你能适应目前在校的大学生活	0.032	0.613	0.121
35. 与宿舍同学没有因为生活习惯、宗教信仰等引起矛盾	0.037	0.079	0.617
37. 在校园生活中，因为自己的民族身份感受过他人的关心	0.154	0.058	0.226
39. 你会和老师讨论自己的职业计划、想法、人生观、价值观等	0.243	0.167	-0.026
40. 你会和老师一起参加课外的活动（如社团、学习、研究等）	0.231	0.165	0.014
42. 你对社会活动感兴趣，愿意参加或经常参加	0.174	-0.005	0.172

（表格标题行为"成分矩阵表"）

表 3-23 为成分矩阵表，意在说明各个成分所包含的因子得分系数（主成分载荷），用于计算出成分得分，得出主成分公式。

模型的公式：

$F1$=0.012×28. 你现在的普通话能完全满足日常交流需要。+0.02×29. 你的日常交际范围仅限在同民族同学的小圈子里。+0.032×30. 你能够与周围人正常交流，没有孤独、戒备心理。+0.048×31. 你没有因为宗教信仰、生活习惯与其他同学产生矛盾。+0.073×32. 你对学校感到满意。+0.032×33. 你能适应目前在校的大学生活。+0.037×35. 与宿舍同学没有因为生活习惯、宗教信仰等引起矛盾。+0.154×37. 在校园生活中，因为自己的民族身份感受过他人的关心。+0.243×39. 你会和老师讨论自己的职业计划、想法、人生观、价值观等。+0.231×40. 你会和老师一起参加课外的活动（如社团、学习、研究等）。+0.174×42. 你对社会活动感兴趣，愿意参加或经常参加。

$F2=0.179\times28.$ 你现在的普通话能完全满足日常交流需要。$+0.078\times29.$ 你的日常交际范围仅限在同民族同学的小圈子里。$+0.43\times30.$ 你能够与周围人正常交流，没有孤独、戒备心理。$+0.027\times31.$ 你没有因为宗教信仰、生活习惯与其他同学产生矛盾。$+0.588\times32.$ 你对学校感到满意。$+0.613\times33.$ 你能适应目前在校的大学生活。$+0.079\times35.$ 与宿舍同学没有因为生活习惯、宗教信仰等引起矛盾。$+0.058\times37.$ 在校园生活中，因为自己的民族身份感受过他人的关心。$+0.167\times39.$ 你会和老师讨论自己的职业计划、想法、人生观、价值观等。$+0.165\times40.$ 你会和老师一起参加课外的活动（如社团、学习、研究等）。$-0.005\times42.$ 你对社会活动感兴趣，愿意参加或经常参加。

$F3=0.375\times28.$ 你现在的普通话能完全满足日常交流需要。$+0.423\times29.$ 你的日常交际范围仅限在同民族同学的小圈子里。$+0.264\times30.$ 你能够与周围人正常交流，没有孤独、戒备心理。$+0.673\times31.$ 你没有因为宗教信仰、生活习惯与其他同学产生矛盾。$+0.062\times32.$ 你对学校感到满意。$+0.121\times33.$ 你能适应目前在校的大学生活。$+0.617\times35.$ 与宿舍同学没有因为生活习惯、宗教信仰等引起矛盾。$+0.226\times37.$ 在校园生活中，因为自己的民族身份感受过他人的关心。$-0.026\times39.$ 你会和老师讨论自己的职业计划、想法、人生观、价值观等。$+0.014\times40.$ 你会和老师一起参加课外的活动（如社团、学习、研究等）。$+0.172\times42.$ 你对社会活动感兴趣，愿意参加或经常参加。

由上可以得到：

$$F=（0.195/0.553）\times F1+（0.183/0.553）\times F2+（0.175/0.553）\times F3$$

表 3-24 为因子分析的根据载荷系数等信息所做的主成分权重分析，其计算公式为：方差解释率 ÷ 旋转后累积方差解释率。

表 3-24　因子权重分析结果

名称	旋转后方差解释率	旋转后累计方差解释率	权重
因子 1	0.195	0.195	35.202%
因子 2	0.183	0.378	33.106%
因子 3	0.175	0.553	31.691%

本次因子分析的权重计算结果显示，因子 1 的权重为 35.202%、因子 2 的权重为 33.106%、因子 3 的权重为 31.691%，其中指标权重最大值为因子 1（35.202%），最小值为因子 3（31.691%）。

根据上述因子分析结果，主要参考旋转后因子载荷系数值，我们将涉及少数民族学生的 11 道定量题浓缩为三个因子，分别是师生融合发展情况，对应 37、39、40、42 题；大学生活适应情况，对应 30、32、33 题，以及学生之间社交情况，对应 28、29、31、35 题。通过生成变量功能，生成师生融合发展情况、大学生活适应情况及学生之间社交情况三个新的数据。用 1 ～ 5 分来表示，1 分表示非常好，5 分表示非常不好。

下面采用单因素方差分析研究性别、生源地、独生子女、少数民族聚居地、语言使用情况对学生在师生融合发展、大学生活适应及学生之间社交的影响情况。分析步骤如下：

①根据定类变量（X）对定量变量（Y）进行分组，分别检验其正态性检验，查看数据的总体分布是否呈现正态性分布，若检验不通过，可以到算法选择页面选择【正态性检验】进行进一步分析。

②根据定类变量（X）对定量变量（Y）进行分组，进行方差齐性检验，查看 P 值是否小于 0.05 或者 0.01（根据检验标准要求，严格的话使用 0.01）。倘若 P 值大于 0.05（0.01），使用方差分析，查看 P 值是否呈显著性（小于 0.05 或者 0.01）（理论上数据必须通过正态性检验与方差齐性检验才能进行单因素方差分析，否则使用非参数检验，但是在实际应用场景中可适当放宽标准）。

③若呈现显著性，可以根据均值 ± 标准差的方式对差异进行分析，反之则表明不呈现差异性。

④若单因素方差分析呈现显著性，也可借助效应量化分析对差异性进行量化分析。

1. 学生性别对师生融合发展情况、大学生活适应情况及学生之间社交情况的影响分析

本部分研究学生性别是否会对师生融合发展情况、大学生活适应情况及学生之间社交情况产生影响，以及影响情况如何。

表 3-25 展示了定量变量学生之间社交情况、大学生活适应情况、师生融合发展情况描述性统计和正态性检验的结果，包括中位数、平均值等，用于检验数据的正态性。

表 3-25　正态性检验结果

变量名	样本量	中位数	平均值	标准差	偏度	峰度	S-W 检验	K-S 检验
学生之间社交情况	419	2	2.242	0.675	0.528	0.299	0.948 (0.000***)	0.199 (0.000***)
大学生活适应情况	419	2	1.983	0.568	0.888	2.989	0.861 (0.000***)	0.283 (0.000***)
师生融合发展情况	419	2	2.145	0.549	0.796	2.667	0.888 (0.000***)	0.237 (0.000***)

注：***、**、* 分别代表 1%、5%、10% 的显著性水平。

通常正态分布的检验方法有两种：一种是 Shapiro-Wilk 检验，适用于小样本资料（样本量≤ 5000）；另一种是 Kolmogorov-Smirnov 检验，适用于大样本资料（样本量> 5000）。若呈现显著性（$P < 0.05$ 或 0.01），则说明拒绝原假设（原假设为数据符合正态分布），该数据不满足正态分布，反之则说明该数据满足正态分布。通常现实研究情况下很难满足检验，若其样本峰度绝对值小于 10 并且偏度绝对值小于 3，结合正态分布直方图、

PP 图或者QQ 图可以描述为基本符合正态分布。

分析项：学生之间社交情况，样本采用 Shapiro-Wilk 检验，显著性 P 值为0.000***，水平上呈现显著性，拒绝原假设，因此数据不满足正态分布，其峰度（0.299）绝对值小于 10 并且偏度（0.528）绝对值小于 3，可以结合正态分布直方图、PP 图或者QQ 图进行进一步分析。

分析项：大学生活适应情况，样本采用 Shapiro-Wilk 检验，显著性 P 值为0.000***，水平上呈现显著性，拒绝原假设，因此数据不满足正态分布，其峰度（2.989）绝对值小于 10 并且偏度（0.888）绝对值小于 3，可以结合正态分布直方图、PP 图或者QQ 图进行进一步分析。

分析项：师生融合发展情况，样本采用 Shapiro-Wilk 检验，显著性 P 值为0.000***，水平上呈现显著性，拒绝原假设，因此数据不满足正态分布，其峰度（2.667）绝对值小于 10 并且偏度（0.796）绝对值小于 3，可以结合正态分布直方图、PP 图或者QQ 图进行进一步分析。

图 3-24 展示了定量变量学生之间社交情况数据正态性检验的结果，若正态图基本上呈现出钟形（中间高、两端低），则说明数据虽然不是绝对正态的，但基本可接受为正态分布。

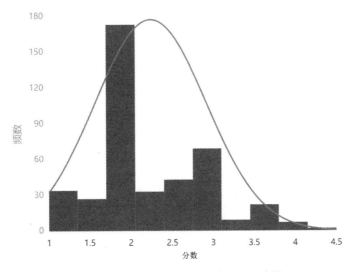

图3-24　正态性检验直方图（学生之间社交情况）

图 3-25 展示了定量变量大学生活适应情况数据正态性检验的结果，若正态图基本上呈现出钟形（中间高、两端低），则说明数据虽然不是绝对正态，但基本可接受为正态分布。

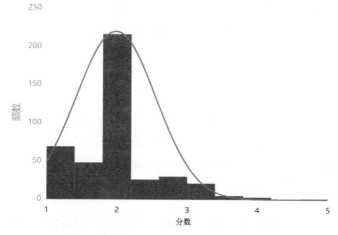

图 3-25　正态性检验直方图（大学生活适应情况）

图 3-26 展示了定量变量师生融合发展情况数据正态性检验的结果，若正态图基本上呈现出钟形（中间高、两端低），则说明数据虽然不是绝对正态，但基本可接受为正态分布。

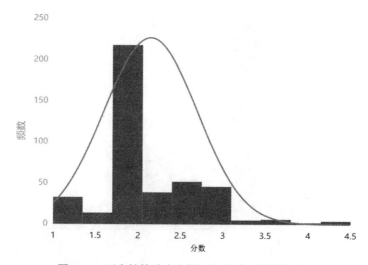

图 3-26　正态性检验直方图（师生融合发展情况）

表 3-26 展示了方差齐性的结果，包括标准差、F 检验结果、显著性 P 值。分析每个分析项是否小于 0.05 或者 0.01（根据检验标准要求，严格的话使用 0.01）。若呈显著性，拒绝原假设（原假设为满足方差齐性），则说明数据波动不一致，即说明方差不齐；反之则说明数据波动一致，说明数据满足方差齐性。

表 3-26　方差齐性检验

	你的性别是（单选题）（标准差）		F	P
	女生（n=297）	男生（n=122）		
学生之间社交情况	0.684	0.656	0.296	0.587
大学生活适应情况	0.512	0.672	7.598	0.006***
师生融合发展情况	0.515	0.626	1.983	0.160

注：***、**、* 分别代表 1%、5%、10% 的显著性水平。

方差齐性检验的结果显示，对于学生之间社交情况，显著性 P 值为 0.587，水平上不呈现显著性，不能拒绝原假设，因此数据满足方差齐性；对于大学生活适应情况，显著性 P 值为 0.006***，水平上呈现显著性，拒绝原假设，因此数据不满足方差齐性；对于师生融合发展情况，显著性 P 值为 0.160，水平上不呈现显著性，不能拒绝原假设，因此数据满足方差齐性。

表 3-27 展示了方差分析的结果，包括平均值、标准差、F 检验结果、显著性 P 值。需要分析每个分析项是否小于 0.05 或者 0.01（根据检验标准要求，严格的话使用 0.01）。若呈显著性，拒绝原假设，说明两组数据之间存在显著性差异，可以根据平均值 ± 标准差的方式对差异进行分析，反之则表明数据不呈现差异性。

表 3-27　方差分析结果表

变量名	变量值	样本量	平均值	标准差	F 值	P 值（双尾）
学生之间社交情况	女生	297	2.242	0.684	0.001	0.975
	男生	122	2.244	0.656		
	总计	419	2.242	0.675		
大学生活适应情况	女生	297	1.934	0.512	7.890	0.005***
	男生	122	2.104	0.672		
	总计	419	1.983	0.568		
师生融合发展情况	女生	297	2.138	0.515	0.163	0.687
	男生	122	2.162	0.626		
	总计	419	2.145	0.549		

注：***、**、* 分别代表 1%、5%、10% 的显著性水平。

女生与男生在学生之间社交情况上的平均值分别为 2.242* 和 2.244*；方差分析结果 P 值为 0.975 > 0.05，因此统计结果不显著，说明不同的性别在学生之间社交情况上不存在显著差异。

女生与男生在大学生活适应情况上的平均值分别为 1.934* 和 2.104*；方差分析结果 P 值为 0.005*** ≤ 0.05，因此统计结果显著，说明不同的性别在大学生活适应情况上存在显著差异。

女生与男生在师生融合发展情况上的平均值分别为 2.138* 和 2.162*；方差分析结果 P 值为 0.687 > 0.05，因此统计结果不显著，说明不同的性别在师生融合发展情况上不存在显著差异。

表 3-28 展示了效应量化分析的结果，包括组间差异、总差异、偏 Eta 方、Cohen's f 值，用于分析数据间的差异。当呈现出显著性差异（前提），可以分析差异，同时还可以分析差异幅度（即效应量）。结合分析偏 Eta 方和 Cohen's f 值对差异性进行量化分析。偏 Eta 方在 0 ~ 1 之间，该值越大说明差异幅度越大。比如偏 Eta 方为 0.1，即说明数据的差异有 10%

是来源于不同组别之间的差异。一般情况下偏 Eta 方的值非常小，使用偏 Eta 方表示效应量大小时，效应量小、中、大的区分临界点分别是 0.01、0.06 和 0.14。Cohen's f 值表示效应量大小，效应量小、中、大的区分临界点分别是 0.1、0.25 和 0.40。

表 3-28　效应量化分析表

分析项	组间差	总离差	偏 Eta 方（Partial η²）	Cohen's f 值
学生之间社交情况	0.000	190.662	0.000	0.002
大学生活适应情况	2.500	134.661	0.019	0.138
师生融合发展情况	0.049	126.129	0.000	0.020

效应量化分析的结果显示，基于大学生活适应情况，偏 Eta 方为 0.019，说明数据的差异有 1.9% 是来源于不同组别间的差异。Cohen's f 值为 0.138，说明数据的效应量化的差异程度为小程度差异。

综合单因素方差分析对比图、方差分析结果表、效应量化分析表可知，不同的性别在大学生活适应情况上存在显著差异，即与男生相比，女生在大学生活适应方面表现得更加优秀，呈现出小程度的差异。

2. 学生生源地对师生融合发展情况、大学生活适应情况及学生之间社交情况的影响分析

本部分研究不同的生源地（县城、农村、地级城市、乡镇、直辖市、省会城市）是否会对师生融合发展情况、大学生活适应情况及学生之间社交情况产生影响，以及影响情况如何。

表 3-29 展示了定量变量学生之间社交情况、大学生活适应情况、师生融合发展情况描述性统计和正态性检验的结果，包括中位数、平均值等，用于检验数据的正态性。通常正态分布的检验方法有两种，一种是 Shapiro-Wilk 检验，适用于小样本资料（样本量 ≤ 5 000）；另一种是 Kolmogorov–Smirnov 检验，适用于大样本资料（样本量 > 5 000）。若呈现显著性（$P < 0.05$ 或 0.01），则说明拒绝原假设（数据符合正态分布），

该数据不满足正态分布，反之则说明该数据满足正态分布。另外，通常现实研究情况下很难满足检验，若其样本峰度绝对值小于 10 并且偏度绝对值小于 3，结合正态分布直方图、PP 图或者 QQ 图可以描述为基本符合正态分布。

表 3-29　正态性检验结果

变量名	样本量	平均值	标准差	偏度	峰度	S-W 检验	K-S 检验
学生之间社交情况	419	2.242	0.675	0.528	0.299	0.948 (0.000***)	0.199 (0.000***)
大学生活适应情况	419	1.983	0.568	0.888	2.989	0.861 (0.000***)	0.283 (0.000***)
师生融合发展情况	419	2.145	0.549	0.796	2.667	0.888 (0.000***)	0.237 (0.000***)

注：***、**、* 分别代表 1%、5%、10% 的显著性水平。

分析项：学生之间社交情况，样本采用 Shapiro-Wilk 检验，显著性 P 值为 0.000***，在 1% 的水平上呈现显著性，拒绝原假设，因此数据不满足正态分布，其峰度（0.299）绝对值小于 10 并且偏度（0.528）绝对值小于 3，可以结合正态分布直方图、PP 图或者 QQ 图进行进一步分析。

分析项：大学生活适应情况，样本采用 Shapiro-Wilk 检验，显著性 P 值为 0.000***，在 1% 的水平上呈现显著性，拒绝原假设，因此数据不满足正态分布，其峰度（2.989）绝对值小于 10 并且偏度（0.888）绝对值小于 3，可以结合正态分布直方图、PP 图或者 QQ 图进行进一步分析。

分析项：师生融合发展情况，样本采用 Shapiro-Wilk 检验，显著性 P 值为 0.000***，在 1% 的水平上呈现显著性，拒绝原假设，因此数据不满足正态分布，其峰度（2.667）绝对值小于 10 并且偏度（0.796）绝对值小于 3，可以结合正态分布直方图、PP 图或者 QQ 图进行进一步分析。

图 3-27 展示了定量变量学生之间社交情况数据正态性检验的结果，若正态图基本上呈现出钟形（中间高、两端低），则说明数据虽然不是绝对

正态，但基本可接受为正态分布。

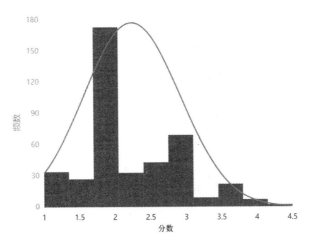

图 3-27　正态性检验直方图（学生之间社交情况）

图 3-28 展示了定量变量大学生活适应情况数据正态性检验的结果，若正态图基本上呈现出钟形（中间高、两端低），则说明数据虽然不是绝对正态，但基本可接受为正态分布。

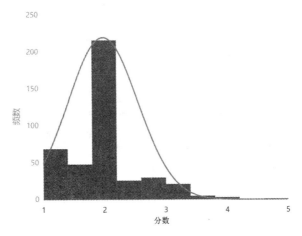

图 3-28　正态性检验直方图（大学生活适应情况）

图 3-29 展示了定量变量师生融合发展情况数据正态性检验的结果，若正态图基本上呈现出钟形（中间高、两端低），则说明数据虽然不是绝对

正态，但基本可接受为正态分布。

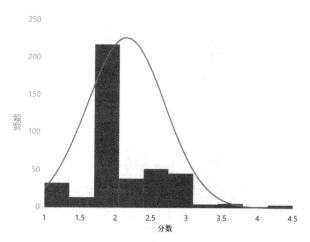

图 3-29　正态性检验直方图（师生融合发展情况）

表 3-30 展示了方差齐性的结果，包括标准差、F 检验结果、显著性 P 值。分析每个分析项是否小于 0.05 或者 0.01（根据检验标准要求，严格的话使用 0.01）。若呈显著性，拒绝原假设（原假设为满足方差齐性），则说明数据波动不一致，即说明方差不齐；反之则说明数据波动一致，说明数据满足方差齐性。

表 3-30　方差齐性检验

	你的家乡属于（单选题）（标准差）						*F*	*P*
	县城 （n=67）	农村 （n=248）	地级城市 （n=22）	乡镇 （n=57）	直辖市 （n=9）	省会城市 （n=16）		
学生之间 社交情况	0.655	0.709	0.595	0.583	0.659	0.722	0.980	0.429
大学生活 适应情况	0.719	0.530	0.656	0.481	0.338	0.672	1.781	0.115
师生融合 发展情况	0.614	0.525	0.725	0.516	0.451	0.485	1.200	0.308

注：***、**、* 分别代表 1%、5%、10% 的显著性水平。

方差齐性检验的结果显示，对于学生之间社交情况，显著性 P 值为 0.429，水平上不呈现显著性，不能拒绝原假设，因此数据满足方差齐性；对于大学生活适应情况，显著性 P 值为 0.115，水平上不呈现显著性，不能拒绝原假设，因此数据满足方差齐性；对于师生融合发展情况，显著性 P 值为 0.308，水平上不呈现显著性，不能拒绝原假设，因此数据满足方差齐性。

表 3-31 展示了方差分析的结果，包括均值 ± 标准差的结果、F 检验结果、显著性 P 值。分析每个分析项是否小于 0.05 或者 0.01（根据检验标准要求，严格的话使用 0.01）。若呈显著性，拒绝原假设，说明两组数据之间存在显著性差异，可以根据均值 ± 标准差的方式对差异进行分析，反之则表明数据不呈现差异性。

表 3-31　方差分析结果表

变量名	变量值	样本量	平均值	标准差	F 值	P 值（双尾）
学生之间社交情况	县城	67	2.179	0.655	0.242	0.944
	农村	248	2.246	0.709		
	地级城市	22	2.341	0.595		
	乡镇	57	2.272	0.583		
	直辖市	9	2.194	0.659		
	省会城市	16	2.234	0.722		
	总计	419	2.242	0.675		
大学生活适应情况	县城	67	2.005	0.719	0.908	0.476
	农村	248	1.956	0.530		
	地级城市	22	2.182	0.656		
	乡镇	57	2.029	0.481		
	直辖市	9	1.815	0.338		
	省会城市	16	1.979	0.672		

表 3-31（续）

变量名	变量值	样本量	平均值	标准差	F 值	P 值（双尾）
	总计	419	1.983	0.568		
师生融合发展情况	县城	67	2.201	0.614	1.289	0.268
	农村	248	2.105	0.525		
	地级城市	22	2.330	0.725		
	乡镇	57	2.162	0.516		
	直辖市	9	2.000	0.451		
	省会城市	16	2.297	0.485		
	总计	419	2.145	0.549		

注：***、**、* 分别代表 1%、5%、10% 的显著性水平。

不同的生源地（县城、农村、地级城市、乡镇、直辖市、省会城市）在学生之间社交情况上的均值分别为 2.179*、2.246*、2.341*、2.272*、2.194*、2.234*；方差分析结果 P 值为 0.944 > 0.05，因此统计结果不显著，说明不同的生源地在学生之间社交情况上不存在显著差异。

不同的生源地（县城、农村、地级城市、乡镇、直辖市、省会城市）在大学生活适应情况上的均值分别为 2.005*、1.956*、2.182*、2.029*、1.815*、1.979*；方差分析结果 P 值为 0.476 > 0.05，因此统计结果不显著，说明不同的生源地在大学生活适应情况上不存在显著差异。

不同的生源地（县城、农村、地级城市、乡镇、直辖市、省会城市）在师生融合发展情况上的均值分别为 2.201*、2.105*、2.330*、2.162*、2.000*、2.297*；方差分析结果 P 值为 0.268 > 0.05，因此统计结果不显著，说明不同的生源地在师生融合发展情况上不存在显著差异。

综上所述，来自不同的生源地（县城、农村、地级城市、乡镇、直辖市、省会城市）的中西部少数民族大学生在学生之间社交、大学生活适应及师生融合发展这三个方面均不存在显著性差异。

3.是否独生子女对师生融合发展情况、大学生活适应情况及学生之间社交情况的影响分析

本部分研究中西部少数民族大学生独生子女身份是否会对师生融合发展情况、大学生活适应情况及学生之间社交情况产生影响，以及影响情况如何。

表 3-32 展示了定量变量学生之间社交情况、大学生活适应情况、师生融合发展情况描述性统计和正态性检验的结果，包括中位数、平均值等，用于检验数据的正态性。通常正态分布的检验方法有两种：一种是 Shapiro-Wilk 检验，适用于小样本资料（样本量≤5 000）；另一种是 Kolmogorov–Smirnov 检验，适用于大样本资料（样本量>5 000）。若呈现显著性（$P < 0.05$ 或 0.01），则说明拒绝原假设（数据符合正态分布），该数据不满足正态分布，反之则说明该数据满足正态分布。另外，通常现实研究情况下很难满足检验，若其样本峰度绝对值小于 10 并且偏度绝对值小于 3，结合正态分布直方图、PP 图或者 QQ 图可以描述为基本符合正态分布。

表 3-32 正态性检验结果

变量名	样本量	中位数	平均值	标准差	偏度	峰度	S-W 检验	K-S 检验
学生之间社交情况	419	2	2.242	0.675	0.528	0.299	0.948 (0.000***)	0.199 (0.000***)
大学生活适应情况	419	2	1.983	0.568	0.888	2.989	0.861 (0.000***)	0.283 (0.000***)
师生融合发展情况	419	2	2.145	0.549	0.796	2.667	0.888 (0.000***)	0.237 (0.000***)

注：***、**、* 分别代表 1%、5%、10% 的显著性水平。

分析项：学生之间社交情况，样本采用 Shapiro-Wilk 检验，显著性 P 值为 0.000***，在 1% 的水平上呈现显著性，拒绝原假设，因此数据不满足正态分布，其峰度（0.299）绝对值小于 10 并且偏度（0.528）绝对值小

于 3，可以结合正态分布直方图、PP 图或者 QQ 图进行进一步分析。

分析项：大学生活适应情况，样本采用 Shapiro-Wilk 检验，显著性 P 值为 0.000***，在 1% 的水平上呈现显著性，拒绝原假设，因此数据不满足正态分布，其峰度（2.989）绝对值小于 10 并且偏度（0.888）绝对值小于 3，可以结合正态分布直方图、PP 图或者 QQ 图进行进一步分析。

分析项：师生融合发展情况，样本采用 Shapiro-Wilk 检验，显著性 P 值为 0.000***，在 1% 的水平上呈现显著性，拒绝原假设，因此数据不满足正态分布，其峰度（2.667）绝对值小于 10 并且偏度（0.796）绝对值小于 3，可以结合正态分布直方图、PP 图或者 QQ 图进行进一步分析。

图 3-30 展示了定量变量学生之间社交情况数据正态性检验的结果，若正态图基本上呈现出钟形（中间高、两端低），则说明数据虽然不是绝对正态，但基本可接受为正态分布。

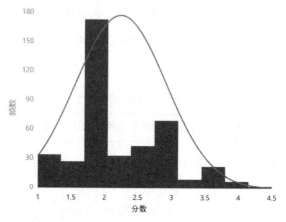

图 3-30　正态性检验直方图（学生之间社交情况）

图 3-31 展示了定量变量大学生活适应情况数据正态性检验的结果，若正态图基本上呈现出钟形（中间高、两端低），则说明数据虽然不是绝对正态，但基本可接受为正态分布。

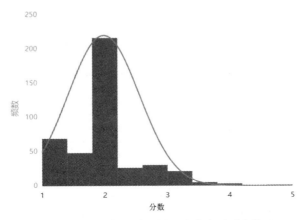

图 3-31 正态性检验直方图（大学生活适应情况）

图 3-32 展示了定量变量师生融合发展情况数据正态性检验的结果，若正态图基本上呈现出钟形（中间高、两端低），则说明数据虽然不是绝对正态，但基本可接受为正态分布。

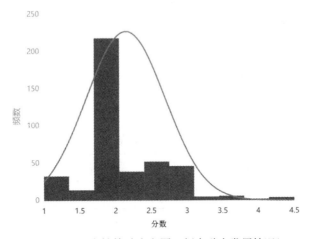

图 3-32 正态性检验直方图（师生融合发展情况）

表 3-33 展示了方差齐性的结果，包括标准差、F 检验结果、显著性 P 值。①分析每个分析项是否小于 0.05 或者 0.01（根据检验标准要求，严格的话使用 0.01）。②若呈显著性，拒绝原假设（原假设为满足方差齐性），则说明数据波动不一致，即说明方差不齐；反之则说明数据波动一致，说

明数据满足方差齐性。

表 3-33　方差齐性检验

	你是独生子女吗？（单选题）（标准差）		F	P
	否（n=357）	是（n=62）		
学生之间社交情况	0.678	0.654	0.917	0.339
大学生活适应情况	0.553	0.648	1.754	0.186
师生融合发展情况	0.557	0.508	1.052	0.306

注：***、**、* 分别代表 1%、5%、10% 的显著性水平。

方差齐性检验的结果显示，对于学生之间社交情况，显著性 P 值为 0.339，水平上不呈现显著性，不能拒绝原假设，因此数据满足方差齐性；对于大学生活适应情况，显著性 P 值为 0.186，水平上不呈现显著性，不能拒绝原假设，因此数据满足方差齐性；对于师生融合发展情况，显著性 P 值为 0.306，水平上不呈现显著性，不能拒绝原假设，因此数据满足方差齐性。

表 3-34 展示了方差分析的结果，包括均值 ± 标准差的结果、F 检验结果、显著性 P 值。

表 3-34　方差分析结果表

变量名	变量值	样本量	平均值	标准差	F 值	P 值（双尾）
学生之间社交情况	否	357	2.263	0.678	2.354	0.126
	是	62	2.121	0.654		
	总计	419	2.242	0.675		
大学生活适应情况	否	357	1.971	0.553	1.122	0.290
	是	62	2.054	0.648		
	总计	419	1.983	0.568		

表 3-34（续）

变量名	变量值	样本量	平均值	标准差	F 值	P 值（双尾）
师生融合发展情况	否	357	2.150	0.557	0.189	0.664
	是	62	2.117	0.508		
	总计	419	2.145	0.549		

注：***、**、* 分别代表 1%、5%、10% 的显著性水平。

变量值否与是独生子女在学生之间社交情况上的均值分别为 2.263* 和 2.121*；方差分析结果 P 值为 0.126 > 0.05，因此统计结果不显著。变量值否与是独生子女在大学生活适应情况上的均值分别为 1.971* 和 2.054*；方差分析结果 P 值为 0.290 > 0.05，因此统计结果不显著。变量值否与是独生子女在师生融合发展情况上的均值分别为 2.150* 和 2.117*；方差分析结果 P 值为 0.664 > 0.05，因此统计结果不显著。以上三组数据说明来自中西部少数民族的学生无论是不是独生子女，在学生之间社交、大学生活适应与师生融合发展这三方面上不存在显著差异。

4. 是否生活在民族聚居区对师生融合发展情况、大学生活适应情况及学生之间社交情况的影响分析

本部分研究入学前学生是否一直生活在民族聚居区，其是否会对师生融合发展情况、大学生活适应情况及学生之间社交情况产生影响，以及影响情况如何。

表 3-35 展示了定量变量学生之间社交情况、大学生活适应情况、师生融合发展情况描述性统计和正态性检验的结果，包括中位数、平均值等，用于检验数据的正态性。通常正态分布的检验方法有两种：一种是 Shapiro-Wilk 检验，适用于小样本资料（样本量≤ 5 000）；另一种是 Kolmogorov–Smirnov 检验，适用于大样本资料（样本量> 5 000）。若呈现显著性（$P < 0.05$ 或 0.01），则说明拒绝原假设（原假设为数据符合正态分布），该数据不满足正态分布，反之则说明该数据满足正态分布。另外，

通常现实研究情况下很难满足检验，若其样本峰度绝对值小于 10 并且偏度绝对值小于 3，结合正态分布直方图、PP 图或者 QQ 图可以描述为基本符合正态分布。

表 3-35　正态性检验结果

变量名	样本量	中位数	平均值	标准差	偏度	峰度	S-W 检验	K-S 检验
学生之间社交情况	419	2	2.242	0.675	0.528	0.299	0.948 (0.000***)	0.199 (0.000***)
大学生活适应情况	419	2	1.983	0.568	0.888	2.989	0.861 (0.000***)	0.283 (0.000***)
师生融合发展情况	419	2	2.145	0.549	0.796	2.667	0.888 (0.000***)	0.237 (0.000***)

注：***、**、* 分别代表 1%、5%、10% 的显著性水平。

分析项：学生之间社交情况，样本采用 Shapiro-Wilk 检验，显著性 P 值为 0.000***，在 1% 的水平上呈现显著性，拒绝原假设，因此数据不满足正态分布，其峰度（0.299）绝对值小于 10 并且偏度（0.528）绝对值小于 3，可以结合正态分布直方图、PP 图或者 QQ 图进行进一步分析。

分析项：大学生活适应情况，样本采用 Shapiro-Wilk 检验，显著性 P 值为 0.000***，在 1% 的水平上呈现显著性，拒绝原假设，因此数据不满足正态分布，其峰度（2.989）绝对值小于 10 并且偏度（0.888）绝对值小于 3，可以结合正态分布直方图、PP 图或者 QQ 图进行进一步分析。

分析项：师生融合发展情况，样本采用 Shapiro-Wilk 检验，显著性 P 值为 0.000***，在 1% 的水平上呈现显著性，拒绝原假设，因此数据不满足正态分布，其峰度（2.667）绝对值小于 10 并且偏度（0.796）绝对值小于 3，可以结合正态分布直方图、PP 图或者 QQ 图进行进一步分析。

图 3-33 展示了定量变量学生之间社交情况数据正态性检验的结果，若正态图基本上呈现出钟形（中间高、两端低），则说明数据虽然不是绝对正态，但基本可接受为正态分布。

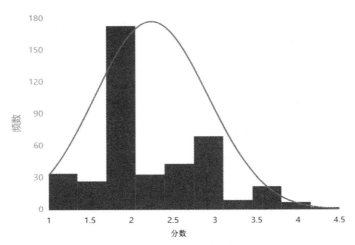

图 3-33　正态性检验直方图（学生之间社交情况）

图 3-34 展示了定量变量大学生活适应情况数据正态性检验的结果，若正态图基本上呈现出钟形（中间高、两端低），则说明数据虽然不是绝对正态，但基本可接受为正态分布。

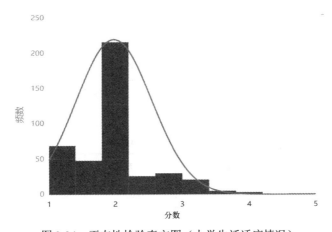

图 3-34　正态性检验直方图（大学生活适应情况）

图 3-35 展示了定量变量师生融合发展情况数据正态性检验的结果，若正态图基本上呈现出钟形（中间高、两端低），则说明数据虽然不是绝对正态，但基本可接受为正态分布。

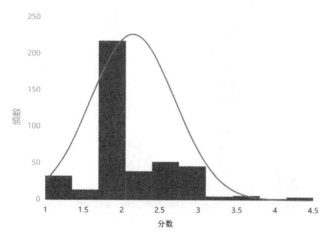

图 3-35　正态性检验直方图（师生融合发展情况）

表 3-36 展示了方差齐性的结果，包括标准差、F 检验结果、显著性 P 值。分析每个分析项是否小于 0.05 或者 0.01（根据检验标准要求，严格的话使用 0.01）。若呈显著性，拒绝原假设（原假设为满足方差齐性），则说明数据波动不一致，即说明方差不齐；反之则说明数据波动一致，说明数据满足方差齐性。

表 3-36　方差齐性检验

	进入我校之前，你一直生活在少数民族聚居区吗？（标准差）		F	P
	是（n=351）	否（n=68）		
学生之间社交情况	0.663	0.736	0.474	0.491
大学生活适应情况	0.547	0.653	3.539	0.061*
师生融合发展情况	0.525	0.660	1.877	0.171

注：***、**、* 分别代表 1%、5%、10% 的显著性水平。

方差齐性检验的结果显示，对于学生之间社交情况，显著性 P 值为 0.491，水平上不呈现显著性，不能拒绝原假设，因此数据满足方差齐性；对于大学生活适应情况，显著性 P 值为 0.061*，水平上不呈现显著性，不能拒绝原假设，因此数据满足方差齐性；对于师生融合发展情况，显著性 P 值为 0.171，水平上不呈现显著性，不能拒绝原假设，因此数据满足方差齐性。

表 3-37 展示了方差分析的结果，包括均值 ± 标准差的结果、F 检验结果、显著性 P 值。分析每个分析项是否小于 0.05 或者 0.01（根据检验标准要求，严格的话使用 0.01）。若呈显著性，拒绝原假设，说明两组数据之间存在显著性差异，可以根据均值 ± 标准差的方式对差异进行分析，反之则表明数据不呈现差异性。

表 3-37　方差分析结果表

变量名	变量值	样本量	平均值	标准差	F 值	P 值（双尾）
学生之间社交情况	是	351	2.255	0.663	0.769	0.381
	否	68	2.176	0.736		
	总计	419	2.242	0.675		
大学生活适应情况	是	351	1.958	0.547	4.255	0.040**
	否	68	2.113	0.653		
	总计	419	1.983	0.568		
师生融合发展情况	是	351	2.130	0.525	1.540	0.215
	否	68	2.221	0.660		
	总计	419	2.145	0.549		

注：***、**、* 分别代表 1%、5%、10% 的显著性水平。

变量值是与否在学生之间社交情况上的均值分别为 2.255* 和 2.176*；方差分析结果 P 值为 0.381 > 0.05，因此统计结果不显著，说明进入学校前是否一直生活在少数民族聚居区在学生之间社交情况上不存在显著差异。

变量值是与否在大学生活适应情况上的均值分别为 1.958* 和 2.113*；方差分析结果 P 值为 0.040** ≤ 0.05，因此统计结果显著，说明进入学校前是否一直生活在少数民族聚居区在大学生活适应情况上存在显著差异。

变量值是与否在师生融合发展情况上的均值分别为 2.130* 和 2.221*；方差分析结果 P 值为 0.215 > 0.05，因此统计结果不显著，说明进入学校前是否一直生活在少数民族聚居区在师生融合发展情况上不存在显著差异。

表 3-38 展示了效应量化分析的结果，包括组间差异、总差异、偏 Eta 方、Cohen's f 值，用于分析数据间的差异。当呈现出显著性差异（前提），可以分析差异，同时还可以分析差异幅度（即效应量）。结合分析偏 Eta 方（η² 值）和 Cohen's f 值对差异性进行量化分析。偏 Eta 方（η² 值）在 0 ~ 1 之间，该值越大说明差异幅度越大。比如偏 Eta 方为 0.1，即说明数据的差异有 10% 是来源于不同组别之间的差异，一般情况下偏 Eta 方非常小，使用偏 Eta 方表示效应量大小时，效应量小、中、大的区分临界点分别是 0.01、0.06 和 0.14。Cohen's f 值表示效应量大小，效应量小、中、大的区分临界点分别是 0.1、0.25 和 0.40。

表 3-38　效应量化分析表

分析项	组间差	总离差	偏 Eta 方（Partial η²）	Cohen's f 值
学生之间社交情况	0.351	190.662	0.002	0.043
大学生活适应情况	1.360	134.661	0.010	0.101
师生融合发展情况	0.464	126.129	0.004	0.061

本次效应量化分析的结果显示，基于大学生活适应情况，偏 Eta 方（η² 值）为 0.01，说明数据的差异有 1.0% 是来源于不同组别间的差异。Cohen's f 值为 0.101，说明数据的效应量化的差异程度为小程度差异。

综合方差分析和效应量化分析结果，我们可知，入学前一直生活在少数民族聚居区的中西部少数民族大学生在大学生活适应情况上与没有一直生活在少数民族聚居区的中西部少数民族大学生存在显著差异，即前者比后者更能适应大学生活，这种差异程度为小程度差异。

5. 入学前语言使用情况对师生融合发展情况、大学生活适应情况及学生之间社交情况的影响分析

本部分研究入学前学生不同的语言使用情况（汉语、本民族语言、本民族语言为主汉语为辅、汉语为主本民族语言为辅）是否会对师生融合发展情况、大学生活适应情况及学生之间社交情况产生影响，以及影响情况如何。

表 3-39 展示了定量变量学生之间社交情况、大学生活适应情况、师生融合发展情况的描述性统计和正态性检验的结果，包括中位数、平均值等，用于检验数据的正态性。通常正态分布的检验方法有两种：一种是 Shapiro-Wilk 检验，适用于小样本资料（样本量≤ 5 000）；另一种是 Kolmogorov–Smirnov 检验，适用于大样本资料（样本量＞ 5 000）。若呈现显著性（P ＜ 0.05 或 0.01），则说明拒绝原假设（原假设为数据符合正态分布），该数据不满足正态分布，反之则说明该数据满足正态分布。另外，通常现实研究情况下很难满足检验，若其样本峰度绝对值小于 10 并且偏度绝对值小于 3，结合正态分布直方图、PP 图或者 QQ 图可以描述为基本符合正态分布。

表 3-39　正态性检验结果

变量名	样本量	中位数	平均值	标准差	偏度	峰度	S-W 检验	K-S 检验
学生之间社交情况	419	2	2.242	0.675	0.528	0.299	0.948 (0.000***)	0.199 (0.000***)
大学生活适应情况	419	2	1.983	0.568	0.888	2.989	0.861 (0.000***)	0.283 (0.000***)
师生融合发展情况	419	2	2.145	0.549	0.796	2.667	0.888 (0.000***)	0.237 (0.000***)

注：***、**、* 分别代表 1%、5%、10% 的显著性水平。

分析项：学生之间社交情况，样本采用 Shapiro-Wilk 检验，显著性 P 值为 0.000***，在 1% 的水平上呈现显著性，拒绝原假设，因此数据不满

足正态分布，其峰度（0.299）绝对值小于10并且偏度（0.528）绝对值小于3，可以结合正态分布直方图、PP图或者QQ图进行进一步分析。

分析项：大学生活适应情况，样本采用Shapiro-Wilk检验，显著性P值为0.000***，在1%的水平上呈现显著性，拒绝原假设，因此数据不满足正态分布，其峰度（2.989）绝对值小于10并且偏度（0.888）绝对值小于3，可以结合正态分布直方图、PP图或者QQ图进行进一步分析。

分析项：师生融合发展情况，样本采用Shapiro-Wilk检验，显著性P值为0.000***，在1%的水平上呈现显著性，拒绝原假设，因此数据不满足正态分布，其峰度（2.667）绝对值小于10并且偏度（0.796）绝对值小于3，可以结合正态分布直方图、PP图或者QQ图进行进一步分析。

图3-36展示了定量变量学生之间社交情况数据正态性检验的结果，若正态图基本上呈现出钟形（中间高、两端低），则说明数据虽然不是绝对正态，但基本可接受为正态分布。

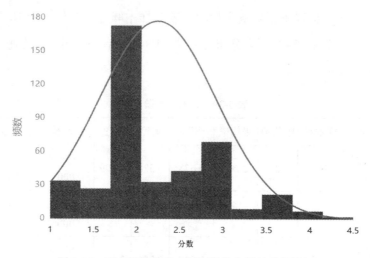

图3-36　正态性检验直方图（学生之间社交情况）

图3-37展示了定量变量大学生活适应情况数据正态性检验的结果，若正态图基本上呈现出钟形（中间高、两端低），则说明数据虽然不是绝对正态，但基本可接受为正态分布。

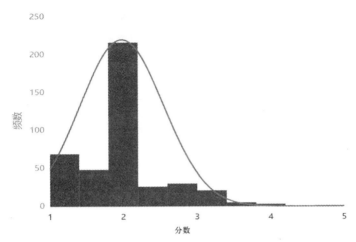

图 3-37　正态性检验直方图（大学生活适应情况）

图 3-38 展示了定量变量师生融合发展情况数据正态性检验的结果，若正态图基本上呈现出钟形（中间高、两端低），则说明数据虽然不是绝对正态，但基本可接受为正态分布。

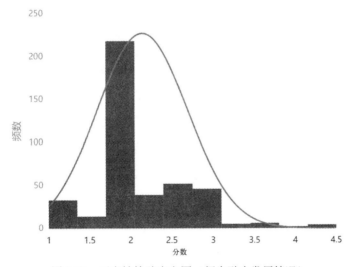

图 3-38　正态性检验直方图（师生融合发展情况）

表 3-40 展示了方差齐性的结果，包括标准差、F 检验结果、显著性 P 值。①分析每个分析项是否小于 0.05 或者 0.01（根据检验标准要求，严格

的话使用 0.01）。②若呈显著性，拒绝原假设（原假设为满足方差齐性），则说明数据波动不一致，即说明方差不齐；反之则说明数据波动一致，说明数据满足方差齐性。

表 3-40　方差齐性检验

问题	进入我校之前，你上学时是用何种语言的？（单选题）（标准差）				F	P
—	本民族语言（n=99）	本民族语言为主，汉语为辅（n=170）	汉语（n=71）	汉语为主，本民族语言为辅（n=79）		
学生之间社交情况	0.722	0.642	0.716	0.630	1.028	0.380
大学生活适应情况	0.643	0.542	0.627	0.445	1.474	0.221
师生融合发展情况	0.566	0.563	0.528	0.504	0.610	0.609

注：***、**、* 分别代表 1%、5%、10% 的显著性水平。

方差齐性检验的结果显示，对于学生之间社交情况，显著性 P 值为 0.380，水平上不呈现显著性，不能拒绝原假设，因此数据满足方差齐性；对于大学生活适应情况，显著性 P 值为 0.221，水平上不呈现显著性，不能拒绝原假设，因此数据满足方差齐性；对于师生融合发展情况，显著性 P 值为 0.609，水平上不呈现显著性，不能拒绝原假设，因此数据满足方差齐性。

表 3-41 展示了方差分析的结果，包括均值 ± 标准差的结果、F 检验结果、显著性 P 值。①分析每个分析项是否小于 0.05 或者 0.01（根据检验标准要求，严格的话使用 0.01）。②若呈显著性，拒绝原假设，说明两组数据之间存在显著性差异，可以根据均值 ± 标准差的方式对差异进行分析，反之则表明数据不呈现差异性。

表 3-41　方差分析结果表

变量名	变量值	样本量	平均值	标准差	F 值	P 值（双尾）
学生之间社交情况	本民族语言	99	2.331	0.722	2.330	0.074*
	本民族语言为主，汉语为辅	170	2.249	0.642		
	汉语	71	2.063	0.716		
	汉语为主，本民族语言为辅	79	2.278	0.630		
	总计	419	2.242	0.675		
大学生活适应情况	本民族语言	99	2.010	0.643	1.586	0.192
	本民族语言为主，汉语为辅	170	1.922	0.542		
	汉语	71	1.981	0.627		
	汉语为主，本民族语言为辅	79	2.084	0.445		
	总计	419	1.983	0.568		
师生融合发展情况	本民族语言	99	2.121	0.566	2.023	0.110
	本民族语言为主，汉语为辅	170	2.178	0.563		
	汉语	71	2.018	0.528		
	汉语为主，本民族语言为辅	79	2.218	0.504		
	总计	419	2.145	0.549		

注：***、**、* 分别代表 1%、5%、10% 的显著性水平。

"本民族语言""本民族语言为主，汉语为辅""汉语""汉语为主，本民族语言为辅"在学生之间社交情况上的均值分别为 2.331*、2.249*、2.063*、2.278*；方差分析结果 P 值为 0.074* > 0.05，因此统计结果不显著，说明不同语言的少数民族学生在学生之间社交情况上不存在显著差异。

"本民族语言""本民族语言为主，汉语为辅""汉语""汉语为主，本民族语言为辅"在大学生活适应情况上的均值分别为 2.010*、1.922*、1.981*、2.084*；方差分析结果 P 值为 0.192 > 0.05，因此统计结果不显著，说明不同语言的少数民族学生在大学生活适应情况上不存在显著差异。

"本民族语言""本民族语言为主，汉语为辅""汉语""汉语为主，本民族语言为辅"在师生融合发展情况上的均值分别为2.121*、2.178*、2.018*、2.218*；方差分析结果 P 值为0.110＞0.05，因此统计结果不显著，说明不同语言的少数民族学生在师生融合发展情况上不存在显著差异。

简言之，来自中西部的少数民族学生在入学前不同的语言使用情况（"汉语""本民族语言""本民族语言为主，汉语为辅""汉语为主，本民族语言为辅"）在师生融合发展情况、大学生活适应情况及学生之间社交情况这三方面均不存在显著性差异，即均不产生影响。

三、少数民族学生的学业与专业情况研究

（一）少数民族学生的学业与专业情况概述

调查问卷显示，少数民族学生拥有比较好的学习观，对于学习本质的认知比较充分。对于针对学习本质的理解给出的五种说法，学生的打分如表3-42所示。

表3-42　少数民族学生对于学习本质的理解

题目 | 选项	1	2	3	4	5	平均分
通过记忆来增加知识量	12（2.86%）	32（7.64%）	118（28.16%）	124（29.59%）	133（31.74%）	3.8
帮助我们认识和理解世界	5（1.19%）	24（5.73%）	81（19.33%）	119（28.4%）	190（45.35%）	4.11
是发现、探究的过程	8（1.91%）	25（5.97%）	92（21.96%）	138（32.94%）	156（37.23%）	3.98
是职业训练的过程	7（1.67%）	27（6.44%）	84（20.05%）	138（32.94%）	163（38.9%）	4.01
自我发展和成长，成为真正意义上的人的过程	3（0.72%）	23（5.49%）	70（16.71%）	107（25.54%）	216（51.55%）	4.22
小计	35（1.67%）	131（6.25%）	445（21.24%）	626（29.88%）	858（40.95%）	4.02

在考查学生的学习的动力时，研究团队发现学生的学习动力既来自于自身，也来自于外部环境，具体情况如表 3-43 所示。

表 3-43　少数民族学生的动力来源

题目|选项	1	2	3	4	5	平均分
探索事物、知识的兴趣	4（0.95%）	22（5.25%）	96（22.91%）	133（31.74%）	164（39.14%）	4.03
课程本身有趣	7（1.67%）	36（8.59%）	100（23.87%）	144（34.37%）	132（31.5%）	3.85
挑战、提升自我	1（0.24%）	19（4.53%）	70（16.71%）	129（30.79%）	200（47.73%）	4.21
就业、升学	8（1.91%）	14（3.34%）	59（14.08%）	128（30.55%）	210（50.12%）	4.24
考试得高分	8（1.91%）	19（4.53%）	95（22.67%）	155（36.99%）	142（33.89%）	3.96
满足老师和父母的期待	9（2.15%）	21（5.01%）	62（14.8%）	125（29.83%）	202（48.21%）	4.17
小计	37（1.47%）	131（5.21%）	482（19.17%）	814（32.38%）	1050（41.77%）	4.08

在考查学生的课堂行为表现时，我们发现对于正向的学习行为，学生普遍比较认可自己的表现，给自己的打分都在 4 分左右；对于负面的学习行为，学生普遍打分不高，在 3 分左右，具体情况如表 3-44 所示。

表 3-44　少数民族学生对于自己的课堂行为表现的认知情况

题目|选项	1	2	3	4	5	平均分
主动提问、积极参与讨论	6（1.43%）	25（5.97%）	116（27.68%）	139（33.17%）	133（31.74%）	3.88
积极思考、积极回答问题	0（0%）	21（5.01%）	105（25.06%）	146（34.84%）	147（35.08%）	4

表 3-44（续）

题目｜选项	1	2	3	4	5	平均分
就某一问题或主题做有预先准备的报告	1（0.24%）	29（6.92%）	116（27.68%）	147（35.08%）	126（30.07%）	3.88
质疑老师的观点	52（12.41%）	66（15.75%）	113（26.97%）	96（22.91%）	92（21.96%）	3.26
认真记笔记	5（1.19%）	25（5.97%）	81（19.33%）	143（34.13%）	165（39.38%）	4.05
集中注意力听讲	2（0.48%）	15（3.58%）	87（20.76%）	138（32.94%）	177（42.24%）	4.13
干与学习无关的事情	87（20.76%）	69（16.47%）	86（20.53%）	74（17.66%）	103（24.58%）	3.09
小计	153（5.22%）	250（8.52%）	704（24%）	883（30.11%）	943（32.15%）	3.75

本次调研通过五道题目调研了学生对自我学习情况的认知情况，分别是第 13、19、20、21、22 题。第 13 题，"你现在的普通话水平能完全满足上课需要"的具体回答情况如表 3-45、图 3-39 所示。

表 3-45　少数民族学生对于自我学习情况的认知情况

选项	小计／人	比例	
非常同意	109		26.01%
同意	263		62.77%
无所谓（不确定）	22		5.25%
不同意	24		5.73%
非常不同意	1		0.24%
本题有效填写人次	419		

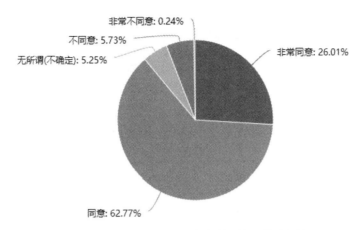

图 3-39　少数民族学生对于自我学习情况的认知情况

第 19 题，"你的学习主动性特别强，对学习充满热情"的回答情况如表 3-46、图 3-40 所示。

表 3-46　少数民族学生对于自己学习态度的认知情况

选项	小计 / 人	比例	
非常同意	44		10.5%
同意	308		73.51%
无所谓（不确定）	42		10.02%
不同意	23		5.49%
非常不同意	2		0.48%
本题有效填写人次	419		

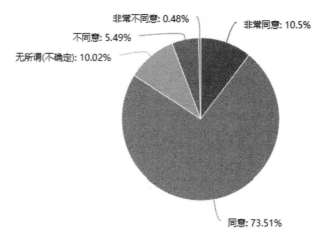

图 3-40　少数民族学生对于自己学习态度的认知情况

第 20 题，"你的学习方法特别好，特别高效"的回答情况如表 3-47、图 3-41 所示。

表 3-47　少数民族学生对于自己的学习方法的认知情况

选项	小计 / 人	比例
非常同意	29	6.92%
同意	258	61.58%
无所谓（不确定）	76	18.14%
不同意	53	12.65%
非常不同意	3	0.72%
本题有效填写人次	419	

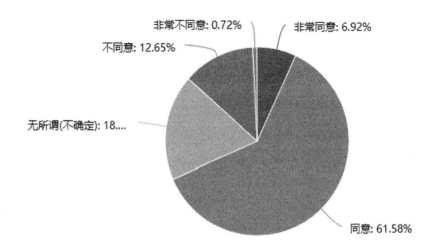

图 3-41　少数民族学生对于自己的学习方法的认知情况

第 21 题，"你入学前的学习基础特别好、特别扎实，有助于你能够顺利过度到大学阶段"的回答情况如表 3-48、图 3-42 所示。

表 3-48　少数民族学生对于自己学习基础的认知情况

选项	小计 / 人	比例	
非常同意	47		11.22%
同意	266		63.48%
无所谓（不确定）	67		15.99%
不同意	37		8.83%
非常不同意	2		0.48%
本题有效填写人次	419		

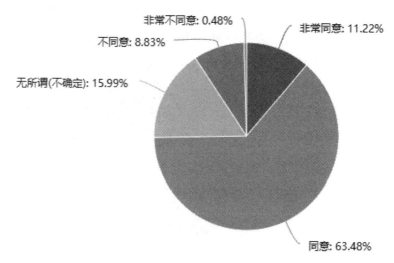

图 3-42　少数民族学生对于自己学习基础的认知情况

第 22 题，"你能很好地适应老师的授课方式"的回答情况如表 3-49、图 3-43 所示。

表 3-49　少数民族学生对于教师授课方式的适应情况

选项	小计 / 人	比例	
非常同意	56		13.37%
同意	298		71.12%
无所谓（不确定）	36		8.59%
不同意	29		6.92%
非常不同意	0		0
本题有效填写人次	419		

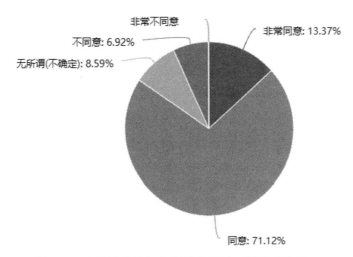

图 3-43 少数民族学生对于教师授课方式的适应情况

通过这 5 个题目的数据可以看出，学生对于自己的学习情况认知还是比较乐观的，即大多数学生都觉得自己普通话水平可以；学习主动性特别强，对学习充满热情；学习方法特别好，特别高效；入学前的学习基础特别好，特别扎实，并且能很好地适应老师的授课方式。

从对学生是否存在挂科现象以及具体挂科的科目的调查来看，近 90%的同学是没有挂科的，挂科最多的学科是英语。具体数值如表 3-50、图 3-44所示。

表 3-50 少数民族学生的挂科情况

选项	小计 / 人	比例
从来没有挂科	373	89.02%
数学	13	3.1%
英语	30	7.16%
语文	5	1.19%
专业课	14	3.34%
本题有效填写人次	419	

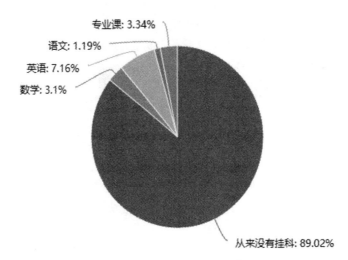

图 3-44　少数民族学生的挂科情况

从学生平均学分绩点的调查来看，3.5 分以上的学生，即成绩优秀和良好的学生占比约为 17.6%；2.0 ～ 3.5 分的同学，即成绩一般的同学占比为 61.1%；成绩低一些的同学，即 2.0 分以下的同学占比 21.24%。具体数值如表 3-51、图 3-45 所示。

表 3-51　少数民族学生的平均学分绩点情况

选项	小计 / 人	比例	
低于或等于 2.0	89		21.24%
高于 2.0 低于等于 2.5	103		24.58%
高于 2.5 低于等于 3.0	98		23.39%
高于 3.0 低于等于 3.5	55		13.13%
高于 3.5 低于等于 4.0	35		8.35%
高于 4.0	39		9.31%
本题有效填写人次	419		

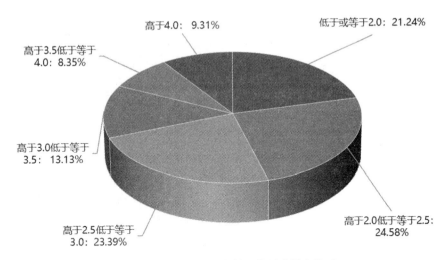

图 3-45　少数民族学生的平均学分绩点情况

对学生的专业满意度调查显示，80% 以上的同学，对自己的专业感到满意，约 12% 的同学感到不满意，具体情况如表 3-52、图 3-46 所示。

表 3-52　少数民族学生的专业满意度情况

选项	小计 / 人	比例	
非常同意	80		19.09%
同意	262		62.53%
无所谓（不确定）	25		5.97%
不同意	48		11.46%
非常不同意	4		0.95%
本题有效填写人次	419		

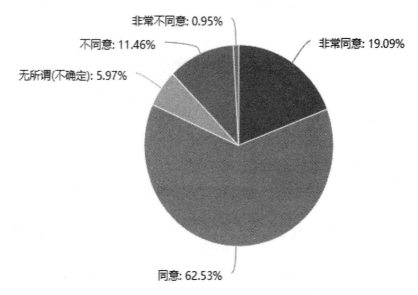

图 3-46　少数民族学生的专业满意度情况

对学生计算机和英语等级考试的调查显示，通过考级的人数非常少，部分原因是因为学生基础薄弱，部分原因是学生没有参与考级。没有参与考级的主要原因是因为疫情取消考级或学校考试名额限制，未能报上名参与考级，或是自觉能力不足主动放弃报名，亦或是因为其他各种原因如不在学校等。计算机考级通过率如表 3-53、图 3-47 所示。英语各类考级通过率如表 3-54、图 3-48 所示。

表 3-53　少数民族学生的计算机考级情况

选项	小计 / 人	比例
是	17	4.06%
否	192	45.82%
没有参加该考试，原因是：[详细]	210	50.12%
本题有效填写人次	419	

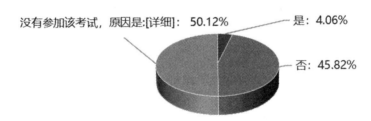

图 3-47　少数民族学生的计算机考级情况

表 3-54　少数民族学生的英语考级情况

选项	小计 / 人	比例
没有通过	184	43.91%
通过了三级 B 考试	21	5.01%
通过了四级考试	6	1.43%
通过了六级考试	4	0.95%
没有参加英语类等级考试，原因是：[详细]	277	66.11%
本题有效填写人次	419	

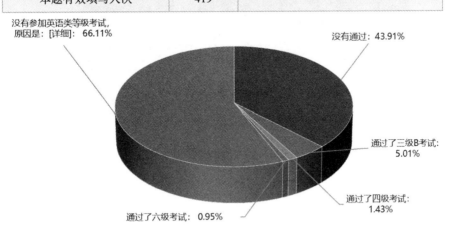

图 3-48　少数民族学生的英语考级情况

　　学生在学业上遇到困难时，绝大多数同学都会通过各种方式解决，主要的应对方式如表 3-55、图 3-49 所示。

表 3-55 少数民族学生学业困难的解决方式

选项	小计 / 人	比例
与熟悉的同学讨论	281	67.06%
自己研究课本	145	34.61%
自己查找其他学习资料（网络资料或者图书馆等纸质资料）	217	51.79%
请教老师	233	55.61%
请教学长学姐	93	22.2%
将问题搁置一边，不管它	5	1.19%
本题有效填写人次	419	

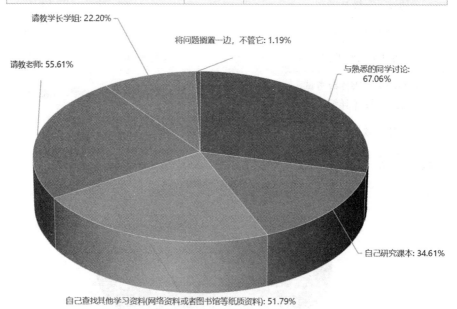

图 3-49 少数民族学生学业困难的解决方式

在获得奖励学分方面，学生因为文艺体育类竞赛而获得学分的情况最多，其次是因为技能证书获得学分，第三是因为在技能大赛、创新创业等各类比赛获奖而获得了奖励学分。具体情况如表 3-56、图 3-50 所示。

表 3-56　少数民族学生获得奖励学分的方式

选项	小计 / 人	比例
因为技能大赛、创新创业等比赛获奖获得过奖励学分	77	18.38%
因为某些技能证书获得过奖励学分	97	23.15%
因为文艺体育类竞赛获奖获得过奖励学分	123	29.36%
不清楚学校关于奖励学分的规定	69	16.47%
没有获得过奖励学分	182	43.44%
本题有效填写人次	419	

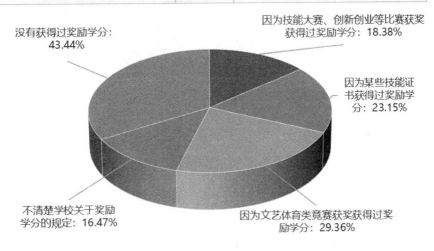

图 3-50　少数民族学生获得奖励学分的方式

　　在用特长换学分方面，超过 93% 的同学表示欢迎，愿意为此努力锻炼特长，具体情况如表 3-57、图 3-51 所示。

表 3-57　少数民族学生对于用特长换学分的态度

选项	小计 / 人	比例	
非常同意	112		26.73%
同意	280		66.83%
无所谓（不确定）	20		4.77%
不同意	6		1.43%
非常不同意	1		0.24%
本题有效填写人次	419		

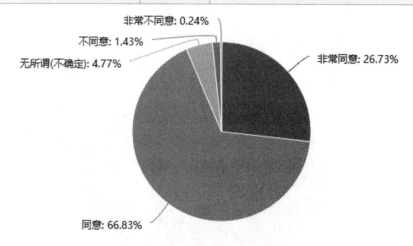

图 3-51　少数民族学生对于用特长换学分的态度

在学生奖、助学金和荣誉的获得方面，约四分之一的少数民族学生获得过各类助学金，约 10% 的少数民族学生获得过奖学金，有约 12% 的少数民族学生获得过各类荣誉，具体数据如表 3-58、图 3-52 所示。

表 3-58　少数民族学生获得奖学金等的情况

选项	小计 / 人	比例
获得过奖学金（如国家奖学金、国家励志奖学金、学校奖学金等）	40	9.55%
获得过助学金（如国家助学金、学校助学金、社会助学金等）	104	24.82%
获得过荣誉（如三好学生、优秀学生干部、优秀团员等）	52	12.41%
没有获得过任何奖、助学金	192	45.82%
没有获得过任何荣誉	133	31.74%
本题有效填写人次	419	

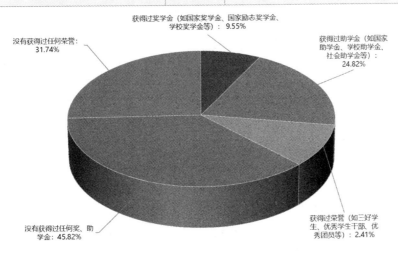

图 3-52　少数民族学生获得奖学金等的情况

（二）少数民族学生的学习与专业情况因子分析

上文对少数民族学生的学业与专业的情况做了概述，下面将利用 SPSS 数据分析软件的交叉分析、单因素方差分析、卡方检验、线性回归等方法对少数民族学生的学业与专业的情况进行更进一步的分析。

1. 学习本质认知与平均学分绩点情况分析

本部分探索少数民族学生对学习本质的认知是否以及如何影响其平均

学分绩点。少数民族学生对学习本质的认知值由选择题第 10 题"你认为学习是什么？"的 5 个定量选项通过生成数据功能获得。通过线性回归法探索是否影响平均学分绩点与具体的影响模型。分析步骤如下：

①通过分析 F 值，分析其是否可以显著地拒绝总体回归系数为 0 的原假设（$P < 0.01$ 或者 0.05），若呈显著性，表明两者之间存在着线性关系，至于线性关系的强弱，需要进一步进行分析；

②通过 R^2 值分析模型拟合情况，同时对 VIF 值进行分析，若模型呈现共线性（VIF 大于 10 或者 5，严格为 10），建议使用岭回归或者逐步回归；

③分析 X 的显著性；如果呈现出显著性（P 值小于 0.05，严格则需小于 0.01）；用于探究 X 对 Y 的影响关系；

④结合回归系数 B 值，对比分析 X 对 Y 的影响程度；

⑤确定得到模型公式。

表 3-59 展示了本次模型的分析结果，包括模型的标准化系数、t 值、VIF 值、R^2、调整 R^2 等，用于模型的检验，并分析模型的公式。

表 3-59　线性回归分析结果表

	线性回归分析结果 n=419								
	非标准化系数		标准化系数	t	P	VIF	R^2	调整 R^2	F
	B	标准误	Beta						
常数	1.988	0.368	-	5.405	0.000***	-	0.015	0.013	F=6.52 P=0.011**
学习本质认知	0.229	0.09	0.124	2.553	0.011**	1.000			
因变量：15、你的平均学分绩点属于下面哪种情况？（单选题）									

注：***、**、* 分别代表 1%、5%、10% 的显著性水平。

①线性回归模型要求总体回归系数不为 0，即变量之间存在回归关系。根据 F 检验结果对模型进行检验。

②R^2 代表曲线回归的拟合程度，越接近 1 效果越好。

③ VIF 值代表多重共线性严重程度，用于检验模型是否呈现共线性，即解释变量间存在高度相关的关系（VIF 应小于 10 或者 5，严格为 5）若 VIF 出现 inf，则说明 VIF 值无穷大，建议检查共线性，或者使用岭回归。

④ B 是有常数情况下的系数。

⑤标准误 =B/t 值。

⑥标准化系数是将数据标准化后得到的系数。

⑦ VIF 是共线性。

⑧ F（df1，df2）是 df1 等于自变量数量；df2 等于样本量 -（自变量数量 +1）。

⑨ F 检验是为了判断是否存在显著的线性关系，R^2 是为了判断回归直线与此线性模型拟合的优劣。在线性回归中主要关注 F 检验是否通过，而在某些情况下，R^2 大小和模型解释度没有必然关系。

从本次 F 检验的结果分析可以得到，显著性 P 值为 0.011**，在 0.05 水平上呈现显著性，拒绝回归系数为 0 的原假设，因此模型基本满足要求；对于变量共线性表现，VIF 全部小于 10，因此模型没有多重共线性问题，模型构建良好；学生对学习本质的认知回归系数为 0.229，意味着学习本质认知对平均学分绩点产生了显著的正向影响关系，模型的公式为 y（平均学分绩点）=1.988+0.229* 学习本质认知。

2. 学习动力与平均学分绩点情况分析

本部分探索学生的学习动力是否以及如何影响其平均学分绩点。学习动力值由选择题第 11 题 "你的学习动力是什么？" 的 6 个定量选项通过生成数据功能获得。通过线性回归法探索其是否影响平均学分绩点与具体的影响模型。分析步骤如下：

①通过分析 F 值，分析其是否可以显著地拒绝总体回归系数为 0 的原假设（$P < 0.01$ 或者 0.05），若呈显著性，表明两者之间存在着线性关系，至于线性关系的强弱，需要进一步进行分析；

②通过 R^2 值分析模型拟合情况，同时对 VIF 值进行分析，若模型呈现共线性（VIF 大于 10 或者 5，严格为 10），建议使用岭回归或者逐步回归；

③分析 X 的显著性；如果呈现出显著性（P 值小于 0.05，严格则需小于 0.01）；用于探究 X 对 Y 的影响关系；

④结合回归系数 B 值，对比分析 X 对 Y 的影响程度；

⑤确定得到模型公式。

表 3-60 展示了本次模型的分析结果，包括模型的标准化系数、t 值、VIF 值、R^2、调整 R^2 等，用于模型的检验，并分析模型的公式。

表 3-60　线性回归分析结果表

线性回归分析结果 n=419								
	非标准化系数		标准化系数	t	P	VIF	R^2	调整 R^2	F
	B	标准误	Beta						
常数	1.976	0.42	-	4.708	0.000***	-	0.012	0.01	F=5.088 P=0.025**
学习动力	0.228	0.101	0.11	2.256	0.025**	1.000			
因变量：15、你的平均学分绩点属于下面哪种情况？（单选题）								

注：***、**、* 分别代表 1%、5%、10% 的显著性水平。

①线性回归模型要求总体回归系数不为 0，即变量之间存在回归关系。根据 F 检验结果对模型进行检验；

② R^2 代表曲线回归的拟合程度，越接近 1 效果越好；

③ VIF 值代表多重共线性严重程度，用于检验模型是否呈现共线性，即解释变量间存在高度相关的关系（VIF 应小于 10 或者 5，严格为 5）若 VIF 出现 inf，则说明 VIF 值无穷大，建议检查共线性，或者使用岭回归；

④ B 是有常数情况下的系数；

⑤标准误 =B/t 值；

⑥标准化系数是将数据标准化后得到的系数；

⑦ VIF 是共线性；

⑧ F（df1，df2）是 df1 等于自变量数量；df2 等于样本量 -（自变量数量 +1）。

⑨ F 检验是为了判断是否存在显著的线性关系，R^2 是为了判断回归直线与此线性模型拟合的优劣。在线性回归中主要关注 F 检验是否通过，而在某些情况下，R^2 大小和模型解释度没有必然关系。

从本次 F 检验的结果分析可以得到，显著性 P 值为 0.025**，在 0.05 水平上呈现显著性，拒绝回归系数为 0 的原假设，因此模型基本满足要求；对于变量共线性表现，VIF 全部小于 10，因此模型没有多重共线性问题，模型构建良好；学习动力的回归系数为 0.228，意味着学习动力对平均学分绩点产生了显著的正向影响关系，模型的公式为 y（平均学分绩点）= 1.976+0.228* 学习动力。

3. 学习行为表现与平均学分绩点情况分析

本部分探索学生的学习行为是否以及如何影响其平均学分绩点。学生的学习行为值来自于第 12 题"你在课堂上的行为表现"的 7 个定量选项，其中 5 个选项：主动提问、积极参与讨论；积极思考、积极回答问题；就某一问题或主题做有预先准备的报告；认真记笔记；集中注意力听讲。通过生成变量功能生成为课堂正向学习行为值，另外两项变量通过生成变量功能生成为课堂负向学习行为值。通过线性回归法探索学习行为表现是否影响平均学分绩点与具体的影响模型。分析步骤如下：

①通过分析 F 值，分析其是否可以显著地拒绝总体回归系数为 0 的原假设（$P < 0.01$ 或者 0.05），若呈显著性，表明两者之间存在着线性关系，至于线性关系的强弱，需要进一步进行分析。

②通过 R^2 值分析模型拟合情况，同时对 VIF 值进行分析，若模型呈现共线性（VIF 大于 10 或者 5，严格为 10），建议使用岭回归或者逐步回归。

③分析 X 的显著性；如果呈现出显著性（P 值小于 0.05，严格则需小

于 0.01）；用于探究 X 对 Y 的影响关系。

④结合回归系数 B 值，对比分析 X 对 Y 的影响程度。

⑤确定得到模型公式。

表 3-61 展示了本次模型的分析结果，包括模型的标准化系数、t 值、VIF 值、R^2、调整 R^2 等，用于模型的检验，并分析模型的公式。

表 3-61　线性回归分析结果表

线性回归分析结果 n=419								
	非标准化系数		标准化系数	t	P	VIF	R^2	调整 R^2	F
	B	标准误	Beta						
常数	2.265	0.382	-	5.925	0.000***	-	0.008	0.003	F=1.617 P=0.200
课堂正向学习行为	0.182	0.105	0.095	1.743	0.082*	1.249			
课堂负向学习行为	-0.027	0.07	-0.021	-0.382	0.703	1.249			
因变量：15、你的平均学分绩点属于下面哪种情况？（单选题）									

注：***、**、* 分别代表 1%、5%、10% 的显著性水平。

①线性回归模型要求总体回归系数不为 0，即变量之间存在回归关系。根据 F 检验结果对模型进行检验。

②R^2 代表曲线回归的拟合程度，越接近 1 效果越好。

③VIF 值代表多重共线性严重程度，用于检验模型是否呈现共线性，即解释变量间存在高度相关的关系（VIF 应小于 10 或者 5，严格为 5）若 VIF 出现 inf，则说明 VIF 值无穷大，建议检查共线性，或者使用岭回归。

④B 是有常数情况下的系数。

⑤标准误 =B/t 值。

⑥标准化系数是将数据标准化后得到的系数。

⑦ VIF 是共线性。

⑧ F（df1，df2）是 df1 等于自变量数量；df2 等于样本量 -（自变量数量 +1）。

⑨ F 检验是为了判断是否存在显著的线性关系，R^2 是为了判断回归直线与此线性模型拟合的优劣。在线性回归中主要关注 F 检验是否通过，而在某些情况下，R^2 大小和模型解释度没有必然关系。

从本次 F 检验的结果分析可以得到，显著性 P 值为 0.200，水平上不呈现显著性，不能拒绝回归系数为 0 的原假设，模型无效。对于变量共线性表现，VIF 全部小于 10，因此模型没有多重共线性问题，模型构建良好。模型的公式为 y（平均学分绩点）= 2.265+0.182* 课堂正向学习行为 +（-0.027）* 课堂负向学习行为。

4. 自我学习情况认知与平均学分绩点情况分析

本部分探索学生对自己学习情况的认知是否以及如何影响其平均学分绩点。学生的自我学习情况认知值由相关的 5 道定量题通过生成变量的方式获得。5 道相关题目分别是第 13 题，你现在的普通话水平能完全满足上课需要；第 19 题，你的学习主动性特别强，对学习充满热情；第 20 题，你的学习方法特别好，特别高效；第 21 题，你入学前的学习基础特别好，特别扎实，有助于你能够顺利过渡到大学阶段；第 22 题，你能很好地适应老师的授课方式。通过线性回归法探索是否影响平均学分绩点与具体的影响模型。分析步骤如下：

①通过分析 F 值，分析其是否可以显著地拒绝总体回归系数为 0 的原假设（$P < 0.01$ 或者 0.05），若呈显著性，表明之间存在着线性关系，至于线性关系的强弱，需要进一步进行分析；

②通过 R^2 值分析模型拟合情况，同时对 VIF 值进行分析，若模型呈现共线性（VIF 大于 10 或者 5，严格为 10），建议使用岭回归或者逐步回归；

③分析 X 的显著性；如果呈现出显著性（P 值小于 0.05，严格则需小于 0.01）；用于探究 X 对 Y 的影响关系；

④结合回归系数 B 值，对比分析 X 对 Y 的影响程度；

⑤确定得到模型公式。

表 3-62 展示了本次模型的分析结果，包括模型的标准化系数、t 值、VIF 值、R^2、调整 R^2 等，用于模型的检验，并分析模型的公式。

表 3-62　线性回归分析结果表

	非标准化系数		标准化系数	t	P	VIF	R^2	调整 R^2	F
线性回归分析结果 n = 419									
	B	标准误	Beta						
常数	3.676	0.307	-	11.98	0.000***	-	0.016	0.013	F=6.685 P=0.010**
自我学习情况认知	-0.358	0.138	-0.126	-2.586	0.010**	1.000			
因变量：15、你的平均学分绩点属于下面哪种情况？（单选题）									

注：***、**、* 分别代表 1%、5%、10% 的显著性水平。

①线性回归模型要求总体回归系数不为 0，即变量之间存在回归关系。根据 F 检验结果对模型进行检验。

②R^2 代表曲线回归的拟合程度，越接近 1 效果越好。

③ VIF 值代表多重共线性严重程度，用于检验模型是否呈现共线性，即解释变量间存在高度相关的关系（VIF 应小于 10 或者 5，严格为 5），若 VIF 出现 inf，则说明 VIF 值无穷大，建议检查共线性，或者使用岭回归。

④ B 是有常数情况下的系数。

⑤标准误 =B/t 值。

⑥标准化系数是将数据标准化后得到的系数。

⑦ VIF 是共线性。

⑧ F（df1，df2）是 df1 等于自变量数量；df2 等于样本量 -（自变量数量 +1）。

⑨F 检验是为了判断是否存在显著的线性关系，R^2 是为了判断回归直线与此线性模型拟合的优劣。在线性回归中主要关注 F 检验是否通过，而在某些情况下，R^2 大小和模型解释度没有必然关系。

从本次 F 检验的结果分析可以得到，显著性 P 值为 0.010***，在 0.001 水平上呈现显著性，拒绝回归系数为 0 的原假设，因此模型基本满足要求；对于变量共线性表现，VIF 全部小于 10，因此模型没有多重共线性问题，模型构建良好；自我学习情况认知的回归系数为 -0.358，意味着学生对自己学习情况的认知对平均学分绩点产生了显著的负向影响关系，模型的公式为：

$$y（平均学分绩点）= 3.676 +（-0.358）× 自我学习情况认知$$

5. 性别与奖助学金荣誉情况分析

本部分探索学生性别与学生获得各类奖助学金与荣誉是否存在联系。数据值来自于问卷的第 3 题和第 26 题。首先通过列联交叉分析展示男女生性别与获得各类奖助学金与荣誉的具体对应数值，具体结果见表 3-63。

表 3-63　列联表

题目	名称	你的性别是（单选题）		总计
		女生	男生	
①获得过奖学金	未选中	273（72.0%）	106（28.0%）	379
	选中	24（60.0%）	16（40.0%）	40
②获得过助学金	未选中	222（70.5%）	93（29.5%）	315
	选中	75（72.1%）	29（27.9%）	104
③获得过荣誉	未选中	265（72.2%）	102（27.8%）	367
	选中	32（61.5%）	20（38.5%）	52
④没有获得过任何奖、助学金	未选中	155（68.3%）	72（31.7%）	227
	选中	142（74.0%）	50（26.0%）	192

表 3-63（续）

| 题目 | 名称 | 你的性别是（单选题） | | 总计 |
		女生	男生	
⑤没有获得过任何荣誉	未选中	216（75.5%）	70（24.5%）	286
	选中	81（60.9%）	52（39.1%）	133

注：***、**、* 分别代表 1%、5%、10% 的显著性水平。

表 3-63 展示了以"你的性别是（单选题）"为分组项，以获得过奖学金、获得过助学金、获得过荣誉、没有获得过任何奖、助学金、没有获得过任何荣誉为分析项的列联交叉分析结果，包括变量、频数、百分比等。

下面将采用卡方分析，分析不同性别在各分析项是否存在差异以及程度。分析步骤如下：

①分析卡方检验是否呈现显著性（P 值小于 0.05 或 0.01，严格为 0.01，不严格为 0.05）；

②若呈现显著性，具体根据类别的差异百分比进行描述；

③若呈现显著性，可接着根据效应指标对差异进行深入量化分析。

表 3-64 展示了模型检验的结果，包括数据的频数、频数百分比、卡方值、显著性 P 值。

表 3-64　卡方检验分析结果

| 题目 | 名称 | 你的性别是（单选题） | | 总计 | X^2 | 校正 X^2 | P |
		男生	女生				
获得过奖学金	未选中	106	273	379	2.538	1.988	0.111
	选中	16	24	40			
获得过助学金	未选中	93	222	315	0.102	0.038	0.750
	选中	29	75	104			
获得过荣誉	未选中	102	265	367	2.512	2.021	0.113
	选中	20	32	52			
没有获得过任何奖、助学金	未选中	72	155	227	1.624	1.361	0.203
	选中	50	142	192			

表 3-64（续）

题目	名称	你的性别是（单选题）		总计	X^2	校正 X^2	P
		男生	女生				
没有获得过任何荣誉	未选中	70	216	286	9.405	8.710	0.002***
	选中	52	81	133			

注：***、**、* 分别代表 1%、5%、10% 的显著性水平。

①分析模型是否呈现出显著性（P 值小于 0.05 或 0.01）。

②若呈现显著性，拒绝原假设，则说明各样本之间存在显著性差异。具体根据类别的差异百分比进行描述。反之数据不存在显著性差异。

本次卡方检验分析的结果显示，性别在获得过奖学金、获得过助学金、获得过荣誉以及没有获得过任何奖、助学金数据上的显著性 P 值分别为 0.111、0.750、0.113、0.203，不呈现显著性，接受原假设，即性别在上述四项中不存在显著性差异。但是性别在没有获得过任何荣誉项上的显著性 P 值为 0.002***，在 0.01 水平上呈现显著性，拒绝原假设，因此男女生不同的性别在没有获得过任何荣誉这一项存在显著性差异，没有获得任何荣誉的男生比例比女生高。图 3-53、图 3-54、图 3-55、图 3-56、图 3-57 分别以热力图的形式展示了交叉列联表的值，主要通过颜色深浅去表示值的大小。

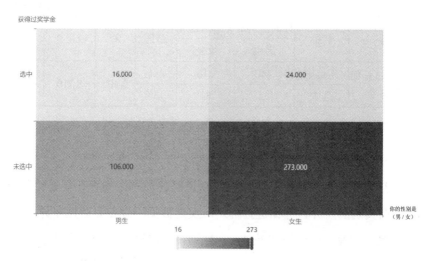

图 3-53　卡方交叉热力图（性别—获得过奖学金热力图）

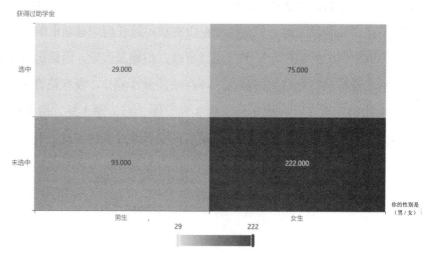

图 3-54　卡方交叉热力图（性别—获得过助学金热力图）

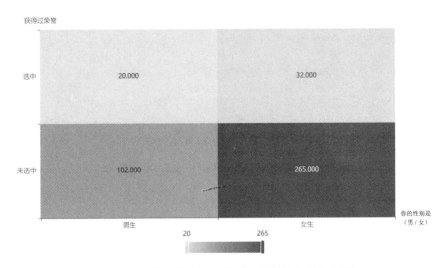

图 3-55 卡方交叉热力图（性别—获得过荣誉热力图）

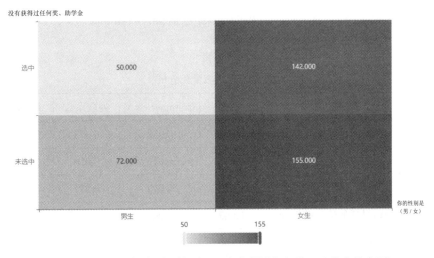

图 3-56 卡方交叉热力图（性别—没有获得过任何奖、助学金热力图）

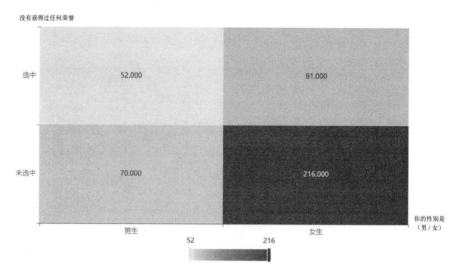

图 3-57　卡方交叉热力图（性别—没有获得过任何荣誉热力图）

表3-65展示了效应量化分析的结果，包括phi、Crammer's V、列联系数、lambda，用于分析样本的相关程度。

表 3-65　效应量化分析

字段名/分析项	Phi	Crammer's V	列联系数	lambda
获得过奖学金	0.078	0.078	0.078	0.000
获得过助学金	0.016	0.016	0.016	0.000
获得过荣誉	0.077	0.077	0.077	0.000
没有获得过任何奖、助学金	0.062	0.062	0.062	0.000
没有获得过任何荣誉	0.150	0.150	0.148	0.000

①当呈现出显著性差异（前提），结合分析效应量指标对差异性进行量化分析。

②效应量化指标反映的是变量之间的相关程度。

③根据交叉类型的不同，可以选用不同的效应量指标（交叉类型表示交叉表横向格子数 × 纵向格子数）。

④phi 系数：phi 相关系数的大小，表示两样本之间的关联程度。当

phi 系数小于 0.3 时，表示相关较弱；当 phi 系数大于 0.6 时，表示相关较强。（用于 2×2 交叉类型表。）

⑤ Cramer's V：与 phi 系数作用相似，但 Cramer's V 系数的作用范围较广。当两个变量相互独立时，V=0，当数据中只有 2 个二分类变量时，Cramer's V 系数的结果与 phi 相同（若 m ≠ n，建议使用 Cramer's V）。

⑥列联系数：简称 C 系数，用于 3×3 或 4×4 交叉表，但其受行列数的影响，随着 R 和 C 的增大而增大。因此根据不同的行列和计算的列联系数不便于比较，除非两个列联表中行数和列数一致。

⑦ lambda：用于反应自变量对因变量的预测效果，一般情况下，其值为 1 时表示自变量预测因变量效果较好，为 0 时表明自变量预测因变量较差（X 或 Y 有定序数据时，建议使用 lambda）。

本次效应量化分析的结果显示，分析项"没有获得过任何荣誉"的 Cramer's V 值为 0.15，因此"没有获得过任何荣誉"这一项在男女生性别上的差异程度为弱程度差异。

通过分解结果，我们可以看出，江苏高职层次少数民族大学生多来自我国西藏、云南、内蒙古等地区，自然环境和人文环境都与求学地有较大差异。少数民族大学生总体上适应性良好，但是这种适应与职业教育人才培养目标、高职院校要求、社会期望值等都有较大差距，是一种个人层面的浅层次反应。总体上来说，少数民族大学生在环境、学习、经济、心理、人际交往等都有不同程度的不适应性，家庭环境、性别情况、学习动力、专业学习及技能等方面都有较大的差异性。

四、就业状况调查及分析

在高校为少数民族学生提供的一系列有关学业、身心健康、就业指导、社交、文体活动和经济援助的多项帮助中，学生最希望获得的是就业指导，得分为 4.24；其次是希望获得更多的经济援助，得分为 4.21，排第三、四位的则是希望获得更多的社交机会和希望学校组织更多的文体活动。具体情况如表 3-66 所示。

表 3-66　少数民族学生希望获得的帮助情况

题目\选项	1	2	3	4	5	平均分
希望学校能为你的学习提供支持与帮助（如额外的教师辅导、学业支持等）	6（1.43%）	18（4.3%）	88（21%）	123（29.36%）	184（43.91%）	4.1
希望学校能为你的身心健康提供支持与服务（如医疗保健、心理咨询等）	3（0.72%）	18（4.3%）	93（22.2%）	127（30.31%）	178（42.48%）	4.1
希望学校能为你的就业提供指导与帮助	3（0.72%）	10（2.39%）	76（18.14%）	126（30.07%）	204（48.69%）	4.24
希望学校能为你提供更多的社交机会	3（0.72%）	18（4.3%）	74（17.66%）	135（32.22%）	189（45.11%）	4.17
希望学校能组织更多的文艺体育类活动	7（1.67%）	17（4.06%）	75（17.9%）	123（29.36%）	197（47.02%）	4.16
希望学校能为你提供更多的经济上的帮助	7（1.67%）	18（4.3%）	70（16.71%）	111（26.49%）	213（50.84%）	4.21
人次	29（1.15%）	99（3.94%）	476（18.93%）	745（29.63%）	1165（46.34%）	4.16

　　通过调查学生毕业后的发展意向，我们发现考公务员、机关单位、事业单位，继续学习深造（专接本、专升本、考研等）和自主创业是学生最青睐的三个方向。具体数值如表 3-67、图 3-58 所示。

表 3-67　少数民族学生毕业后的发展意向

选项	小计 / 人	比例
继续学习深造（专接本、专升本、考研等）	169	40.33%
考公务员、机关单位、事业单位	275	65.63%
参加西部计划、"三支一扶"等政策性就业	65	15.51%
进国有企业工作	67	15.99%
进民营企业工作	35	8.35%
自主创业	103	24.58%
尚无明确计划	35	8.35%
本题有效填写人次	419	

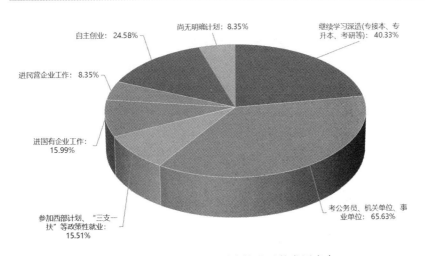

图 3-58　少数民族学生毕业后的发展意向

　　少数民族学生毕业后的工作地点的调查结果数据表明，少数民族学生毕业后的首选是回到家乡工作，其次是家乡所在省份，这两个选项远高于其他选项。具体情况如表 3-68、图 3-59 所示。

表 3-68   少数民族学生毕业后的工作地点选择

选项	小计 / 人	比例
家乡	279	66.59%
家乡所在的省份	239	57.04%
县乡	74	17.66%
各省会城市	69	16.47%
淮安	43	10.26%
江苏省	42	10.02%
一般地级市	40	9.55%
北上广等一线城市	12	2.86%
本题有效填写人次	419	

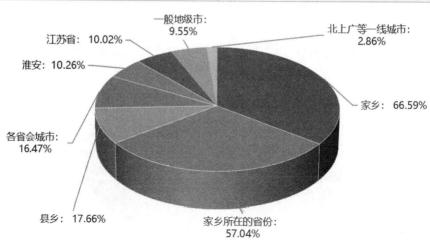

图 3-59   少数民族学生毕业后的工作地点选择

通过调查学生择业时会考虑的因素，我们发现工作稳定和与能发挥专业优势是学生最看重的两点，占比都超过了 60%；其次才是符合自己的兴趣爱好和工资满意，占比都超过了 40%；离家近、能够服务社会和有挑战性能实现自我价值属于第三梯队的影响因素，占比都超过 30%。具体数据如表 3-69、图 3-60 所示。

表 3-69　少数民族学生择业时的考虑因素

选项	小计 / 人	比例
工作稳定	271	64.68%
与所学专业相关，能发挥专业优势	256	61.1%
符合自己的兴趣爱好	201	47.97%
工资满意	180	42.96%
离家近	146	34.84%
能够服务社会	146	34.84%
有挑战性，能实现自我价值	141	33.65%
其他	25	5.97%
本题有效填写人次	419	

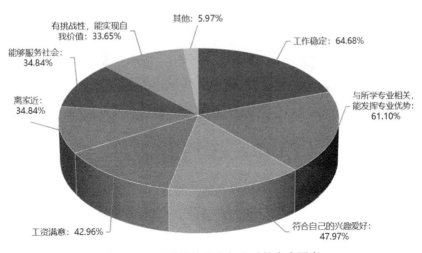

图 3-60　少数民族学生择业时的考虑因素

问卷最后让学生根据自身情况，选择自己初入职场的月工资期望值，选择结果表明希望月工资 5 001 ～ 8 000 元和 3 501 ～ 5 000 元的同学最多，分别占比 32.94% 和 31.26%，具体数据如表 3-70、图 3-61 所示。

表 3-70　少数民族学生的期望薪资情况

选项	小计／人	比例
1 500～2 500 元	29	6.92%
2 501～3 500 元	46	10.98%
3 501～5 000 元	131	31.26%
5 001～8 000 元	138	32.94%
8 001～10 000 元	52	12.41%
1 万元以上	23	5.49%
本题有效填写人次	419	

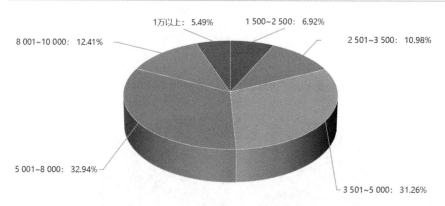

图 3-61　少数民族学生的期望薪资情况

通过以上调查结果，我们可以发现，目前少数民族大学生的就业情况主要呈现出三个特点：第一，就业观念陈旧，期望值过高。较多少数民族大学生期望进入公务员行列及事业单位，对就业认识不全面。大部分少数民族学生表示自己愿意回到所在地省份或者家乡去基层就业，实现自己的人生价值。可喜的是，有自主创业想法的学生逐年上升，未来高职院校可以加强在这方面的培训和教育。第二，缺乏合理规划，就业主动性差。大多数少数民族学生没有形成正确的就业观念和良好的择业观，这势必会影响到他们的就业质量。少数民族大学生在求学期间科学合理地规划职业生涯非常重要，高职院校要帮助他们确立明确的职业目标。第三，就业竞争力低，就业压力大。总体来说，少数民族大学生自己也认为，自身普遍在学历、专业基础、实践技能、沟通交流等综合素质方面与其他学生有一定的差距，就业竞争力不足，因此大多数学生选择回乡就业，其就业空间就更加有限，就业压力较大。

第四章 江苏高职院校少数民族大学生 适应性问题原因分析

适应性是一个复杂的过程，受到太多因素的影响，不同文化背景、不同研究方向的研究者，从不同角度去研究影响跨文化适应的因素，得出的结果都是不一样的。因此，学术界对影响跨文化适应的因素尚未形成统一分类。本研究中，课题组成员综合国内外众多学者的观点，结合调查数据及现场大量调研的分析结果，将少数民族大学生跨文化适应性的影响因素分为主观因素和客观因素，下面分别从学生自身、家庭影响、学校教育及社会环境四个方面进行分析。

一、学生自身

唯物辩证法认为，内因是事物变化发展的根据，外因是事物变化发展的条件，外因通过内因起作用。一些少数民族大学生出现这些不适应问题的原因很多，但是最主要的原因还是少数民族大学生自身的因素。下面介绍一个典型案例。

访谈者：辅导员（本课题组成员）

访谈对象：藏族学生拉吉同学（化名）

访谈地点：学院会议室

辅导员：拉吉同学，你好，你昨晚很迟才回宿舍，今天上课又迟到，能和我聊聊吗？

拉吉同学：老师，我昨晚和老乡出去玩了。

辅导员：去哪里玩了？学校规定出去必须请假，你出去干什么去了？这让老师和同学都好担心！

拉吉同学：老师，我和室友老乡去酒吧喝酒了，喝醉了。晚上翻墙进入学校，然后早上上课起不来，早操也没有做。

辅导员：你多次外出没有请假，这已经严重违反了学校有关规章制度，要受到学校处分。你上学期上课多次迟到、缺课，还有几门功课要补考？

拉吉同学：老师，我上课听不进去，老师上的专业课我听不懂，即使来了，我上课也只能玩手机，甚至偷偷打手机游戏。我说话班上很多同学都听不懂，课后只能和老乡们一起玩，他们也不想学习。

辅导员：现在还是一年级第二学期，专业课课前要做好预习，课堂中要仔细听老师上课，还要认真实践操作。

拉吉同学：老师，主要我对专业不感兴趣，选专业时都是我父母选择的，认为我学这个以后可以赚钱，所以就填写了志愿。上学后，我发现好难的，而且我以前都是生活在牧区，一切都不太适应。

辅导员：兴趣可以慢慢培养，这个学期首先每天上课不能迟到，然后专业问题，我和专业老师说了，让他多注意点，重点照顾下你。

拉吉同学：好的，老师，谢谢你，我今后一定不违反学校规章制度，积极参加学校的各种活动，多和同学交流。虽然我对专业不太感兴趣，但是我家乡很缺乏这方面的人才，我自己尽量努力。

从以上案例中我们可以看出，少数民族学生自身影响其适应性的因素主要是自主能力、判断能力欠缺，专业认知度有待加强，社交主观能动性有待提高，普通话水平有待提升，心理调适能力亟待增强。

（一）自主能力、判断能力欠缺

经过调研和访谈，首先，我们发现近八成的学生在英语、计算机学习上有困难。随着高中阶段就读双语学校的少数民族学生增多，他们在语言交流上的问题有所缓解。其次，进入大学后，对于少数民族学生来说，专业课程的学习变得十分困难。一方面，大学专业课程知识本就生涩精深，对于有语言隔阂的少数民族学生而言则更加困难；另一方面，大学教育阶段对学生的自主学习能力要求有所提升，要求学生具有较高的学习自主性与自控性。最后，大部分少数民族大学生的职业规划及就业择业想法比较功利，轻视专业对口与匹配、忽视所在地的产业需求。

此外，很大一部分少数民族大学生在面对问题或者困难时，一味躲避或只敢向本民族同学寻求帮助。有些少数民族大学生的人际交往只局限在同民族的小圈子内，不愿和其他民族的学生交流，当遇到事情时不能准确判断自己的真实处境，无法做出合理的判断。这都加剧了少数民族大学生的不适应问题。例如，在期初选择选修课时，一些少数民族大学生通常不会根据自己的兴趣与喜好做出选择，而是盲目从众。再如，一些少数民族大学生在面对冲突时，往往不关注事情的来龙去脉及是非曲直，只因为与当事人的同民族关系，就参与其中。

（二）专业认知度有待加强

根据调查结果，有相当一部分少数民族学生在报考前是根据亲戚朋友的建议填写的专业志愿，按照学校班主任老师的指示填写报考志愿的比例也比较大。许多大学生对所报考高校的专业情况不是十分了解，且他人的建议通常较少考虑学生的兴趣与长处，而是出于相对功利的角度。大多数少数民族学生对自己的专业缺乏兴趣，而高职院校转专业通常又有各种限制条件，他们不得不在本专业继续学习，这直接影响了他们后期的学习成绩及综合能力的提高。有些少数民族学生长期生活在畜牧区，执着于家庭产业，缺乏对未来职业生涯发展的思考和规划，基础文化知识及专业技能的学习动力不足。很多少数民族大学生出现违纪行为后，面对老师的批评只是口头答应而没有付诸实践，从而反复出现违纪行为并持续遭受批评，长此以往，学生就会产生焦虑或者自卑的不良心理，其不适应的感觉就会更加强烈。

归根结底，产生这种现象主要有两种原因：第一，少数民族学生的自我否定与不自信。在全新的文化环境中，由于自我否定与不自信致使少数民族大学生对未知的事物过于担心，从而趋向于逃避自身面临的问题，难以突破现状，融入高职院校的生活与学习之中。第二，少数民族学生对于本专业的认知度和认可度不足，因此他们不关注自身专业的发展前景，也不去了解当前的就业形势，遇到困难时通常选择逃避，缺乏必要的探索、奋斗精神，这严重影响了他们的适应性。

（三）社交主观能动性有待提高

少数民族长期形成的文化心理、风俗习惯和宗教禁忌影响着少数民族学生在多文化环境中的交流与沟通，大部分少数民族学生走不出本民族固有的价值观、人生观和世界观。这导致他们的知识面、视野狭窄，在进入高职院校这一全新的环境中时社交主观能动性不高，不愿扩大自己的交际范围，进而产生了焦虑、压抑、自卑的心理，阻碍了他们的学习和学业，影响了他们综合素质的提高。

此外，还有一部分少数民族大学生在和其他民族同学的日常相处中缺乏沟通技巧，日积月累就会形成矛盾。以下为一个典型案例。

访谈者：本课题组成员

访谈对象：学生A，男，22岁，藏族人，就读于江苏某高职院校大二年级

成员：同学你好，在江苏读大学的这两年时间里，你有相处得特别好的同学吗？

A：当然有啊！

成员：你们是一个宿舍的吗？还是一个班的呢？

A：是我们宿舍的，我们都是藏族人。

成员：噢……那你跟班上其他民族同学相处得怎么样呢，有汉族朋友吗？

A：嗯……（考虑几秒）还行吧。我们还是喜欢跟藏族朋友一起玩，

课后经常在一起喝酒、娱乐。

成员：为什么呢？汉族同学不好相处吗？

A：嗯……也不是。跟藏族朋友在一起我们可以说家乡的语言，有共同话题，交流起来也比较方便。放假的时候我们还可以一起回家，生活习惯也挺像的。

成员：这样啊。听你的语气感觉你对汉族同学好像没有好感，能跟我说下为什么吗？

A：其实也不是。就是觉得有时候汉族同学看我们的眼神有点儿不对，心里不是很舒服，就很少相处了。

（四）普通话水平有待提升

当少数民族大学生来到江苏高校上学时，他们会因为与周围人语言、宗教信仰、生活习惯等的不同而感觉到不适应，进而产生自我价值感的缺失。我们通过访谈发现来自少数民族聚居区的学生，尤其是藏族等有自己本民族语言的少数民族学生，自小就使用本民族的语言交流，成长的家庭和社会环境中较少使用普通话，甚至有一部分少数民族学生从高中才开始系统地学习汉语，所以汉语水平较差。语言是沟通和融合不同文化的桥梁，少数民族大学生汉语的掌握情况会直接影响他们来到新环境以后的跨文化适应能力。例如，有些少数民族大学生在看到周围人讨论一些自己感兴趣的话题或班级主题活动时，非常渴望能够参与其中表达出自己的想法，但是语言表达得不流畅会让他们望而却步。也正因此，一些少数民族大学生在课堂或课后活动中都会选择和本民族的同学"抱团"，形成自己的小圈体，而不会有与汉族学生交流感情、成为朋友的想法。长此以往，少数民族学生就会给人留下不爱说话，甚至漠视周围的人和事物的印象。

（五）心理调适能力亟待增强

一些少数民族大学生离开父母的照顾进入江苏高职院校后，面对变化较大的自然环境与生活氛围，会出现心理情绪不稳定的情况。增强少数民族大学生的心理适应能力是一个重要的研究课题，需要学校、家长及社会各界的共同努力。下面介绍一个典型案例。

访谈者：B老师（本课题组成员）

访谈对象：白玛同学家长，采访过程中需借助其他同学的翻译（白玛为化名，是一名经医院诊断患有轻微抑郁症的藏族学生）

访谈方式：电话采访

B老师：扎西德勒，您好，我是白玛同学的辅导员老师！

白玛同学家长：扎西德勒，我是白玛（化名）妈妈。

B老师：近来白玛同学多次晚归，所以我们想了解一下白玛同学在家里的情况。

白玛同学家长：白玛之前一直在家乡的一所学校上学，上学时成绩还可以，但是她说高考成绩不理想，情绪一直不太好。有一天她跟我们说她要去江苏上学，具体的我们不太清楚，对她的要求也不是很高，只要她在学校身体健康就可以了。

B老师：我发现她近来独来独往，不和同学说话，心理状态很不好，可能是刚来江苏这边，没有亲人在身边，气候、天气也不太适应。

白玛同学家长：她从小到大都是和我们在一起，虽然上了学校（中职），但是也离家不远。现在这样确实可能是有点想爸妈了，希望老师和学校多关照。

B老师：我们一定尽最大努力让她适应环境，希望白玛爸妈也多和她打电话聊一聊，多多关心、开导她，让她尽快适应这边的学习、生活环境。

白玛同学家长：谢谢老师。

心理上的不适应具体有两种表现：一是由于对自己的认识不足，心理上会出现一定的落差，从而出现一些失落、自卑及焦虑的情绪；二是由于对新环境的不适应，尤其是在气候方面的不适应引起了身体不适，进而引发情绪问题。从以上案例中我们可以看出，白玛同学此前一直生活在家乡，由于高考失利进入了江苏高职院校，本身就已经有了一些不良情绪，进入新环境后又缺少情感支持，一时间自然无法适应。少数民族大学生未来几年的生活、学习等主要都将在新的校园环境中度过，对其有一个正确的认识和了解是十分重要的。他们如果客观地看待这一变化，积极、勇敢地面对这些变化并寻求解决办法，就能尽快适应，使生活回到正轨；反之，他们则会度过一个漫长的适应期。

二、家庭影响

少数民族学生的家庭背景，包括教育、环境、经济状况和地域，都可能影响他们的文化适应。具体来说，其父母的民族、受教育的程度等都会对他们的异地大学生活的适应性产生直接的影响。本课题组成员利用开学时一些西部少数民族家长送子女上学的机会对他们进行了采访，请他们谈谈他们对子女的期待或者子女来江苏上学的想法。以下为采访记录。

访谈者：B老师

访谈对象：次仁拉姆同学家长，采访过程中需其他同学翻译（次仁拉姆为化名，是一名藏族学生）

B老师：家长，扎西德勒，辛苦了，欢迎您来到江苏，来到我们学院参观！

次仁拉姆同学家长：扎西德勒，这是我和孩子两人第一次出远门，平时我们都生活在高原地区，没出过我们的生活区，很高兴来到你们学校，你们的校园很美丽。

B老师：请问您来自西藏哪里？

次仁拉姆同学家长：我来自西藏日喀则，我小孩学的是护士专业。

B老师：非常好的专业，她为什么选择护士专业呢？

次仁拉姆同学家长：我和次仁拉姆对专业都不太懂，专业选择主要是咨询我们的村干部和以前学校的老师，听从他们的建议，于是我们就填写了志愿和这个学校。

B老师：现在我们国家护理人员的需求激增，护士专业的学生找工作或获得升迁比较容易。我想随着西藏地区人们生活水平的提升，也会更加需要护理方面的人才，希望她在学校好好学习专业知识，提升自己的技能，毕业以后一定能够找到理想的工作。

次仁拉姆同学家长：希望她听老师的话，好好学习，请老师多多教育她。

B老师：谢谢您，我一定会的。

从以上案例中我们可以看出，多数父母关心自己子女的成长与教育，但由于自身文化水平及认识水平的限制，他们可能并不了解子女的专业情况，也不了解子女的生活、学业、就业等息息相关的事情，不能在子女进入江苏高职院校以前做一些必要的准备以增强其适应性。经过调查研究，我们发现在家庭方面，家长对子女的自主生活能力、自主学习能力、人际交往能力、心理调适能力等方面的培养不够，会影响少数民族大学生在江苏高职院校的适应性。

（一）家长对子女的自主生活能力培养不够

在访谈中我们发现，很多少数民族大学生大多长期和父母生活在一起，边远山区或者牧区的学生上下学都由父母接送，平时与外界接触不多，因此他们比较依恋父母、依恋家乡。在每一年的开学季，少数民族大学新生前往异地求学，远离了父母和家乡，所有事情都要亲力亲为，而他们又缺乏独立自主的生活能力。因此，他们在生活或学习上会遇到各种各样的问题，此时大多数少数民族学生选择向同民族的同学寻求帮助，而不愿意向老师或其他同学求助。此外，因为难以应对各种事情，他们也常常忽视校园社团组织，逃避校园活动。久而久之，他们就会变得愈加内向与封闭，愈加难以适应新的环境。

（二）家长对子女的自主学习能力培养不够

通过访谈我们发现，由于历史原因，多数少数民族父母的文化水平不高，他们至多只能为孩子创造良好的物质条件而不能提供一些学业上的指导与帮助。在学生与家长的沟通中，家长通常都是关心他们在学校的钱够不够花，鲜少过问他们的学习情况，并且很多家长对子女几乎没有期待或期待值不高，这种现象在少数民族学生群体中较为普遍。这使得少数民族大学新生进入校园之后没有学习目标，遇到困难就变得迷茫、意志消沉，难以快速适应新的学习环境和教学方式，并难以养成自主学习的习惯。

（三）家长对子女的人际交往能力培养不够

大部分少数民族学生的家长希望孩子毕业以后能够回到家乡，离自己近一点，更方便照顾自己。因此，在家庭教育中，家长并未意识到培养孩子的人际交往能力的重要性，自然也不会培养孩子的人际交往能力，并且这种观念也会直接影响孩子的人格养成。他们进入大学之后，由于不具备人际交往能力与正确的价值观念，很难在集体环境中与他人和谐相处，甚至会出现一系列的人际交往问题。

（四）家长对子女的心理调适能力培养不够

经过访谈我们发现，大多数少数民族的学生家长关心孩子的身体健康，却忽视了他们的心理状况，更不用说培养少数民族大学新生的心理适应性；一些少数民族大学生的家长囿于文化水平限制，心有余而力不足，不能及时地对孩子展开适当的心理健康教育。多数少数民族的学生家长对待孩子的态度刻板、粗鲁，当孩子做错事时，他们通常会盲目地惩罚孩子，而不重视与他们进行情感交流。成长期的青少年需要被尊重和被倾听，家长的这些做法无疑堵住了孩子的情绪出口，无形中打压了孩子的个性与自信，由此产生的不良心理不利于他们的成长，也不利于适应高职院校的学习和生活。

三、学校教育

江苏高职院校少数民族大学生人数日益增多，但是对于江苏高职院校少数民族大学生的适应性问题的研究较为空白，高职院校的专业管理人才缺乏，管理制度不够完善。

（一）专业教育管理队伍建设有待加强

江苏高职院校基本上没有专业的少数民族大学生教育管理队伍，教育管理工作方法千篇一律，没有创新性。少数民族学生的管理工作主要由辅导员和班主任承担，众多高职院未配备足够数量的专职少数民族辅导员。

在调研中我们发现，极大部分少数民族学生表示从未与专业老师有过深入交流。同时，大部分辅导员不懂少数民族语言，不熟悉少数民族学生的文化特点和民族风俗，对于少数民族学生的日常教育管理工作仅停留在基础性的引导上，对他们缺少及时的关心与关爱，无法掌握少数民族学生的真实思想动态，难以与他们实现情感上的同频。

（二）常态化的教育管理制度有待完善

部分江苏高职院校在少数民族大学生日常教育管理工作中缺乏前瞻性和规范性。高职院校没有全面了解少数民族大学生的需求，在课程考核、学业评价、奖学金，顶岗实习、毕业项目等各个方面没有建立精细化、有针对性的管理流程与常态化的教育管理制度。在少数民族学生较多的高职院校中，校园突发事件频发严重影响了校园环境的安全稳定与教学秩序的正常运行，对学生个人、家庭及社会来说，也有着极大的影响力和冲击力。这些突发事件一旦处理不当，则会演变成重大的突发事件，造成更严重的后果。因此，江苏高职院校探索合理有效的处理方式，遵循法律法规，规范工作流程，制定预防少数民族学生突发事件的措施迫在眉睫。

（三）教育管理模式有待进一步优化

通过调查我们发现，江苏高职院校对少数民族学生的管理存在以下共性问题：重经济资助和帮扶，轻思想感恩、社会责任和回馈意识教育；重群体差异性和心理关怀，轻严格管理和纪律约束。江苏地处我国东部，生活水平较高，对于少数民族学生来说，学费和日常开销较大，他们来此求学必然面临一定的经济压力。高职院自招收少数民族学生以来，在评奖评优、减免资助、勤工助学、生活等方面虽有相对的帮扶政策，然而大多停留在"帮"的层面，工作内容比较肤浅，管理方法模式单一。这些浅层的"帮"反而使少数民族学生依赖心理严重、竞争意识淡薄、自主意识薄弱、缺乏学习动力、能力提升有限，甚至诱发"理所当然"获得资助的错误心理，引起众多教育管理问题。

（四）适应性教育的成效性有待加强

首先，从调查中我们发现很多少数民族大学生在进入江苏高职院校学习时对本专业的认知较为模糊，经过一段时间的学习后仍旧未能提升对本专业的学习热情，大多数学生都萌生过换专业的想法。这说明江苏高职院校对于新生开展的专业介绍工作不够深入。其次，当少数民族新生入学后，大多数学生都会出现不同程度的心理问题，许多高职院校针对此种现象开设了心理健康课程，重视对少数民族大学生的思想、心理、情绪等方面的整体关注和帮扶，但是缺乏"一对一"的、面对面的交流与互动。最后，少数民族学生因语言、风俗习惯、宗教信仰等因素，在行为意向上表现出双重性，他们在集体生活中表现为害羞、自卑、封闭；但在以本民族文化为中心的"小团体"中，他们就会充分展现活跃的真我本性。团体外自我封闭和团体内活跃的双重性，形成了少数民族学生与其他民族学生交往的壁垒。高职院校要探索如何发挥"小团体"的力量，提高少数民族学生的人际交往能力，帮助他们形成良好的价值观。

四、社会环境

在社会交际网络中，个体相信自己处于人们的关心和爱护中，被别人所尊重，称之为个体获得的社会支持。社会支持在影响跨文化适应的因素中发挥着举足轻重的作用：良好的社会支持有助于减缓个体的压力，对少数民族学生的身心健康和学习成绩都有益处；反之，则会影响个人的身体健康、人际交往和学业进程，甚至导致身心疾病。少数民族学生在高校学习的过程中，若要快速、良好地适应新的文化环境，离不开一个完善的社会网络的支持。在良好的社会氛围支持下，少数民族学生才能感受到自己被关心、被重视，从而愿意及时与老师、辅导员等积极沟通、解决文化适应过程中的问题。

我们应该转变思想，认识到少数民族大学生是中华民族大家庭的成员之一，拒绝歧视，用真诚去与他们交流、沟通，与他们建立良好的人际关系。在和谐、包容的大环境里学习和生活，少数民族学生就能走出"小团体"壁垒，积极、主动地融入社会大家庭，增强自身的价值感。此外，由于少数民族大学生独特的地域性、民族性及个性特征，学校和企业也要为他们提供适当的实践机会，提升他们的实践能力与专业技能。

（一）社会文化差异对少数民族大学生的冲击

从生源地来看，总体上来自发达地区的少数民族学生的文化适应状况与适应能力比来自偏远地区的少数民族学生要好，这说明少数民族学生生源地的社会文化经济、文化环境差异是影响其适应能力的重要因素。与此同时，江苏经济相对比较发达，经济的发展也催生了消费主义、金钱至上等错误观念，这些观念也对少数民族学生的人生观、价值观产生了不同程度的负面影响。例如，在调研中，一些家庭经济相对困难的少数民族大学生在进入江苏求学后，受到消费主义、金钱至上等消极观念的影响，做人做事重功利、讲实惠的取向日渐明显。负面的腐败思想还会侵蚀少数民族大学生的思想意识，小部分少数民族大学生将个人利益凌驾于团队利益之上，缺乏团队意识、大局意识。

（二）网络因素对少数民族大生的消极影响

大众传媒已经成为人们日常学习和生活的不可或缺的一部分，将大量道德观念、行为方式、民族发展状况等信息展现在少数民族大学生面前，这一定程度上对少数民族大学生产生积极影响，使他们的视野更加开阔、思维更加活跃，并不断将外部信息内化为自身知识。但是受各种利益驱使，大众传媒的内容鱼龙混杂，而少数民族大学生自身甄别能力较低，其中的不良信息会对他们的心理及行为取向产生不良影响，使针对他们的思想教育面临着严峻的挑战。一方面，少数民族大学生的生理、心理没有得到充分发展，互联网上的负面信息会侵蚀他们的心理，放大他们感受到的现实校园生活中的文化冲击，使他们更难以适应校园生活。另一方面，在进入大学之后，一些少数民族大学生离开了原来的交际圈，并且未形成新的人际关系网。由此，接触大量的网络信息后逐渐沉迷其中，形成了网瘾，出现上课玩手机游戏、逃课、补考等违纪行为，有些学生甚至由于过分沉迷网络产生了自闭症的倾向，对老师的教育存在逆反心理。

（三）职业教育偏见影响少数民族大学生的学习积极性

当今，中国社会经济发生了巨大变化，伴随着中国产业结构的转型升级，作为培养应用型人才和具有一定文化水平及专业知识技能型人才的职业教育也迎来了重要调整，明确职业教育与普通教育具有同等重要的地位。然而，职业教育的社会认可度较低，对于职业教育的偏见仍然存在，这不是某个人、某个群体的表征，而是全社会的实际情况，这也导致社会优质资源很难自发地向职业教育领域集中。

职业教育人才培养定位是培养服务在生产一线的高素质技能技术型人才，是培养普通劳动者，并非培养各种社会精英，这样的人才培养定位不符合很多"望子成龙"的家长的教育期望，少数民族学生家长也不例外。实质上，社会对职业教育普遍存在的偏见导致高职院校通常是少数民族学生升学的最后选项，生源质量总体不高，入校后学生的学习积极性不高，企业被动接受少数民族学生顶岗实习，因此高职院校的少数民族学生毕业后就业难、就业质量不高。

第五章　融合与重塑：少数民族大学生
适应性教育的机制与策略

一、构建少数民族大学生适应性提升的多方联动培育机制

江苏高职院校由于在地域和学术发展方面的限制，针对少数民族大学生管理和服务的各项工作相对比较分散、不成体系，相关制度和机制还很不完善。几年来，本研究团队通过跟踪调研和现场访谈，综合部分高职院校的实践成功经验，提出了针对在苏高职院校中西部少数民族大学生适应性问题的"融入到融合，适应到重塑"的理论，从培育机制角度提出了"大中心、大空间、大平台"方案。

（一）建立学校组织、课程思政、内外活动于一体的大中心

学校组织包括党组织、团组织、社团和班级等，这几个高校常见的组织机构在少数民族大学生适应性教育中发挥着重要的作用。江苏高职院校要积极做好少数民族大学生骨干的培养工作，保证在学生会、社团、班级等学生组织中有一定比例的少数民族学生，增加少数民族学生的实践和锻炼机会，发挥他们的骨干示范作用。高职院校可举办少数民族学生干部培训班，邀请专家、主管部门领导为培训班授课，提升少数民族大学生的综合素质，这也是为国家和社会提前培养少数民族干部。高职院校还要完善学生班级文化、宿舍文化、社团文化等的政策措施，搭建深度交流的平台，持续加强对于少数民族大学生的国家通用语言文字和文化知识的教育，增强少数民族大学生的文化自信。

由于辅导员特殊的角色身份和工作内容，在少数民族学生眼里，视辅导员"吐辞为经，举足为法"。辅导员的一言一行对少数民族学生都有很强的示范作用，可以潜移默化地影响着他们的为人处世、待人接物，乃至世界观、人生观、价值观的形成。辅导员自身的民族理论、民族政策认知和民族团结进步意识与能力，直接影响着高校民族团结进步创建工作成效。

专业辅导员及思想政治理论课教师都是育人队伍的先锋，除此之外，专业课教师和各级各类职能部门的行政人员，乃至后勤管理服务人员等，都应该积极主动扛起育人队伍的大旗。除了高校教职工外，还可以考虑放大社会育人队伍的作用，社会教育团队的主要代表有社会卓越人士、先进人才、优秀校友等。从少数民族大学新生到社会育人队伍，社会生活决定了人们的认知范围。大学生与社会中每个成员的交往，都可能会影响少数民族学生的认知和思维发展。

高职院校应逐步完善工作体系和领导体制，成立管理少数民族学生事务的领导小组，加强教育工作协调联络机制。在学校相关部门的管理办公室中设立专门的少数民族学生管理办公室，将政治素质过硬、管理能力强、综合素质高的优秀管理人员充实到少数民族学生的班主任、辅导员队伍中去，同时加强对学校相关部门的管理人员的培训，不断构建可持续发展的管理制度体系。

少数民族大学生管理工作室（以下简称"工作室"）可以收集与掌握少数民族大学生的思想动态、舆论信息，不断总结少数民族大学生的教育管理经验，解决少数民族大学生在学习中遇到的难题，以及在语言、习俗、经济、心理方面的困惑或突发问题，成为帮助少数民族大学生的心灵驿站。工作室应大力宣传党的民族宗教政策和国家法律法规，挖掘各少数民族大学生中爱党爱国方面的先进事迹及优秀的少数民族人物，激发少数民族大学生爱党、爱国、爱家乡的情怀，引导他们正确看待社会，增强他们的国家认同感，使其形成正确的法治观念，形成为国争光、报效国家的意识。

工作室还要不断总结少数民族大学生教育管理的成功经验，探索关于少数民族大学生的教育规律，推动少数民族大学生教育管理项目化、制度化、规范化，不断提高少数民族大学生思想政治教育的工作水平和科研水平。

高职院校还应积极发展各种学生组织，例如，学生会和俱乐部，为少数民族大学生提供自我管理的机会，增强学生干部的影响力，并帮助他们改善工作方法和技能。对于少数民族大学生群体的骨干分子，既要给他们的成长搭梯子，也要在工作中给他们压担子，充分发挥他们在树榜样标杆、学风建设、校园稳定等方面的示范作用，让他们在实践中增加知识和锻炼能力，并通过他们的示范引领作用影响他们周围的少数民族学生，使其成为学校内涵建设、民族文化传承、思政教育等工作中的骨干力量与中流砥柱。在学生干部的宣传和示范下，更多的少数民族大学生的自主意识就能被激发，他们也开始积极参加各种社团活动，这不仅拓宽了学生的知识视野，帮助他们扩大了自己的社交范围，还会促使少数民族大学生逐步适应东部的校园环境，身心都得到长足发展。

课程思政旨在将思想政治教育融入课程的各个方面，使少数民族大学生树立正确的政治认知、价值追求，树立真诚服务中华民族伟大复兴、民族地区地方产业发展的责任意识，培养他们的创新意识和求真务实的精神。在新时代背景下，江苏各高职院校应该明确培养人才的目的和要求，应当着重培养学生的综合素质和政治素养，把党的知识、思政教育和专业知识与技能结合起来，把党的要求深刻地内化到学生的头脑中，坚定少数民族大学生的政治立场。在这个过程中，各种校内外活动起着中介作用，能促使少数民族大学生把思想认知转化为实际行动。

校内外活动是对少数民族大学生进行适应性教育的重要方式之一，指校园内外活动。在思想政治教育过程中，应开展针对少数民族大学生的各种活动，促进其内化向外化的转变。活动的设计应让少数民族大学生有参与感，一方面，活动的内容应充分且充实，将思想政治教育的内容潜移默化地融入到活动之中；另一方面，活动的形式必须多样化，必须将动、静、明、暗结合起来，以此来提升思想政治教育的有效性。

高职院校要坚持育人者先育己，教育者先受教育，加强校级领导的督导作用，发挥优秀辅导员的模范带头作用，发挥党员的先锋带头作用，发挥社会各界模范人物的引领示范作用，开展各种类型的活动，帮助少数民族学生融入江苏高职院校的生活。具体来说，高职院校可以展开辅导员培训、校领导下基层巡学旁听、"一对一"宿舍帮扶、分享家乡榜样、学雷锋志愿服务活动等多种活动。

【实例介绍】

举办辅导员职业精神和团队建设专题培训

为了提升辅导员队伍的岗位能力素养，近日民族学院特邀江苏省辅导员年度人物、淮阴师范学院美术学院党委副书记侯美玲作题为《高校辅导员的职业精神和团队精神的养成之路》的讲座。民族学院学工团队全体人员参加讲座。

侯美玲从职业认知、职业情感和职业意志三个角度，阐释了辅导员职业精神。她认为，职业认知关键在于职业态度，"态度决定一切"。辅导员要始终坚持"为了一切学生，为了学生的一切，一切为了学生"的理念，以学生发展为本。谈及职业情感时她表示，辅导员职业精神的核心就在于要爱业、乐业，热爱本职工作，热爱学生。侯美玲用自己16年辅导员职业生涯的亲身体会与感悟，和大家分享了爱业、乐业的真谛。谈到团队建设，她给出了三条建议：一是不要计较付出，付出和回报是双向力，付出总会有回报；二是不要计较回报，年轻人要多做事、多学习，回报是水到渠成的；三是不要停滞成长，辅导员是通才，要在工作中不断学习，提升自己。

侯美玲祝愿大家"一路繁花，桃李天下"，激励在座的辅导员们不断提升自我，彰显职业价值，努力发光发热。会后，全体辅导员在线分享了心得体会，大家被侯美玲16年始终如一的教育情怀所感染，纷纷表示会更加坚定高校辅导员立德树人的初心。

（素材来源：江门职业技术学院）

开展"帮助一名同学，引领一个宿舍，排除一项隐患"宿舍帮扶活动

为更好地开展宿舍育人工作，民族学院直属党支部领导、师生党员及入党积子发挥先锋模范作用，在学生宿舍中开展"帮助一名同学，引领一个宿舍，排除一项隐患"宿舍帮扶活动。

此次活动以宿舍为单位，通过"一对一"宿舍帮扶，由党员深入宿舍了解学生思想动态和学习生活情况，签订帮扶责任书，以"帮助一名同学，引领一个宿舍，排除一项隐患"为目标，在学习、生活中帮扶，在精神上鼓舞。

活动开展以来，党员们立刻行动，前往宿舍仔细询问学生线上上课和生活保障等情况，了解目前存在的困难，勉励大家要克服疫情期间带来的不便，科学制订学习和生活计划，养成良好的卫生习惯；带领宿舍同学遵守防疫规定，积极配合学院工作。

（素材来源：江苏食品药品职业技术学院公众号）

引路人——"红石榴梦工坊"班主任工作室

"红石榴梦工坊"班主任工作室在校学生工作处和经济管理学院的指导下，于2021年10月20日正式授牌成立，工作室由经济管理学院专职辅导员张毅主持。工作室是我校为进一步加强少数民族学生工作，教育引导各族学生牢固树立"三个离不开"思想，增强"五个认同"，铸牢中华民族共同体意识而建立的专门工作平台。经济管理学院共有来自13个民族的120名少数民族学生，建立了"榴光溢彩"工程、制定了"一会三档"工作制度、举行了民族团结主题班会课等活动。

自筹建以来，经济管理学院在少数民族学生中发展1人入团，1人入伍，1人获校优秀毕业生，3人获校民族生优秀毕业生，1人得到"学习强国"、

中国江苏网报道，13人获校奖学金，选树3个先进典型，32名2021届少数民族毕业生100%就业。"学习强国"、中国高职高专教育网、中国江苏网、江苏学生资助、今日徐州等多家媒体报道了学院的少数民族学生工作，这成为江苏建筑职业技术学院民族团结和统战工作的一张特色名片。

（素材来源：江苏建筑职业技术学院公众号）

滴，暑期"三下乡"活动记录卡

2022年7月，江苏财经职业技术学院"初心向党担使命·乡村振兴树新风"实践团，从伟大总理周恩来的故乡——江苏淮安，奔赴贵州贵阳、遵义、毕节、六盘水、黔南布依族苗族自治州（以下简称"黔南州"）五个红色资源丰富且在"脱贫攻坚、乡村振兴"中具有重要意义的市（州），开展大学生暑期"三下乡"社会实践活动。

实践团围绕"初心向党·乡村振兴"主题，设计了"追寻红色足迹，践行党史教育""关爱乡村儿童，点亮红色初心""致敬脱贫攻坚，聚焦乡村振兴""学以致用，科技支农""生态环保宣传，助力可持续发展"五项专题活动。

实践团注重运用微博、微信等新媒体在校内外进行广泛宣传，实践活动及团队成员受到中国青年报、中国青年网、江苏教育发布、江苏工人报、淮安电视台、淮安广播电视报等多个媒体平台的关注，形成了良好的社会影响。活动有效促进了团队大学生在实践观察中学党史、强信念、跟党走，并立下为国家发展增学识、长才干的志向。实践过程中，涌现出以徐嘉荣同学为代表的优秀典型，以其不怕吃苦、热心奉献、积极进取的精神在大学生群体中起到了较好的表率作用。

追寻红色足迹，践行党史教育

贵州红色资源丰富，是大学生党史学习教育重要的实践载体。实践队员们参观了遵义会议会址、毕节烈士陵园、红二红六军团盘县会议会址陈列馆、息烽集中营革命历史纪念馆、龙里县观音山红军战斗遗址等红色教育基地，访谈了抗战老兵、老党员，与群众一起，回顾历史，重温革命先烈光辉事迹和峥嵘岁月，通过对百年党史脉络的思考，深刻领悟"中国共产党为什么能，马克思主义为什么行，中国特色社会主义为什么好"。

关爱乡村儿童，点亮红色初心

少年儿童是祖国的未来，也是乡村振兴的接力军。队员们走进贵州乡村，对乡村儿童，尤其是困境儿童，进行了走访慰问、陪伴关怀、学业帮扶，让乡村儿童感受到来自社会的温暖，鼓励孩子们"与爱同行，向阳成长"。同时，队员们给孩子们讲述了红色故事，传达自己追寻红色足迹后的所见所感，帮助孩子们理解和坚定民族信仰，自觉传承红色血脉。

致敬脱贫攻坚，聚焦乡村振兴

作为全国脱贫攻坚的"省级样板"，贵州脱贫攻坚实现历史性全胜。如今的贵州，分类推进乡村振兴，正迈向共同富裕的康庄大道。实践队员们实地考察了贵州多个脱贫攻坚示范点、乡村振兴示范点：遵义市播州区花茂村（脱贫攻坚和新农村建设示范点）、贵阳市白云区蓬莱村（全国休闲农业与乡村旅游示范点）、毕节市黔西市锦绣花都（易地扶贫搬迁安置示范点）、盘州市普田乡雁子村（省级文明村）、黔南州龙里县孔雀寨（国家级少数民族特色村寨）。通过访谈调研，队员们切实了解了家乡打赢脱贫攻坚战以来的民生改善等重要事件。

学以致用，科技支农

实践队员结合在校专业所学与家乡百姓所需，开展了"假币识别＋惠农政策＋乡村税收"等主题的宣讲，帮助乡村百姓掌握假币识别与处理方法，了解种粮农民一次性补贴、农机购置补贴、耕地地力保护补贴等惠农政策以及农林渔牧相关税收政策，也对村民们提出的其他经济问题进行了耐心解答。队员们表示："将理论知识运用到实践中，帮助农民解决实际问题，让我更深刻地感受到了学有所用，这更激励了我要以时不我待的紧迫感，努力学好知识，投身祖国乡村振兴建设！"

生态环保宣传，助力可持续发展

绿水青山就是金山银山。乡村振兴建设中，也要大力推进生态文明建设，牢牢守好发展和生态两条底线。实践队员们走访参观了遵义市红花岗区三渡镇、贵阳市花溪区青岩古镇、黔南州龙里县大草原、毕节市水西公园、六盘水市盘县中央森林公园等生态环保示范点，对当地负责人、游客、村民等进行了生态环保问卷调查，宣传了"生态环保，可持续发展"理念。队员们同时开展了垃圾清理、设施维护、游客引导等志愿服务，在乡村土地上展现出骄阳般的"青春力量"。

（资料来源：江苏财经职业技术学院公众号）

江苏某学校多维一体助力少数民族学生成长成才

江苏某学校高度重视少数民族学生教育管理工作，本着"平等、团结、互助、尊重"的少数民族学生工作理念，认真落实民族政策和国家有关文件精神，积极探索和创新少数民族学生工作的思路和方法，帮助少数民族大学生成长成才。

一、强化思想引领，做好心灵导航

学校把"加强交流、深入沟通、增进了解、拉进距离"作为开展少数民族学生思想政治工作的关键，通过党员"1+1"帮扶、师生个别谈心、学生座谈会、宿舍走访等方式，加强与少数民族学生面对面的交流。同时，充分发挥少数民族学生党员的先锋模范作用，在少数民族学生中做好"解说员"和"宣传员"的工作，加强正面引导。此外，利用新生入学等重要契机，结合国内外重要形势，开展少数民族学生政策宣讲会、入学教育大会以及少数民族学生座谈会等活动，引导少数民族学生树立责任意识，增强爱国情感。

二、注重学习帮扶，促进专业发展

针对少数民族学生学业基础较弱的特点，学校因材施教，通过校院两级学习促进中心，组织教师进行单独学业辅导，鼓励学生结对帮扶等，激发少数民族学生学习热情。同时，对于少数民族学生集中的专业，学校加强该专业基础课程的补习与巩固。为更好地适应少数民族学生的特点和需求，学校调整和完善教学计划、优化学习考核评价机制、增加实践性技能训练，努力让少数民族学生学有所获、学有所成。此外，根据少数民族学生就业困难的特点，学校按照"重点关注、优先推荐、及时服务"的原则，加强分类指导，通过指导学生提前进行职业生涯规划，开展"一对一"的就业指导服务和就业心理辅导等措施，提高民族生就业竞争力。

三、倾斜资助政策，做好解困助学

学校实施"奖、贷、助、补、免"一体化资助体系，全面覆盖家庭经济困难的少数民族学生。其中，学校勤工助学岗位优先推荐家庭经济困难的少数民族学生申请，同时设有临时困难补助，方便家庭经济困难的学生特别是其中的少数民族学生随时根据需要申请。针对新疆、西藏等家庭困难的少数民族学生，认真落实专项补助工作。此外，学校注重将解困助学和感恩、诚信意识教育相结合，培养少数民族学生良好的品德。

四、尊重民俗文化，加强情感归属

学校尊重民族生饮食习惯，设有专门的清真餐厅，严格把关食材来源。与此同时，经常听取少数民族学生意见和建议，不断增加、改换品种，尽量满足少数民族学生的饮食习惯和饮食要求。每逢藏历新年、那达慕、火把节等少数民族重要节日，学校会拨出专项经费用于学生庆祝活动。此外，学校还通过组织新年晚会、交流会等系列活动加强少数民族学生与汉族学生的沟通交流，促进各民族学生间的沟通、理解和融合，增进学生之间的感情，营造温馨的育人环境。

五、探索特色管理，提升服务水平

学校成立民族宗教管理领导小组，全面负责民族生教育管理工作。学工部、后勤等管理服务部门定期召开少数民族学生座谈会和少数民族学生管理服务专题工作会议，努力提高少数民族学生管理服务水平。各学院积极探索"特色菜单"，有针对性地开展工作，如外国语学院实施民族学生奖学金助学金分类分层次管理办法，法学院安排专人负责藏族学生学业管理等。此外，"校长在线""校长面对面"等活动都优先解决少数民族学生提出的问题和困难。

（素材来源：江苏教育公众号）

新时代对高职院校少数民族大学生的教育培养工作提出了更高的新要求，"建立学校组织、课程思政、内外活动于一体大中心"要特别注意两个方面的问题：一方面，应遵循少数民族大学生教育培养的规律性，始终坚持民族团结进步的根本导向，把铸牢中华民族共同体意识融入立德树人的全过程；始终坚持依法治教和以人为本相结合，在章程的制度框架内完善少数民族大学生职业教育培养措施；始终坚持提高少数民族人才培养质量，着力解决少数民族大学生存在的学业困难，以及交往、交流、交融等问题。另一方面，应坚持问题导向，特别是着眼教育"供给侧"因素，深化教育教学改革，多措并举，进一步加强和改进少数民族大学生的教育培养工作。要认真贯彻党的职业教育方针和民族政策，以培养高素质技术技能人才为出发点和落脚点，提升少数民族大学生的职业适应性。要将少数民族人才培养工作做实、做细、做深，更加精准有效地把职业教育使命和责任落到实处，做出江苏高职院校应有的积极贡献。

（二）构建校园文化、社会实践、网络教育于一体的大空间

一个民族或地域的社会群体，在漫长历史发展阶段中，都会在信仰风俗、审美情趣、民族情感与思维方式等方面形成鲜明的文化符号。校园文化作为学校重要的隐性课程，可以利用多样性物质载体和组织校内活动等

方式，营造精神氛围，发挥全面、持久、渗透式传承民族文化符号的独特优势，开展铸牢中华民族共同体意识教育。

首先，展现各民族优秀文化遗产。一是利用板报宣传、走廊文化、班级场景布置等校园文化建设方式，宣传民族地区丰富的文化遗产。如，展示各民族服饰、器物、建筑等。在各民族文化共依共存的校园文化环境中，学生能够学会尊重、理解并接纳文化间的差异，奠定交往、交流、交融的认知基础。二是在校园文化建设中，要着重展现不同民族优秀文化遗产背后蕴含的民族精神，帮助学生认识少数民族文化与中华民族文化部分与整体的关系，促进中华民族凝聚力的生成。如在朝鲜族农耕历史文化中被赋予功勋地位的"黄牛"，正是中华民族孺子牛、拓荒牛与老黄牛的精神体现。

其次，发掘地方人文地理资源符号。地理符号是重要的文化象征，一些地理符号已经上升为我国民族精神标识，如黄河、长城象征着中华民族的自强不息与不屈不挠。边疆民族地区自然人文地理资源丰富，许多地理资源承载着丰富的革命历史故事。如延边朝鲜族自治州"一眼望三国"的防川风景区，记录了祖国守卫边疆的历史，更警示着国家边防的安全，展示着国家开放包容的发展战略。利用地方教育资源开展校园文化建设，贴近学生实际经验，易于激发学生情感。

再次，开展中华民族伟大复兴与中国梦等文化符号教育。世界正经历着百年未有之大变局，不稳定性和不确定性显著增加，帮助学生深刻认识维护国家安全的重要性是学校的重要任务之一。校园文化通过社会主义核心价值观、科技强国、实践创新等符号，对学生进行潜移默化的熏陶，帮助学生认知目前国家发展所处的历史方位和时代方位，培养学生超越个人观念的国家整体意识，有利于学生在国家视野下重新审视自我发展，进而形成国家意志和个人行为的统一。

最后，开展传承历史与承载未来的校园仪式活动。学校开展中华民族共有文化符号的仪式活动，是增强中华民族凝聚力、强化民族认同的重要途径。一是要重视国旗、国徽、国歌等国家象征符号的仪式活动。学校严格执行升降旗制度，奏唱国歌，强化学生对国家象征物的崇敬感和神圣感，激发学生爱国热忱。从爱国旗、国徽、国歌开始，将爱国情感外化于日常行为。二是要开展节日纪念与庆祝的仪式活动。如国家层面的国庆节、"九一八"抗日战争纪念日，民族特色的延边朝鲜族自治州的"敬老节"等。

校园文化的公开性、大众性、参与性以及现场感，决定了校园文化在中华民族共有文化符号教育方面的巨大隐性教育功能，是实现全方位、全过程与全环节推进"中华民族共同体意识"教育的有效途径。构建多元文化、厚重和谐的校园氛围，其作用不仅体现在物质环境的改善及基础设施的完善上，还能使高职院校园内的所有学生都能感受到情感的愉悦，潜移默化地培养人才。构建校园文化，并切实补充各种形式教育活动，理应成为少数民族大学生适应性教育的重要部分。

江苏高职院校应积极为来自全国各地的少数民族大学生搭建平台，成立具有民族特色的文体社团，召开民族体育运动会或在大学生运动会中增设民族体育项目，在社团活动和体育运动中增进民族学生之间及师生之间的情感交流，展示少数民族学生的体育艺术才能，繁荣校园文化。对于个人来说，社会实践可以使少数民族学生有更多的机会接触社会环境，扮演不同的社会角色，发现自己真实的潜力和兴趣，以奠定良好的职业基础，逐步完成职业化及社会角色的转化，同时为自我的成长积累丰富的阅历。对于社会来说，社会实践也可以引导各民族青年学生更好地在社会实践中全面、深入地了解和认识我国的国情、民情、社情，进一步树立为实现中华民族伟大复兴而努力奋斗的理想信念，勇担民族责任和历史重任，"身"入基层，"心"入群众，在实践活动中增长文化知识本领，锤炼职业品德意志，充分发挥聪明才智，体现人生价值，为促进民族团结、服务科学发展做出应有贡献。

在信息化时代，网络已成为广大少数民族大学生人际交往、思想沟通、情感交流的主要途径和载体。少数民族大学生的网络安全意识如何，直接关系到他们自身、高校乃至社会的稳定发展。互联网上布满各种陷阱，社交网络上的网络欺诈同电话诈骗一样层出不穷。江苏高职院校经常发生网络安全事件，个人隐私信息泄露、账号密码被盗、涉密信息泄露等事件屡屡发生。少数民族大学生学费、生活费被骗的事情也常发生。一些少数民族学生知识面狭隘，文化基础薄弱，再加之历史文化、宗教习俗和生活方式差异较大等因素，导致这些少数民族学生缺乏抵御不良思想的能力和辨别是非的能力。尤其是一部分少数民族大学生来自宗教氛围相对浓厚的农村牧区，在他们的成长过程中，社会、家庭、亲友的宗教信仰对他们都有很大的影响，他们在进入高校之前对于互联网的法律意识淡薄，对于网络信息安全缺乏基本认识。此外，个别学生因为语言障碍和民族习俗的原因不愿与其他民族学生过多交往，处在相对封闭的状态之中。面对这些差异、现状和出现的问题，我们不能视而不见，也不能用简单方法处理。

网络教育可以提高少数民族大学生的网络安全防范意识，切实保障少数民族大学生的利益。网络环境本身是高度隐蔽的，这使得少数民族大学生的思想政治教育面临着巨大的挑战，我们应该充分利用网络，丰富少数民族大学生思想政治教育的途径，提高少数民族大学生思想政治教育水平。这主要包括四个方面的内容：第一，充分利用网络训练思想政治干部，拓宽其视野，提高其综合素质；第二，在网络的帮助下，积极建立思想政治教育网络，以图片和文字相结合的形式，向少数民族大学生推送各种思想政治教育内容，以主流思想影响少数民族大学新生；第三，加强少数民族大学生道德意识网络建设，使他们了解复杂网络生活的发展方向，有意识地抵御各种负能量信息的干扰；第四，教师应搭建网络平台，利用网络平台及时反映社会热点问题及少数民族大学生的思想问题。高职院校要在教育和管理工作中不断总结和创新"互联网＋社会实践"模式和特色，真正使少数民族学生能够在实践中做贡献、经磨炼、长才干。

（三）设立心理辅导、帮扶资助、就业创业于一体的大平台

高职院校应重视少数民族大学生的心理健康教育，为少数民族大学生建立心理健康平台，加强心理健康辅导，使少数民族大学生具有良好的人

格。在激烈的社会竞争中，他们是否能够很好地适应社会，是否有良好的品格和健康的心态，是否能够应对困难和挑战，都与其心理状况息息相关。因此，高职院校应组织高水平的心理健康教师团队，为少数民族大学生提供心理咨询服务，帮助纾解他们的消极情绪并解决各种心理问题，使他们了解有关知识并客观地评价、认识自己。在此过程中，辅导员也应承担适当的责任，尝试与少数民族大学生成为朋友，与少数民族大学生群体融合。为了解决这些问题，我们需要了解他们成长过程中遇到的困难及产生负面心理的原因，尽早发现、尽早干预有问题的少数民族大学生，避免酿成不可估量的后果。

在对少数民族大学生进行适应性教育时，要特别注意对于家庭困难的少数民族大学生的教育，这类学生由于家庭原因大多自卑，思想上容易出现问题。为了提高少数民族大学生的整体素养，党和国家已经制定了适当的政策确保贫困家庭的少数民族大学生能够顺利完成学业。但是，仅仅靠政策是不能够解决所有问题的，为了使家庭困难的少数民族大学生朝着和谐、健康的方向发展，有必要以多种方式帮助他们，使他们能够自力更生，并将他人给予的爱传递给更多人。为实现这一目标，我们应该加大对困难学生的帮助力度，不仅仅要利用全体教职工的力量，还要努力争取赢得社会上的帮助，建立学校、家庭及社会等多方参与的爱心帮扶资助体系，保障少数民族学生的成长成才。

高职院校应与政府和学校协同合作，发挥各自优势，完善奖、助、贷、勤、减、免资助政策体系。社会资助理应成为学生资助经费的主要来源，应加大教育合作宣传，充分利用校企合作、企业和校友资源加大社会捐助力度，积极动员企业参与学生资助工作，例如设立企业奖学金等，通过这种方式不仅向企业输送了优秀人才，还拓展了贫困生的资助渠道，实现了学生和企业的双赢。高职院校还可以利用互联网建立"爱心资助平台"，鼓励学生将平时不用的物资信息上传到平台，转赠给那些真正需要的贫困学生。

高职院校也可以加大社会宣传力度，积极联络社会力量加入爱心资助平台建设，增强捐赠力度，营造良好的校园慈善文化氛围。

家庭对少数民族大学生的适应教育也有着很大的影响，我们必须发挥家庭对少数民族大学生的积极影响。在家里，父母不应完全放弃对少数民族大学生的教育责任，而应该与老师保持积极沟通，做到家校联合，共同对少数民族大学生进行教育。由于所有少数民族大学生都会受到家庭的影响，父母可以起带头作用，建立正确的理想信念、价值观和道德观念。例如，家长可以带领学生定期观看上映的红色电影，或者参观图书馆与博物馆，通过这些方式建立和培养学生的爱国精神。在少数民族大学新生的成长过程中，家长通过积极引导学生参与各种社会活动，有助于他们更好地了解社会，并缩小知识与实践之间的差距。

"创新创业"协同推进要成为一体化平台的重要组成部分。相对来说，职业院校少数民族大学生大多创业动力不足，创业意义淡薄。要整合学校少数民族育人资源，建立开放式协同育人的共享信息平台，为少数民族大学生创新创业活动提供绿色通道。学校要为少数民族大学生开展创新创业活动、创新创业项目提供场地、资金优先支持，平台要为学生提供各民族区域多方面信息资源。学校组建高素质指导团队，集中为少数民族大学生提供讲授、指导和咨询，这不仅能够为少数民族大学生的创新创业活动提供更好的引导和示范作用，而且能感染少数民族大学生，激发少数民族大学生更多的新思路、新方法、新举措，有效促进少数民族大学生创新创业能力的发展。制定少数民族大学生创新创业活动激励政策，从而增强少数民族大学生的创新创业意识，给予学生创新创业方面的正确引导，促进少数民族大学生创新创业能力的提高。

【实例介绍】

高职学生"劲牌阳光奖学金"设立

2016 年 11 月 4 日上午，团中央学校部、全国学联秘书处、劲牌有限公司在江苏常州签署高职学生"劲牌阳光奖学金"暨践行工匠精神先进个人寻访活动合作协议。团中央学校部副部长、全国学联副秘书长李骥，劲牌公益慈善基金会秘书长尹琴出席并代表双方签署合作协议。团江苏省委副书记蒋敏、全国青联技能人才界别组秘书长薛志勇和全国高等职业院校团委书记联席会2016年年会的120多所高职院校团委代表参加签约仪式。

高职学生"劲牌阳光奖学金"暨践行工匠精神先进个人寻访活动旨在在高职学生中深入开展培育和践行社会主义核心价值观，特别是弘扬工匠精神，发挥优秀典型的示范作用，引领广大高职学生勤奋学习、砥砺品格、全面发展，为实现中国梦不懈奋斗。劲牌有限公司将捐资500万元，从2016年起连续5年开展该项活动，每年评选"劲牌阳光奖学金"特别奖10名和优秀奖300名，奖励金额分别为1万元和3 000元。奖项设置将结合国家脱贫攻坚的战略要求，重点关注西部地区特别是民族地区、边疆地区、革命老区、连片特困地区家庭的高职学生，同时遴选东部地区高职院校在践行工匠精神方面突出的学生。

签约仪式上，尹琴介绍了劲牌有限公司和公司董事长吴少勋多年致力于慈善公益助学的基本情况，设立高职学生"劲牌阳光奖学金"是公司在重点资助高中生群体领域外开展的专题合作项目，取名"阳光"既注重评选过程的公开、公平，阳光透明，也更关注如何激励学生积极阳光向上，健康阳光地成长，更希望受资助的同学们能够成为传播阳光的使者。

李骥在签约仪式上代表团中央书记处书记傅振邦对劲牌有限公司和吴少勋董事长的慈善公益之举表示感谢，他介绍了近几年团中央大力加强职业院校共青团工作的基本情况，这次在劲牌有限公司的大力支持下，经团中央书记处同意，首次面向高职学生设立专项奖学金，将通过阳光公正的评选过程帮助各级团学组织树立可亲、可敬、可学的高职学生典型，引导广大高职学生认真践行工匠精神，积极弘扬和培育社会主义核心价值观，争做"六有"大学生。

签约仪式上，与会人员观看了 2016 年"挑战杯——彩虹人生"全国职业学校创新创效创业大赛特等奖获得者——云南国防工业职业学院保佑莲团队匠心筑梦的感人故事，常州工程职业学院 2014 级学生马勇、常州信息职业学院党委书记邓志良分别代表高职院校学生和学校党政作了发言。据悉，高职学生"劲牌阳光奖学金"暨践行工匠精神先进个人寻访活动评选办法将于近期发布，该评选将经过校级推荐、省级遴选和全国评选的流程，于 2017 年春季新学期初评出首届获奖者。

（素材来源：中国青年网）

民建徐州市委会江苏建院支部开展 2022 年度"携手育星"活动

2022 年 9 月 13 日上午，中国民主建国会徐州市委会"携手育星"少数民族学生关爱项目启动仪式在我校举行。民建江苏省委副主委、徐州市人民政府副市长、民建徐州市委会主委林斌，民建徐州市委会副主委、徐州市发改委副主任孙统贤，民建徐州市委会社会服务委员会主任张静，学校党委书记朱东风，党委副书记梁惠，各相关单位负责人，部分民建成员教师代表，部分少数民族学生代表参加仪式。

朱东风代表学校致辞，他向与会人员简要介绍了学校发展情况及近年来在少数民族学生教育管理等方面取得的成绩。朱东风表示，不断夯实民族团结教育基础，努力培养出更多优秀的少数民族技能型人才是当代高职院校的重要任务之一，学校将携手民建徐州市委会等各方力量，不断创新工作思路，用心、用情、用力将少数民族学生教育管理等工作做实、做细，不断推进相关工作出亮点、出成效。

林斌在仪式上代表主办方讲话，他重点介绍了民建徐州市委会开展"携手育星"少数民族学生关爱项目的意义与目的，详细解读了项目整体开展思路与各项主要举措的落实办法及路径，并向为少数民族学生提供奖学金、助学金、实习机会与课业辅导的会员企业与会员教师表示感谢。林斌表示，随着项目不断深入推进，将有更多少数民族学生在成长、成才道路上受助、受益。

仪式上，梁惠与张静签订了"携手育星"合作协议，党委统战部部长宋丹萍、民建江苏建院支部主委刘胜勇代表学校接受"携手育星"奖学金捐赠。双方还就高校民主党派基层组织建设、社会服务及立足岗位发挥参政议政作用等主题交换了意见。

（素材来源：江苏建筑职业技术学院公众号）

构建"导师制——三成教育"新模式建立全员参与教育管理体系

生活导师助力成长，提升少数民族学生融入感

少数民族新生入学后，选拔优秀青年教师党员担任其成长导师，实施成长计划。通过建立少数民族大学生档案，每月一次谈话，一次团辅，以"爱心、信心、责任心"和"感恩、诚信、守纪"教育为主要内容，帮助少数民族新生克服不稳定情绪，顺利适应大学生活。同时选拔优秀大学生党员与少数民族学生组成结对互助小组，由奖学金获得者组成讲师团，以课堂讲授和线上分享的形式对少数民族学生进行语言和学业上的一对一帮扶。每学期期末组织开展"我的成长故事"分享会，增强少数民族学生的沟通能力和生活自信心。

心灵导师助力成人，提升少数民族学生归属感

选派若干名党性强、负责任、热心学生工作的二级学院党总支副书记、学生支部书记担任思想导师，实施成人计划。与学生党支部联动，组织开展中秋节大联谊、端午节诵读经典等主题活动，将少数民族文化与大中华优秀传统文化有机结合，将党情党史学习教育和时政社情教育通过文化活动予以传播；同时，为弘扬农耕文化，组织开展"走进农博园 体验新农业"活动，让少数民族大学生体验到现代农业的新发展、新前景。

职业导师助力成才，提升少数民族学生认同感

指派专业教师和就业指导教师为职业导师，帮助即将毕业的学生做好择业，实施成才计划。指导学生根据自己兴趣特长和专业特点，制定合适的职业生涯规划，依靠学院就业指导站通过就业知识讲座、求职技巧、简历制作等辅导，帮助少数民族学生树立正确择业观，提升少数民族学生就业能力。积极整合校内外优质资源，与用人单位沟通和协调，增加少数民族学生就业机会。对于有创业意向和能力的学生，邀请学院创业导师予以指导。

（素材来源：江苏农林职业技术学院　乔小倩《中国多媒体与网络教学学报》）

"海棠花高原行"公益项目

"海棠花高原行"公益项目，由江苏电子信息职业学院、中国工商银行淮安分行共同投入搭建，旨在持续提升"苏电棠棠"资助育人平台工作能力，为西藏日喀则儿童福利院一院的孤儿、校内外藏生提供线上线下物资帮扶、科技共享、文化体验等优秀育人资源，让受助对象感受温情，感悟文化，培养家国情怀。通过"海棠花高原行"公益项目，着力打造东西协作跨区域育人帮扶体系，创新"三全育人"工作，进一步探索实践职教扶贫成果拓展新模式，通过搭建网络育人平台、开展资助主题教育、树立优秀励志典型，为西藏日喀则福利院一院孤儿、校内外藏生提供帮扶，将恩来楷模风范传播到雪域高原。

自 2017 年以来，此校积极响应国家教育扶贫号召，面向西藏等中西部地区开展招生。结合国家政策，学校不断完善贫困生评选和资助机制，同时积极探索校企共育人才新思路，助学体系逐步完善，实现全方位、多渠道。此校领导指出，希望校企双方能够进一步拓展合作领域、共享优势资源、挖掘合作潜力，在人才培养、科技合作、校园建设等方面形成多内容、

多领域、多层次、多方位的银校合作新格局。希望有更多企业和社会力量加入"海棠花高原行"公益项目，凝聚更多向上向善的力量，给藏族孩子带去更多社会温暖。

（素材来源：江苏电子信息职业学院公众号）

二、提升少数民族大学生适应性的具体策略

根据"江苏高职中西部少数民族大学生的适应性调查问卷"调查结果分析，结合江苏各高职院校的一些成功做法和团队所在单位工作实践，本研究分别从学业与立体帮扶、心理与精准滴灌、资助与自强感恩、交往与文化浸润、科学的职业规划、提升专业认知度等维度阐述提升少数民族大学生适应性的具体策略。

（一）学业与立体帮扶

学业适应是指熟悉新的学习任务，认清自己学生的角色，适应新的学习环境的能力。根据课题组的调研分析，少数民族学生进入江苏求学，学业适应问题主要表现在文化基础教育水平低、大量新媒体技术和通用技能运用能力不足、自身自主学习能力不够、学习目标及未来的职业理想没有清晰的认识等方面。对于如何应对学业压力这一问题，选择"与熟悉的同学讨论"这一选项占比最高，为67%；"请教老师"这一选项位列第二，占比55.6%。问卷中"希望学校能为你的学习提供支持与帮助（如额外的教师辅导、学业支持等）"这个选项在学生调研时获得了4.1的高分（1分为最低分，5分为最高分）。由此，本研究团队与所在单位或兄弟院校进行合作尝试，并借鉴部分江苏高职院校做法为少数民族学生提供学业与立体帮扶，这些实践措施都取得了显著成效。

1. 健全学业帮扶和学业预警制度，助力学生全面成长

学业帮扶、学业评价、学业预警是江苏高职院校的办学特色，这些措施有助于少数民族大学生的专业技能、职业能力和综合素养等的整体提升。近年来，江苏高职院校以发展成效为导向，形成了多元化、个性化的帮扶

机制。针对少数民族学生特点，学校不断改革学业评价制度。多所高校实施了 N+1 过程性考核与结果性考核有机结合的学业考评制度，采取学生自我评价、教师评学、第三方评价等多种评价方式，推行全过程学业评价。统筹推动教学理念、教学内容、教学模式、教学评价、教学管理和现代教学技术应用等一体化改革。部分高职也将学生文明诚信、健康意识、身心健康等指标纳入基本素质测评，引导学生关注身心健康，取得了良好效果。

目前高职院校的过程性评价以课堂考勤、日常作业等形式为主，因条件限制无法保证单元测试的次数和质量，并且评价结果受人为因素影响较大，一直无法形成统一标准，过程性评价基本流于形式。课题组经过研究分析指出，高职院校可以借助校本题库实现教师智能组卷，并根据教学进度灵活发布单元测试、作业等，也可以随时随地发布"非标准答案"考核，例如论文、开放课题、案例分析、调研报告等。学生可利用移动端、电脑实现智能上传，支持拍照、Word、PDF 等上传格式。教师在移动端或电脑上批阅，并实现过程性评价全过程留痕及成绩加权、赋分。

此外，高职院校还应制订学生学业预警分级标准，建立学校、学生、家长三位一体的联动预警体系，建立学生全周期学业预警制度，配套"学业预警通知单"和谈话记录等，积极推进学业评价、预警和帮扶制度的一体化改革。同时，持续搭建少数民族学生综合实践活动平台，健全教师担任学业导师、班主任、辅导员等的配套制度，打通第一、第二课堂，不断拓宽教书育人的工作内涵和形式载体，营造有助于少数民族学生健康成长的学习环境。

【实例介绍】

精准化学业支持体系再添新招，"护航计划"助力民族学院建设

近期，学校民族学院正式成立，这是综合近几年人才培养实际情况，经过深思熟虑做出的重要决策。它标志着学校"精准化学业支持体系"建设跨上了新台阶，迈向了更高层次。

学业支持前：79%；学业支持后：96%。这一组数字，是学校护理专业护考通过率的一个对比，也是学校实行精准化学业支持后学生学习成绩变化的一个缩影。

成绩不只这些：2021年西藏地区事业单位公开招聘考试，最高岗位报录比达到190∶1，我校7名毕业生成功考取编制；在2021年全国护考中，我校护理专业统招班通过率100%；在2021年全国英语、高数比赛中我校近60名学生捷报频传，较往年获奖人数翻两番。

为了积极响应国家和江苏省西部教育帮扶计划，我校从2015年起，陆续招收来自西藏、青海、新疆等地区的少数民族学生。这些少数民族学生，有的汉语言基础薄弱，有的计算机、英语水平达不到要求，学习对他们而言，有时候是件挺苦恼的事。

什么是学业支持？学业支持，就是通过个性化咨询、团体辅导等多种形式帮助在学业发展上有不同需求的同学，进一步明确学习目标，增强学习动力，改进学习方法，提高学习效率，顺利完成学业。在经历了将近三年的实践后，学校已逐步建成"精准化学业支持体系"，超过3 000名学生受益。学校综合考虑学生诉求和学情，不断完善该体系。

学校成立民族学院，将学业支持体系下的核心课程整合，搭建"护航计划"学业支持板块。以更精准的指导，更专业的教学方式，更具个性化的课程安排，全力保障民族地区同学的求学需求，也为每一位需要学业支持的同学保驾护航。同时，针对一些同学成长中的烦恼，学校的心理中心也将积极参与到学业支持中来，帮助同学们解决"心里的小困扰"。总之，就是让全体同学快乐成长！

（素材来源：江苏食品药品职业技术学院）

2.加强师生间联系，开展学业精准帮扶

调研中发现，江苏高职院校的课堂教学模式基本为在流动教室上课，教师主要针对多数普通汉族学生备课和上课，并布置课后学习任务。这种混合教学模式下，教师无法针对个别群体，特别是针对少数民族大学生的具体情况制定和调整教学内容和教学节奏。课堂教学是大学生学习的主渠道之一，由于学习基础相对较差、文化差异较大、语言环境不习惯，少数民族大学生极容易产生学习适应问题。针对这些问题，各个学校都有一些成功做法，本课题组成员所在单位——江苏食品药品职业技术学院就采取了向任课教师发放师生联系卡的方法：3月下旬，针对学生专业分布广泛、上课地点分散、学生管理与教学管理沟通不及时等实际困难，课题组团队和有关学院多次讨论，协助民族学院设计发放了师生联系卡，加强学生管理与教学管理间的合作交流。师生联系卡的设计可以突出石榴籽等民族团结元素，印有民族学院的院训和院风，以及班主任和学生干部的详细联系方式。班主任走进教室和办公室，将师生联系卡当面递交给任课教师，有助于加强日常联络，实现班级情况的及时共享。通过开展民族学院学生扁平化管理的合作探索，加强沟通交流，形成工作合力，助力民族学子成长成才。

当前，互联网打破了时间和空间的界限，学校可借力新媒体构建网络帮扶平台，通过资源共享能够实现学习效能的最大化。少数民族学生的学业帮扶亦需借助网络力量，从而构建起如智慧职教等网络教育帮扶平台，大力开展网上学业帮扶。首先，实现学生成绩查询系统与该网络帮扶平台实时对接，帮扶平台可以随时查询少数民族学生的学业成绩，以便有条件地梳理学业困难生，建立学业预警，使学校和老师能随时掌握少数民族学困生名单，学困生也可以通过平台选择自己需要帮扶的课程；其次，可以在网络帮扶平台中导入教师帮扶咨询模块，学困生可以根据自己的实际需求寻找相应课程的教师，咨询课程学习方法、学习重点、难点以及进行答疑解惑；最后，学校要组织教学能力强的教师录制慕课、微课等网络课程，充分利用网络课程资源开展线上帮扶。开设网络直播课程，在课程教学的过程中实时与学生互动、研讨，最大化提升帮扶效果。

【实例介绍】

"疫情无情　伙伴有情"——线上助学团助力网课学习

突如其来的疫情，同学们不得不待在家中参加线上学习。设备差，没信号，你是否还在为线上学习而发愁？某学院成立了由各班学委组建的线上助学团，为全体同学的学习加油鼓劲，提供帮助。

认真严谨，上传资料。自线上助学团组建以来，各小组任务分配到位，工作务实。各班学委按时按点、严谨有序，将精心整理的学习内容上传备查。文件形式多样，可供同学们选择学习。所在班级当日没有课程的也会及时在群里留言，以便检查小组进行核查。

严格监督，沟通协作。检查小组以年级为单位进行任务分工，对每天各班学委上传的学习资料进行核对，确保没有遗漏。因为每班上课时间不同，我们要求学委当天完成上传。检查小组第二天上午进行核对，若有问题及时与学委进行沟通，重新上传。

伙伴有情，助力学习。经过一段时间的运作，偏远地区同学纷纷表示，在疫情期间，学院开展这一活动让人感到很暖心，线上助学团的资料丰富且有序，很轻松地就可以找到当天的学习内容，也可以对以往的内容进行复习，再也不用担心跟不上课程了。线上助学团有效弥补了偏远地区少数民族学生信号差、实时学习效果差的现状，为线上学习实现有效助力。在正式复学前，我们还将持续此项工作，促进各班级、各专业学生线上学习有序推进。

（素材来源：江苏食品药品职业技术学院）

3. 增强学习动力，引导学习行为，树立正确的学习自我认知

从调研情况来看，在苏中西部少数民族大学生的学习本质认知对其平均学分绩点产生了显著的正向影响关系，模型的公式如下：

$$y（平均学分绩点）=1.988+0.229×学习本质认知$$

学习动力对平均学分绩点也产生了显著的正向影响关系，模型的公式如下：

$$y（平均学分绩点）=1.976+0.228×学习动力$$

（正 / 负向）课堂学习行为对平均学分绩点也产生了显著的（正 / 负向）影响关系，模型的公式如下：

$$y（平均学分绩点）=2.265+0.182×课堂正向学习行为+（-0.027）\\×课堂负向学习行为$$

少数民族大学生对学习的理解直接影响着他们的学习态度，也关系到人才培养目标的实现。以学习者为中心的学习环境设计理论认为，学生一开始就将他们的信念、理解、文化实践带进学习中，并且在学习的过程中建构自己的意义。换言之，少数民族大学生对学习的理解，直接影响他们面对问题的态度和行为；学习动力是引起、推动和维持学习者进行学习活动的内在力量，学习动力能使学习者产生学习需要，增加学习投入，增强学习效果。因此，学习动力是引起、维持并指引学生学习活动趋向于教师所设定的目标的心理倾向，它是推动学生进行学习的重要内驱力，也是激励学生维持学习活动的力量来源。

学习行为常与学习方法、学习习惯等词相伴出现，主要指学习中习得知识、解决问题、提升自我的行为、程序或方法，直接关系着学习成果。来自中西部地区的少数民族同学很大程度上延续了高中时期的学习行为，当大学学习要求变得更加复杂时，原有的学习行为也需要做相应的改变，如线上微课学习、自主学习和小组探究等方式都应逐渐加入到高职阶段学生的学习行为中。同时，课题组通过分析发现，学生的自我学习情况认知与他们的平均学分绩点之间出现了负相关，模型的公式如下：

$$y（平均学分绩点）=3.676+（-0.358）×自我学习情况认知$$

这就意味着学生对自己学习情况的认知与其实际学习情况产生了偏

差，即与其实际学习情况相比，学生对自我学习情况的认知过分乐观。很多少数民族大学习惯了在考前复习，用机械记忆的方法应对考试，忽略了平时的对所学知识的理解、归纳和整理，对学校自习室和图书馆的利用非常有限。学生在进入大学后，面对与高中截然不同的教学模式，都会存在对新的教学模式的不适应情况，大部分学生对教学模式的不适应都会随着时间的推移而慢慢地消失。但对于跨文化的少数民族学生来说，对教学模式不适应的程度可能有所不同，这也进一步造成了他们在学业上的不同表现。

针对上述情况，有些学校有的放矢探索了不同的路径和方法，有些措施取得了很大成功，如采用举办优秀学生学习经验分享会、专业技能比赛、职业道德分享会等多种方式让学生有机会了解科学的学习方法、先进的学习理念、高效的学习行为，为学生树立学习的榜样，促进学生专业课的学习与专业技能的提升，同时培养学生的职业道德及工匠精神。

【实例介绍】

榜样课堂 —— 技能大赛经验分享会

2019 年 9 月 28 日，某学院邀请优秀学友在学院大会议室做技能大赛经验分享。某学友曾获 2018 江苏省在校生创意大赛银牌奖、2018 第八届全国在校生西点创意大赛银牌奖、2018 国际两岸美食竞赛银牌奖。她首先分享了自己的心路历程，提到在比赛中要做好吃苦的准备。她动情地说到她在比赛的冲刺阶段每天训练八个小时，全靠咬牙坚持下来。尤其自己做巧克力造型蛋糕时，巧克力的温度自己一直拿捏不准，自己反复多次琢磨，并向老师多次请教，终于克服了困难。随后播放了技能比赛现场视频，让现场的学生感受比赛氛围和熟悉大赛流程，增加他们参加技能大赛的积极性。最后，辅导员引导学生认真思考比赛的初衷和目的，鼓励学生多参加技能比赛，提高自己的动手能力，成为企业抢手的工匠性人才。

从中国制造到中国创造需要大量的高技能人才，技能比赛是提高自己技能的重要途径。此次活动让学生对技能比赛有了初步的认识，进一步深化了学生对技能比赛的理解，为学生进行技能大赛提供了一个汲取经验的平台。

（素材来源：江苏食品药品职业技术学院　民族学院新闻报道）

食品学院举办道德讲堂系列讲座之一："我用良心做食品"

为进一步培育和践行社会主义核心价值观，不断提升食品学院学生思想道德素质，食品学院 2020 年道德讲堂系列活动于 8 月 6 日 18：40 在学院大会议室启动。食品学院邀请苏州雨田科技公司的优秀校友王亚洲以"我用良心做食品"为题，该院 18 级 70 名左右的学生和辅导员老师参加了本次讲座。

王亚洲以今年 3•15 晚会曝光的汉堡王事件为切入口，提到了偷工减料、不按流程生产产品等问题给食品行业带来很大的负面影响。他结合自己的成长经历，讲到良心在食品行业的重要性。做良心食品不仅对个人的职业生涯发展有利，而且对企业、行业和社会产生深远的影响。

做良心食品，需要在采购、生产、研发、销售等所有环节符合国家规定的标准，不断精益求精。他重点谈了管控和研发的重要性。在食品加工的管控上，原料方面要把好质量关，在流程上不违规使用添加剂，在经营上保证安全和信誉至上，注重培养员工的健康意识和责任意识。在研发上注重营养和口味，他自己带领团队于 2019 年研发了翡翠鲜虾饺、招牌笋干木耳肉三鲜、牛肉粉丝汤、酸辣汤等 12 款新品，产品受到顾客的广泛好评，累计销售四百余万元，给顾客创造了价值的同时，也提高了企业品牌的影响力。

本次道德讲堂利用"尚德守法"理念，引领食院学子用良心做食品，不断提高食品安全水平，让消费者能吃得起放心的食品。目的是推进社会主义核心价值体系建设，营造讲道德、做好人、树新风的浓厚氛围，促进道德建设的普及化、实践化。

（素材来源：江苏食品药品职业技术学院）

举办"学霸小课堂"活动

为端正学习作风、营造学习氛围，增加同学们的学习兴趣，养成良好的学习习惯，明确学习目标，酒店学院自管会于 2021 年 12 月 16 日晚在教学楼 C310 举办"学霸小课堂"主题活动，助力同学们迎战期末考试。

本次"学霸小课堂"主题活动邀请大二优秀学长学姐分享自己期末复习的方法和策略，同时号召大家要做到诚信考试。首先，学长讲解了自己对学习的看法以及对大学生活的建议，告诉了同学们自己平时学习的方法以及对同学们学习上的意见。随后学生们提问了自己在平时学习中的困惑，学长逐一进行解答。最后号召大家在期末考试的时候要做到诚信考试。

此次学霸小课堂，不仅解答了同学们日常学习的疑惑，更为同学们树立了榜样。呼吁大家努力学习的同时，更要互帮互助，一起进步！

（素材来源：江苏食品药品职业技术学院）

4. 开展公共课与专业课的教学改革，完善教学考评方式

职业教育的对象决定了教育教学方式的特殊性和规律性。少数民族大学生的认知结构、思维方式、个性心理等参差不齐、层次复杂，决定了必须做好适合少数民族大学生发展的个性化教育管理服务工作。中共中央办公厅、国务院办公厅印发了《关于推动现代职业教育高质量发展的意见》，其中指出，要"坚持面向人人、因材施教，营造人人努力成才、人人皆可成才、人人尽展其才的良好环境和条件。"对少数民族学生学习基础较薄弱的学科，在不降低总体要求的情况下，在学习成绩合格认定方面运用多种考核评价方式，对学习遇到特别困难的学生予以适当帮扶、倾斜和照顾等手段。

对于少数民族学生挂科情况的调查表明，在所有存在挂科的科目中，英语课是挂科比例最高的，为 7.16%；专业课挂科数位列第二，占 3.34%；

其次是数学课，占 3.1%；最后是语文课，占 1.19%。因此，高职院校应开展公共课程，特别是英语课的教学改革，同时重点关注专业课的教学改革，可以通过公共类课程专题研讨会、英语学习讲座、优秀学生经验分享、分层次教学、专业知识讲座等多种方式提高学生的学习效果。

【实例介绍】

召开少数民族学生公共类课程专题研讨会

2021 年 9 月 24 日下午，在教学楼 B 楼 207 智慧教室，由教务处牵头组织的民族学院学生公共类课程专题研讨会正式召开，基础教学部、马克思主义学院、体育教学部、信息工程学院、就业创业中心和民族学院代表出席会议。

教务处副处长介绍了会议的意义和目的，学校高度重视民族学生的发展，专门开展"护航"计划，需要各教学单位群策群力。民族学院副院长介绍了 2021 级学生情况，分析了民族学生的学习特点，对课程内容、教学方法、评价考核提出了建议。与会代表积极发言，气氛热烈。基础教学部的英语、语文和数学课程团队负责人先后介绍了教学安排、教材选取和资源建设等情况，体育教学部对选项内容和时间安排提出了合理意见，马克思主义学院思政课程团队负责人介绍了针对学情设计教学案例的准备情况，信息工程学院分享了信息技术团队增加课时、理实一体等针对性措施。

领导做总结讲话，感谢公共课团队的精心准备，希望各部门密切配合，做好新生报到前的各项准备，为民族学院工作顺利开展保驾护航。

（素材来源：江苏食品药品职业技术学院）

基础部积极推进大学英语分层教学改革工作

为进一步搞好全校大学英语教学工作，基础部今年继续推进大学英语分层教学改革。在进行了大量前期准备工作后，本学期英语分层教学工作进展顺利。

今年以来，基础部组织大学英语团队教师进行了多次论证，深入探讨分层教学的实施细则，包括层次划分，层次规模，班级容量，以及各层次的教学目标、教学内容、教学方式、考核方式和师资配备等内容。本学期开学伊始，基础部组织大学英语团队开展了说课活动，老师们对各层次的教学设计进行了大量的探索，从教学内容、教学设计、教学评价等方面进行了深入改革，积极挖掘和融合思政元素，充分利用线上课程资源和其他网络资源开展线上线下混合式教学，努力提高大学英语教学质量。

基础部分别对 2020 级 4 600 余名新生进行了大学英语分层测试，考试依托超星学习通考试平台，精心设计分层测试试卷，采用手机端在线测试形式，即时批改，省时高效地完成了测试。为了让学生熟悉操作流程，解决考试中可能遇到的问题，还提前进行了模拟测试，并针对可能出现的突发情况提前做好了预案，保证了正式考试的顺利进行。

经过数据处理和筛选后确定分层名单，约 20% 的学生进入提高班、50% 的进入基础班、30% 的进入启航班学习。分层后的教学效果显然受到了学生的充分肯定。启航班的张同学说，刚分到启航班时，有些自卑，后来发现老师把基础知识讲得很扎实，很适合自己的状况，一学期下来，觉得很有收获。

（素材来源：江苏食品药品职业技术学院）

2020 年度数学课程教学改革亮点展示

2020 年度，数学课程教学改革进一步推进，我们将自己定位为"学生探索知识的引领者"，积极创新教学方式，努力提升教学技能和教学效果。团队尝试过多种贴近生活、激发兴趣、让学生深度参与学习过程的教学模式。具体做了下面一些探索：

①团队针对高职生学情，计划以系列数学情景剧方式引领学生深度参与教学过程，通过组织学生参演情景剧，引出教学案例、激发学生探索问题、分析问题、解决问题的兴趣。并录成视频上传课程网站，作为课前预习任务，

激发学生学习兴趣。

②充分利用自建课程网站，实行全员线上线下双线融合教学。

③进一步完善高等数学分层教学，深度改革B、C层学生考核方案，实行5次专题考核，抓好学习过程，提高教学质量。

④课程思政常规化，录制了疫情拐点等课程思政知识点微课视频，将课程思政融入日常教学过程，润物无声，春风化雨。组织教师参加课程思政典型案例比赛，并获得奖项。

⑤在3+2本科班实行基于SPOC的任务驱动小组合作教学模式，全面激发学生学习的主动性与能动性，让学生成为学习的主人。

其中，任务驱动小组合作教学模式在药本191班进行教学实践，取得了很好的教学效果，学生学习成绩得到全面提升，在期末考试中，所有学生卷面考试成绩全部达到及格线以上，全班均分达到84分左右，学生探索知识的兴趣与热情大幅度提高，合作意识增强，上台表达能力全面提升，任何一个学生走上讲台都能淡定从容地发表自己的观点。

（素材来源：江苏食品药品职业技术学院）

5.开展教学信息员、辅导员等教辅人员专业培训

针对少数民族学生的特征和高职院校在教育管理工作中的薄弱之处，很多江苏高职院校以人为本，多形式多渠道查摆问题，找准着力点，破解少数民族学生教育管理的难题。由于高校少数民族学生在总学生数中占比少，少数民族学生管理工作本身还处在一个探索的初期阶段，因此很少有学校会配备专职管理人员，就算配备，数量也是极少的。在大多数高校中，少数民族学生的管理与其他学生的管理工作一样由一线的辅导员、班主任承担，他们中间有很大一部分对少数民族的风俗习惯和文化历史都缺乏必要的了解，有的虽然有所了解，但知之甚少。很多高校学生管理工作的基础配备情况本身就低于国家的相关要求，很多辅导员管理的学生人数都大大超出了应有的师生比，工作任务重、头绪多，没有多余的精力钻研少数

民族学生管理工作，对于他们的心理状况和思想变化也无法及时掌握。

因此，高校可以通过召开培训会议等方式增强教学信息员、辅导员等各类教辅人员的业务水平。

【实例介绍】

召开教学信息员培训会议

为进一步加强教学工作信息化管理，提高学生信息收集及反馈能力，2022年4月19日晚，民族学院召开教学信息员培训会议。会议由民族学院院长刘杰主持，以腾讯会议形式线上开展。

培训会上，刘杰首先明确了教学信息员的角色定位，介绍了工作职责、工作要求和工作流程，还设置了在线互动、有奖问答等环节，巩固培训效果。设计212班多吉扎巴、数媒214班美久多吉等4位教学信息员表现出色，获得奖励。

培训的及时开展，营造了上传下达、沟通顺畅的良好氛围，为民族学院教学管理工作的有序开展奠定了坚实基础。

（素材来源：江苏食品药品职业技术学院）

举办辅导员培训

为进一步提升民族学院辅导员职业能力，切实加强学院辅导员队伍建设。2021年12月7日下午，民族学院辅导员培训在学业支持中心顺利举行。

活动特邀淮阴师范学院生科院党委书记任守军同志与民族学院全体辅导员齐聚一堂，以"高校优秀辅导员的素质要求和实现途径"为主题，共话辅导员职业素养、学生工作方法等内容。期间，任守军书记结合自己从事学生工作数十年的经历，和大家分享了一名优秀辅导员应具备的五项基本素质，即强健的体魄、辩证的思维、高尚的品德、丰富的学识和踏实的态度，在学生工作中既要站位高又要有底线思维，不仅要帮助学生安全毕业，更要积极搭建素质拓展平台，促进学生全面发展。

民族学院将通过系列培训，为新入职的辅导员提供更多的学习交流机会，使大家进一步明晰职业发展路径，掌握工作方法，提升育人本领。

（素材来源：江苏食品药品职业技术学院）

6. 生生互助帮扶，发挥优秀学生榜样示范作用

高职院校要充分利用学生自身在学业帮扶机制中的主力军作用，帮助新生尽快适应大学阶段的学习和生活。可通过选拔学生干部、学生党员、学习标兵等先进分子组建学业帮扶团队，设立辅导员助理、班主任助理岗位，制定这些岗位的工作条例，明确选拔条件、工作职责、选拔程序和考核方式。另外，可充分发挥高年级优秀学生对低年级学生的传、帮、带作用，使其成为学生教育、管理和服务工作的重要力量和有力补充。

同时，高职院校应及时对中西部少数民族大学生的优秀学生和各项比赛的获奖学生进行表彰，形成正向反馈，既是对日常表现优秀、专业技能掌握到位的一种肯定，使他们体会努力付出得到回报的成就感，也有利于他们发挥先锋模范作用，鼓励与带动其他同学，特别是少数民族学生形成良好的学习风气。

【实例介绍】

肩并肩，共进步 —— 记药学院代理班主任

2014 年 9 月中旬，药学院喜迎 2014 级新生，我院也为每个新生班级分别任命了一位代理班主任和一位代理班主任助理。代理班主任，不仅是一个称谓更是一种责任。

异乡求学，温暖关怀

丹桂飘香的九月，我院迎来了大一新生，初来乍到的他们中也不乏许多外省同学，他们第一次离开家乡来到美丽又陌生的江苏淮安。有几位同学很想念父母，整天闷闷不乐，代理班主任王楚翘同学知道这件事后，就带着她们出去散心并且去品尝淮安小吃，让她们在这也能感受到家一般的

温暖。

精心准备，独特生日

"祝你生日快乐，祝你生日快乐！"一首生日快乐歌飘荡回旋在班级中。九月下旬，代理班主任蒋枭同学了解有同学生日临近，就策划着给她过一个独特的生日。生日当晚，蛋糕摆在讲台上，在众人的歌声与祝福声中，这位同学开心地吹灭了蜡烛。这温暖的情景被代理班主任蒋枭同学用单反相机一一记录下来。

秋风飒爽，爱在旅途

凉爽的秋风吹拂着十月的大地，为了让新生更好地了解学校、了解淮安，代理班主任丁宁同学带领学生参观校园。丁宁同学还自愿担当导游组织新生参观周恩来纪念馆，同学们手挥小红旗，在纪念馆的每一个角落都留下了青春靓丽的身影，他们一路欢声笑语，徜徉在凉爽的秋风中。

严酷军训，温情常在

"蹲下！""起立！""立正，稍息！"时间在习惯性的节奏中被磨得很长。军训期间，新生们在操场上站军姿、走正步，代理班主任们经常顶着偌大的太阳去操场看望新生军训，并把带来的茶饮品送到新生手中，借此来向积极参加军训的同学们表示关怀。

通过这一个多月代理班主任的细心关怀，这些初入大学校门的同学们更快地融入了新环境，更好地定位了目标，同时也让他们更加向往自己的大学生活。

（素材来源：江苏食品药品职业技术学院）

举办"砥砺奋进、逐梦前行"主题学生表彰大会

为深入贯彻学校党委大学生"十个一工程"，鼓舞和激励民族学子奋发向上、励志成才。2022 年 12 月 27 日中午，民族学院在学校田径场召开

以"砥砺奋进、逐梦前行"为主题的学生表彰大会。学院党政领导、全体辅导员老师参加表彰大会。

会上，学校党总支副书记姜海军宣读表彰决定，并代表学院向受表彰的同学表示祝贺。姜海军简要总结了一学期以来民族学院的学生管理工作，同时希望各位同学向先进学生看齐，从每一天做起，从每一件事做起，时刻牢记作为一名学生的根本任务。刘杰老师对全体同学提出了三点要求：一是要树立底线思维，二是要走出舒适圈，三是培养良好的习惯。

民族学院全体教师为受表彰的 21 名优秀学生干部、32 名民族学院"月度之星"颁发获奖证书。

（素材来源：江苏食品药品职业技术学院）

2020—2021 年度江门职业技术学院经济管理学院
"优秀班主任助理"评选结果

班助，即班主任助理，协助班主任管理班级事务，解答新生们生活和学习上的一些困难，是老师的好帮手，亦是新生的好朋友。他们是知天文地理的百事通，是大学生涯的引路人，是值得我们信赖的倾听者。经过一年的工作，经济管理学院从各方面严格考察，综合老师意见和班级投票，最终评选出了"优秀班主任助理"，见图 5-1。

2020-2021 年度江门职业技术学院"优秀班主任助理"名单		
姓名	班级	所带班级
彭楚怡	19工程造价2班	20工程造价1班
陈景清	19旅游管理2班	20工程造价3班
陈爱禅	19工商企业管理1班	20工程造价3班
李晓雲	19物流1班	20工商企业管理1班
王婷	19工商企业管理2班	20工商企业管理2班
陈梓康	19会计2班	20会计1班
唐映	19会计2班	20会计1班
龙秋萍	19会计2班	20会计2班
卢惠娴	19会计2班	20会计2班
苏佩瑶	19会计2班	20三二会计班
张艺娇	19旅游管理2班	20旅游管理班
黄东英	19旅游管理2班	20旅游管理班
汪海花	19旅游管理1班	20旅游管理班
余丽珊	19金融管理2班	20旅游新宁2班

图 5-1　"优秀班主任助理"名单

恭喜以上同学被评选为"优秀班主任助理"！感谢你们的辛勤付出，愿这一年的经历能成为大家珍藏的记忆，不断激励你们砥砺前行。同时希望未来续任的班助能够向他们看齐，以他们为榜样，努力勤奋，脚踏实地，认真对待每一份工作，真正发挥班助的作用，做一个真正的好班助！

（素材来源：江门职业技术学院）

举办"优秀民族生表彰大会"

2021年为进一步提升少数民族学生教育管理成效，鼓励先进，彰显榜样力量，2021年11月5日，食品学院2021年"优秀民族生表彰大会"在院部大会议室举行。

首先，该院党总支副书记张春凯分别为荣获优秀民族学生及民族学生学习进步奖的同学颁发证书，勉励同学们再接再厉，继续奋斗，更上一层楼。

其次，获奖学生代表分享了各自的获奖经验和学习体会。学习进步之星代表普姆同学在发言中谈到，要对自己高要求，并积极向其他优秀同学学习，不能拿基础不好当借口，要注重提升学习效率，享受学习带来的成就感。获得优秀民族学生的赛丽米·古丽阿布都外力同学说，感谢学校提供平台，感谢老师们给予支持，帮助自己克服学习和生活中的各种困难。她表示，荣誉既是上一个学习阶段的终点，更是下一个阶段努力的起点。

最后，张春凯书记向全体获奖同学表示祝贺，他指出，要以少数民族学生工作为契机，加强"三全育人"路径探索，集中各方力量培养少数民族学生成长成才。他希望全院少数民族学生能够学会生活、扎实做事、懂得合作、持续学习，不断提升综合素质和核心竞争力，为中华民族伟大复兴的中国梦不懈奋斗。

本次表彰大会的举办，既是对获奖学生的一种的肯定，也是对全体学生的一种鼓励与鞭策，同时也为同学们下一阶段的学习指明了方向，增添了动力。

（素材来源：江苏食品药品职业技术学院）

（二）心理与"精准滴灌"

一方面，少数民族大学生大多来自边疆地区，所接受的心理健康建设与维护教育较少；另一方面，他们来到高校接受职业教育，生活环境改变了，且语言文化、风俗习惯等方面有了明显差异，往往导致少数民族大学生在适应和融入高校的学习和生活环境时面临一些困难，容易导致学业困难、人际关系困扰、自卑等心理健康问题的发生。少数民族大学生心理健康问题日益突出，成为困扰江苏高职院校少数民族大学生成长成才的一个重要课题。

团队通过对近几年的工作实践和相关研究进行梳理发现，少数民族学生常见的几类现实问题与心理健康问题的交互影响如图 5-2 所示。

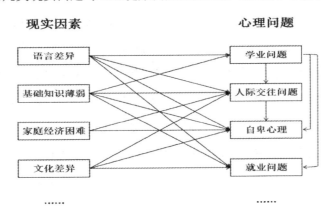

图 5-2 少数民族学生常见现实问题与心理健康问题的交互影响示意图

在工作中实践"精准滴灌"理念，就是要坚持实事求是、因材施教、分类指导、精准帮扶，强调调研、分析量身定做、形式新颖、方式灵活，确保针对性、时效性强。这一理念得到了诸多学者的青睐，在心理学领域取得了一定成果。以"精准滴灌"理念为指引，根据江苏高职院校少数民族大学生的特点和实际，开展少数民族学生心理健康教育工作，不仅可以提高少数民族大学生心理健康教育的吸引力、感染力，也将进一步增强少数民族学生心理健康教育的针对性、实效性。少数民族大学生作为一个特殊的群体，既有与其他民族学生相同的"同时代学生的共性"，也有与其他民族学生不同的特有的个性。高校在开展少数民族学生心理健康教育工作时，既要一视同仁、统一要求，更加要精准识别这一特殊群体的特点因材施教，做到将总体工作上的"漫灌"和特殊群体上的"滴灌"结合起来，增强心理健康教育工作的针对性和实效性。

少数民族学生来到高校后，在他们的不同成长时期会遇到不同的适应性问题及成长困惑，表现出不同的心理问题。初入大学时，他们对大学校园有着无限憧憬与新鲜感，但背后也隐藏着对新生活的适应问题，尤其是语言适应和文化适应；大二时期，经过一年的磨炼，他们可能出现学业困难问题、人际交往问题等；大三开始实习及就业，他们面对从学校向社会过渡的现实困难可能会出现能力挫折感、自卑心理等。高职院校少数民族大学生心理健康教育工作，要加强调查研究，准确把握客观实际，深入了解少数民族学生实际需求和各成长阶段特点，开展符合其特点和实际的心理健康教育活动。同时要注重将心理健康教育工作在时间节点上前置，积极构建心理预防性屏障，着力提升心理健康教育工作的亲和力与实效性。

少数民族大学生之间有着许多相似之处，比如语言基础薄弱、基础知识较差、文艺天赋禀异、运动技能突出等，从某些方面而言，可以称之为一个群体。但由于民族不同、家庭环境不同、成长环境不同等原因，他们个体之间也有着许多的不同之处。高职院校少数民族大学生的心理健康教育工作既需要共性引导，也需要依据不同特点，针对不同心理问题，采取不同的心理教育引导方式，讲究"量身定做"，以提高心理健康教育工作的针对性和有效性。如图5-3所示，高职院校应以"精准滴灌"理念为指引，坚持实事求是、因材施教、分类指导、精准帮扶原则，针对少数民族学生群体的特点，运用积极心理学、焦点解决短程治疗等理论和技术，以"群体有方向、团体有抓手、个体有精琢"的少数民族大学生心理健康教育工作路径，通过开展有针对性的、行之有效的心理健康教育工作，不断提高少数民族学生的整体心理健康水平。

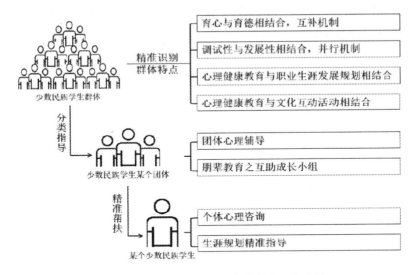

图 5-3 少数民族学生心理健康教育工作路径

1. 精准识别群体特征，把握群体心理健康教育的方向

本课题组成员精准识别少数民族大学生这一特殊群体特征，针对这一群体的实际情况和特点，形成了"四个结合"，以期有方向地开展心理健康教育工作。

首先"育心"与"育德"相结合，形成心理健康教育与思想政治教育互补机制。在党的坚强领导下，坚持中国特色社会主义教育发展道路，培养德智体美劳全面发展的社会主义建设者和接班人。高校心理健康教育工作也不例外，必须围绕"培养什么人、怎样培养人、为谁培养人"这一根本问题，践行立德树人的根本要求。心理健康教育的根本目的就是培养学生处理好自己与自己、自己与他人、自己与自然及自己与社会之间的关系，帮助学生更好地适应社会的发展与需要，这与思想政治教育的目标不谋而合。心理健康教育和思想政治教育从本质上来讲，都是处理思想与行为之间的关系，追求知行合一。例如，组织少数民族大学生以社会实践、志愿服务为契机，鼓励学生回家乡开展"我给老乡讲'四史'""为家乡做件事""爱心支教送温暖"等主题教育活动，加强爱国主义教育、厚植家国感恩情怀，同时提升个人成就感、获得感和幸福感。少数民族大学生心理健康教育与思想政治教育密不可分，相辅相成，将"育心"与"育德"相结合，形成互补机制。

【实例介绍】

心理中心举办"感谢有你，温暖同行"3·20心理健康周主题活动

一年一度的3·20"咱爱您"心理健康周主题活动于2021年3月23日在学生活动中心广场顺利举行，活动由马克思主义学院心理健康教育与咨询中心主办，大学生心理协会协办，旨在在学生中树立"珍爱生命、心怀感恩、温暖同行"的理念，增进自爱互爱、自助互助，以提升学生心理健康意识与素质。本次活动在江苏省教育厅提出的"感谢有你，温暖同行"大学生心理健康教育的母主题下开展以"守护花心的你"为题的心理健康教育宣传创意活动，活动包括送花、留言、心理知识问答、趣味留影及书写"守护花心"日记等形式，共吸引了150余名学生参加。

参与活动的学生需跟随现场指引依次完成以下四个活动环节。首先在送花区，学生需根据花语提示选择契合自己内心的花束，现场有向日葵、红玫瑰、白玫瑰、雏菊、百合五类花可供选择；接着学生们被邀请在留言板上写下"新的一年想对自己说的话"，然后领取一张明信片寄送给自己或远方的人表达爱意或感恩；之后请大家扫码进入心理知识问答，从题库中随机抽取10道心理健康相关题目，包括"心理咨询主要面向的人群""我校心理咨询室的位置""除提供地面心理咨询外，我校心理中心提供哪些形式的心理服务"等，以普及心理咨询及心理健康相关的知识，促进学生了解与使用我校心理服务。最后，邀请同学们进入留影区，手举"守护花心的我"的牌子，将脸放入"花心"之中，寓意自己如花心般珍贵，需善加对待。

后续活动中，大学生心理协会邀请今天到场并领取到花瓶的同学上传七天"守护花心日记"，让同学在守护花心的过程中，认识到任何一朵小

花都值得被精心呵护，因为它们都有充分绽放的权利，而我们每个人的内心都有一朵等待绽放的花，如守护花心一样，我们也要守护自己这颗独一无二的"心"。

（素材来源：江苏食品药品职业技术学院）

其次，"调试性"与"发展性"相结合，形成解决心理困惑与促进发展成长并行机制。现行的心理健康教育工作大部分都把重心放在"调试性"方面，即针对少数民族大学生已经出现的各种心理问题开展工作，"哪破补哪，不破不补"。这种"调试性"工作必不可少，但针对少数民族大学生的成长成才开展"发展性"工作更为重要。在积极心理学的背景下，许多心理学家通过研究发现，关注个体的积极心理品质，以欣赏的眼光看待个体潜能，以积极心态对个体心理现象重新解读，可以激发个体所固有的积极品质和积极力量。围绕"发展性"开展心理健康工作，就好像是"防患于未然"的预防工作，加强培养学生健全人格和促进其发展成长，能够有效引导少数民族学生正确看待、处理生命中可能遇到的各种困难和阻碍。在新生入学初期，坚持以发展性为主的原则，加强"调试性"与"发展性"的结合，关注有心理困惑的学生，解决学生的心理困惑，帮助学生塑造健全人格、提高心理素质。结合不同的时间点，如目标萌芽的3月、充满活力激情的4月、心理健康活动的5月、期末紧张焦虑的6月和12月、硕果累累的9月、学习联系实践的10月等，开展专家讲座、朋辈沙龙、实践训练营、团体心理辅导、心理剧大赛等形式多样的积极心理主题活动，以期培育少数民族学生自尊自信、理性平和、积极向上的健康心态，提升少数民族大学生心理健康水平。因此，在高校开展少数民族学生的心理健康教育工作，应注重将"调试性"与"发展性"有机结合，齐头并进，形成并行机制。

【实例介绍】

江苏省大学生心理健康指导手册

在新冠感染疫情发生时，持续增加的确诊病例和纷繁复杂的信息给我们的心理带来了一定的冲击，恐慌、焦虑等负面情绪再次袭来。面对疫情，我们既要做好自我防护，积极配合各地、各单位做好防控工作，又要关注自身心理状态，注重自我调适。

值得高兴的是，我们不是孤立无援的，有许多关爱围绕着我们。2021年7月，江苏省教育厅和江苏省大学生心理危机预防与干预研究中心发布了《江苏省大学生心理健康指导手册》，不仅包含科学的医学知识，而且详细介绍了疫情之下心理调适的技术，为同学们"抗疫、护心、复学"提供了精准的支持。

（素材来源：江苏师范大学心理健康教育中心）

再次，心理健康教育与职业生涯发展规划相结合。生涯发展规划是指在个人发展和组织发展相结合的基础上，个人通过对生涯发展的主客观因素分析、总结和测定，确立个人的生涯奋斗目标，并为实现这一目标而预先进行生涯发展系统安排的活动或过程。焦点解决短程治疗（Solution Focus Brief Therapy，简称SFBT）认为，一个人想要的未来会影响他现在的行为。少数民族学生想要的未来是什么，以及如何达到其所设定的未来目标，正是职业生涯发展规划的内容。反观少数民族学生常见的几种心理问题，无一不与缺乏目标有关。以终为始，引导少数民族学生进行正确的职业生涯发展规划，明确自己想要的未来，并将其分解为一个又一个的小目标，增强其目标感和自我效能感。SFBT相信，每个人都拥有力量、资源与经验去改变。正所谓"明其志，方能知其所赴"。一旦有了正确的职业生涯发展规划，少数民族大学生便会了解自己当下需要做什么，从而使自己离目标更近，会表现出更强的力量感和行动力，进而缓解学业问题、人际关系问题、就业困难等问题。例如，建立学生成长发展档案，结合少数民族学生的生涯发展规划制定阶段性目标，以期增强他们对未来的确定感和希望感；同时，定期进行小目标的制定、进度监测与总结，肯定成功之处，反思不足之处，并促进新成长，以期增强他们的自信心、成就感和获得感。因此，少数民族学生心理健康教育与职业生涯发展规划的有机结合，满足了学生自我实现的需要，也提升了其生命的意义感和充实感。

最后，心理健康教育与文化互动活动相结合。社会心理学家 Taifel 的认同理论认为，个体意识到自己具备自己所在的群体所需要的资格，并且这种资格在价值和情感上对个体具有一定的重要性。高校通过深入开展中华传统文化宣传教育，举办各民族学生家乡文化展、地方美食节、"我的家乡"主题演讲、"带你走进我的家乡"等形式多样的互动活动，加强各民族文化交往交流，增进各民族学生对彼此民族文化、生活习俗等的学习了解，铸牢中华民族共同体意识，消除少数民族大学生的心理障碍，拉近各族学生之间的心理距离，进而促进各民族学生间交往交融。当少数民族学生将自己与他族学生视为一个群体时，根据社会相对剥夺理论的内群体偏好现象，他们会对包含自己和他族学生在内的群体内部成员更加包容，进而会知觉到更多的心理安全感。心理学家欧文·亚隆认为，人们内心的困扰均源自人际关系的冲突。因此，将少数民族学生心理健康教育与文化互动活动相结合，不仅能够帮助少数民族学生更快融入新的社会环境，而且能够促进民族团结。

【实例介绍】

"伟大的祖国、幸福的西藏 —— 走近世界屋脊藏文化展"举行

2021 年 7 月 13 日，一场主题为"伟大的祖国，幸福的西藏 —— 走近世界屋脊藏文化展"的活动在教学楼大厅举行，活动由酒店学院党组织发起，旅游 19 级的藏族同学参与完成。

此次藏文化展是为了配合"在苏高职中西部少数民族大学生的适应与

发展研究"课题研究而展开。实践是检验理论的最好的途径，秉承这样的教学理念，酒店学院组织学生举行此次藏文化展，让学生通过立项、策划、前期准备、会场布置、现场服务与管理、验收与总结等步骤真正体会会展项目开展的整个过程。即使少数民族大学生内心感受到了民族文化骄傲，又让其他民族学生欣赏了藏族的雪域文化、高原文化，丰富了校园文化。

活动由"西藏美食与服饰""西藏特产""西藏书法与绘画""西藏歌舞与习俗"4个板块组成，介绍了西藏的糌粑、清茶、酥油茶、藏红花、雪莲花、冬虫夏草、唐卡等特色产品，同时展出了西藏的书法、挂画、坐毯等，现场书法撰写成为此次活动的亮点。藏族同学身着民族服饰为参观的老师同学热情介绍，帮助大家试穿藏族服饰并拍照留念。很多观众纷纷请藏族同学用藏文书写自己的名字留念。

藏族同学在这次活动中，既充分展示了他们多才多艺的个性，又弘扬了他们的母体文化——高原雪域文化、藏族宗教文化，增强了学生在学习和生活中的自信心。

（素材来源：江苏食品药品职业技术学院）

2. 不同维度分类指导，找准团体心理健康教育的抓手

在校园中，少数民族大学生通常有自己交往密切的几个同学或朋友，我们将这些具有稳定的情感联结的多个个体称之为"小团体"。根据"精准滴灌"理念的要求，针对不同的少数民族学生团体的特点和需求，因特点、因问题、因需求、因目标等多维度分类指导，建立了"两个抓手"，以期实现精准心育。

一是团体心理辅导。团体心理辅导是在团体的情境下进行的一种心理辅导形式，它是通过团体内人际交互作用，促使个体在交往中观察、学习、体验，认识自我、探索自我、调整改善与他人的关系，学习新的态度与行为方式，以促进良好的适应与发展的助人过程。按功能可以分为"治疗性"团体心理辅导和"成长性"团体心理辅导。前者注重成员经验的深层解析、

人格的重塑与行为的重建。后者注重成员的身心发展，协助成员自我认识、自我探索进而自我接纳、自我肯定；也注重成员生活知识和能力的充实以及正向行为的建立。简而言之，前者是问题导向，后者是目标导向。问题导向与目标导向，好比少数民族学生心理健康工作中的一对翅膀，一方面以问题为导向解决好实际问题，另一方面以目标为导向促进成长与发展。在少数民族学生心理健康教育工作中，一方面可以根据学生的现实问题与实际困难，以问题为导向开展系列主题团体心理辅导活动，比如学业压力、人际交往困扰、就业迷茫等；另一方面，可以根据学生的现实目标与美好愿望，以目标为导向开展系列主题团体心理辅导活动，比如沟通与交流、自信与悦纳等。

二是朋辈教育之互助成长小组。一个人走得快，一群人走得远。朋辈教育是源自心理学的一个概念，也称为同伴教育、伙伴教育或同辈辅导，与长辈教育、师长教育相对应。所谓朋辈教育，是具有相同背景或具有共同兴趣爱好的人，在一起分享经验、观念或行为技能，见贤思齐、激发上进，实现优势互补、互相促进、共同成长的教育方式。目前，朋辈教育更多应用到班级、团队、社团、宿舍中，取得了很好的育人效果。基于朋辈教育兼具互助和自助的功能，本研究结合少数民族学生的特点，将朋辈教育应用到心理健康教育工作中：以互助成长小组的名义组织一部分少数民族学生，开展一系列活动，促进小组成员的某一方面或多方面的提升与成长。根据需求或目标的不同，在少数民族学生中建立不同的互助成长小组，因目标而集结，因成长而欢聚。一方面，建立健全规章制度，通过小组合约、监督与奖励机制等促进小组成员的成长；另一方面，加强成员互助，发挥小组成员优势、调动成员积极参与，在互助中成就彼此。

3. 量身打造精准帮扶，提升个体心理健康教育的效果

世界上不存在完全相同的两片叶子，同样也没有完全相同的两个人。每个少数民族学生都是独一无二的个体，有着独特的性格与习惯，有着独

特的愿望与需求，面临独特的困难与挑战，针对不同的少数民族大学生个体，善用"两个指导"进行精准帮扶，以期增强心理健康教育实效。

一是个体心理咨询。心理咨询是指咨询师协助来访者通过自我觉察、自我照顾、自我成长而走出困境，让来访者面对自己、认识自己，最终帮助来访者成为更好的自己。根据咨询的内容不同，分为健康咨询和发展咨询。健康咨询更多的是针对个体因为某些心理刺激而引起心理状态紧张的情况；发展咨询更多的是针对个体为了挖掘心理潜能、提高自我认识能力等情况。针对少数民族学生的实际情况和可能出现的心理问题，通过大力宣传和积极引导，加强针对少数民族学生的个体心理咨询，完善和充实少数民族学生的成长档案，尤其是心理档案。一方面解决少数民族学生在现实中遇到的各种问题，提升其心理健康水平；另一方面提高少数民族学生的心理调节能力和自助能力，促进其心理健康发展。

二是生涯规划精准指导。目前，许多高校具有相对较为完善和健全的生涯规划指导课程和生涯规划咨询服务。高校应充分发挥自身职业生涯教育指导优势，综合生涯规划、就业指导等专业师资，深入了解少数民族学生特点，加强对少数民族学生的生涯规划精准指导。首先是开展一对一精准指导，以"导师制"形式，为少数民族学生设立学业指导教师，加强对少数民族学生学业指导和生涯规划，及时帮助学生解疑答惑。其次是全程精准指导，将生涯规划贯穿大一入学到大四毕业的全过程，生涯规划前置，立长志、早提升、勤磨炼。最后是专项内容精准指导，针对生涯规划中的学业发展、就业求职、职业能力等不同板块，邀请相关领域专家解疑答惑、专项指导，以提高生涯指导的精准性、实效性。

4.心理健康教育作为高校"立德树人"的重要工作内容

高校要坚持把"立德树人"作为中心环节，把思想政治工作贯穿教育教学全过程，实现全程育人、全方位育人。心理健康教育是我们了解学生思想动态、服务学生需要、促进学生成长的一个重要心灵窗口。面对当前少数民族学生心理健康教育工作的新形势、新要求，以"精准滴灌"理念为指引，在精准识别、分类指导和精准帮扶上想办法、出实招，通过深入开展少数民族学生心理状况调查研究，结合少数民族学生群体特点、团体需要和个体发展，运用多种心理学理论、技术和方法，努力探索少数民族大学生心理健康教育新路径，为少数民族学生健康成长保驾护航，为国家培养更多优秀人才。

组织相关部门开展心理健康教育的活动。学校应该充分发挥心理辅导中心、学生工作部（处）、团委等部门的功能，定时定点地开展活动，帮助少数民族大学生树立正确的人生观、世界观、价值观，对明显表现有心理问题的学生进行一对一的心理诊断与心理治疗，辅导员、学院与学校的相关人员应该及时地了解学生，关注某些重点学生。在事前未雨绸缪，事情出现时及时解决，事后认真总结反思。针对一些来自贫困地区的学生，学校应教育学生，物质上贫穷并不是真正的贫穷；应经常开展励志教育、挫折教育、自立教育、自强教育，培养学生自立自强，面对困难勇往直前的精神；举办心理健康讲座、团体或个体心理辅导，及时发现问题并解决问题。

【实例介绍】

我爱我 —— 淮安各高校关注大学生心理健康，护航青春成长

5 月 25 日是全国大学生心理健康日。"5·25"的谐音即为"我爱我"，提醒大学生"关爱自我，了解自我，接纳自己，关注自己的心理健康和心灵成长，提高自身心理素质，进而爱别人，爱社会"。为引导大学生关注自身的心理健康，我市各高校积极组织心理健康主题活动、全力宣传心理健康知识，引导学生释放压力、调节情绪、关爱自我。

聚焦问题·心理健康不容忽视

近年来，大学生心理健康问题引发社会的广泛关注，如何进一步提高

大学生心理健康工作的针对性、解决学生心理健康问题、提升大学生心理健康素养，成为高校面临的共同"考题"。

"每年秋季入学时，我校都会以问卷调查形式，开展新生心理健康普查工作，根据普查结果构建'红、橙、黄、绿'四色心理预警体系，对'红色'预警学生开展一对一访谈，实现对不同心理健康状况的学生分层次、有侧重、全覆盖的心理帮扶。"淮阴工学院心理健康教育与咨询中心主任咸大伟表示，学校高度重视学生的心理健康，在做好新生心理健康普查工作的同时，每年还面向全体学生开展 2 次全面的心理健康状况摸排，切实做好心理危机干预，为学生筑牢心理健康"防火墙"。

江苏食品药品职业技术学院全力构建"全员育心"格局，校内的心理发展服务中心设有公共阅读区、评估区、心理咨询室、团体辅导室、沙盘室、积极情绪调解室、咨询观察室等功能区，为学生提供温暖、支持和接纳的空间，满足同学们探索、领悟和行动的人生发展需求。

剖析原因·直面问题积极化解

针对大学生心理健康问题的产生原因，江苏护理职业学院大学生心理健康教育中心专职心理教师肖丽娟认为，主要是原生家庭、校园、互联网三个方面：很多心理问题都可以在其原生家庭中找到症结，父母的心理障碍与情感虐待、学生的寄养经历等都会导致心理健康问题；在校园中，学习的压力、同学的排挤、老师的批评等都可能对学生心理健康造成影响；在网络中，学生浏览互联网时接触到令其心理严重不适的信息，也会造成学生的心理健康问题。

在大学生出现心理健康问题后，部分学生积极求助，通过心理咨询来解决心理健康问题，但也有部分学生会存在畏惧心理，担心进行心理咨询会泄露个人隐私，引起同学与老师们的"另眼相看"，而选择独自承受。对此，咸大伟说："在面临情绪困扰和压力时，学生们不要独自承受，可以选择与同学、师长交流，可以积极向学校的心理老师或者正规医院的心理科医生寻求专业的帮助，也可以通过江苏省心理危机干预热线、'苏心'APP进行咨询。"

针对如何减少大学生的心理健康问题，江苏食品药品职业技术学院心理发展服务中心主任李婉君建议，同学们可以将情绪问题正常化，明白情绪没有对错，逐渐了解感受情绪背后的想法、需求与期待；学习情绪调节的方法，通过正面的引导进行调节；将生活安排得结构化，通过井井有条的生活状态，找回内心的安定；努力丰富日常生活，积极参与学校组织的各项活动，拓展交友圈，或通过运动锻炼，保持良好情绪。

靶向出击·守护心灵频出新招

为全力守护大学生的心理健康，我市各高校频出新招，通过多种形式提高心理健康知识的普及率、提升心理健康活动的参与率、降低心理健康问题的发生率。

在开展征文、辩论赛、手语操等心理健康活动的基础上，为了让大学生进一步了解心理求助通道，向大学生提供方便、迅速、有效的心理支持服务，学院心理健康教育与咨询中心设计了一张特殊的海报。"海报中有学院24小时心理热线、省心理危机干预24小时热线、心理咨询预约方式等内容，在学校的寝室、宣传栏、宿舍楼，都能看到海报的身影，让我们更加了解心理求助的方式。""线上教学没有在教室的学习氛围，如何提高课堂效率？"……江苏护理职业学院开展"向阳携行　共创未来"心灵桥活动，在校内设置室外留言墙，同学们一方面围绕展板上的问题做出回答，将答案写在便签纸上；另一方面围绕学习与成才、人际交往、交友恋爱、求职择业等与大学生息息相关的话题，以便签纸的形式提出问题、解答问题，彼此鼓励安慰。

江苏食品药品职业技术学院心理发展服务中心在学校微信公众号上开设"心际电话亭"专栏，由中心专职老师作为"接线员"，通过文字或音频的形式回应大家在成长中的困惑。当有学生提出心理问题时，老师用温和亲切的语气回复，并给出具体的解决建议。

（素材来源：淮海晚报融媒体记者　蔡雨萌/文）

（三）资助与自强感恩

根据平台问卷调查，有85%的少数民族学生表示上大学对自身的家庭来说是巨大的经济负担。"希望学校能为你提供更多的经济上的帮助"（1分为最低分，5分为最高分）这个调查选项获得了4.21的高分，有约77%的学生选择了这一选项。可见对于在江苏高职院校就读的中西部少数民族学生来说，经济资助与奖励对大多数同学来说都是非常重要的。

东西部地区之间发展的差异性和不协调性使得我国部分区域之间的贫富发展水平差距越来越大。高校的少数民族大学生通常来自边远山区和农村地区，在多种因素限制下这些地区的发展渠道单一、发展落后导致家庭经济条件较差。尽管国家和学校都给予民族大学生更多的物质资助和政策扶持，但交通费用和生活支出的增加让民族大学生倍感压力和负担，甚至产生自卑、抑郁等负面情绪。再有不少其他同学的家境富裕，他们的消费水平和生活质量明显高于少数民族学生，容易产生心理落差。

高校开展的少数民族大学生主要是资助，如国家奖助学金、助学贷款、学校奖助学金、学费减免、勤工助学等，这种资助模式主要以经济资助为主，形式单一，没有认识到贫困生资助是一个多层次的综合问题。少数民族学生不仅有经济层面的贫困，在思想、心理等方面也存在资助需求，需要各级综合考虑，积极采取措施实现经济资助和能力提升的双头并进，要形成育人、成才、回馈的良性循环机制。西部少数民族比较多的省份，针对少数民族学生经济资助的做法相对比较成熟，而江苏这方面还不是太完善，政府和学校都缺乏实践操作工作经验，可以向西部一些地区学习交流，从而制定适合江苏少数民族大学生成长成才的助学政策。

1. 健全学生资助制度，完善资助政策体系

健全少数民族家庭经济困难学生认定工作机制。高职院校应在当前贫

困生认定指标体系的基础上，提前做好调查摸底工作，考虑地区差异，制定一套科学的量化评定标准，避免因地区差异等问题导致少数民族贫困生因名额限制无法得到认定的情况，做细做实工作才能让少数民族贫困生成为资助对象。

少数民族贫困生致贫的原因有多种，高职院校可以把致贫原因作为分类依据，从而制定出有针对性的资助措施。通过分析所在学校学生资助工作大数据，团队通过调研了解到，少数民族贫困生基本可以分为以下几类：第一类是家庭成员没有劳动能力，导致没有经济来源。第二类是家庭成员有劳动能力，但经济收入较少。第三类是家庭因重大突发事件或自然灾害致贫。

就政府而言，要出台相关的扶持政策，做好顶层设计的同时注重实际操作；政府可以设立专项助困资金，加大对少数民族学生的支持力度。学校深入开展校企合作，积极动员企业参与学生资助工作，设立由企业冠名的专项奖助学金。社会资助可以成为高校学生资助经费的主要来源，通过这种方式不仅向企业输送优秀人才，又拓展了贫困生的资助渠道，实现学生和企业的双赢。

【实例介绍】

江苏工程职业技术学院商（社管）学院举行民族专项
奖学金颁奖仪式暨学生座谈会

为表彰民族学生中的先进个人，倾听我院民族学生的心声，2022年5月14日下午，商（社管）学院在致知楼604举行了民族专项奖学金颁奖仪式暨学生座谈会。学院党总支副书记储玲、副院长倪红耀、副书记王谦、新疆内派老师艾合买提以及部分民族学生代表出席本次座谈会。会议由辅导员米合热艾主持。

会上，学院领导为18会计三玉杰、19企管二努尔孜巴等23名民族专项奖学金获得者颁发了奖状，并向他们表示了祝贺。储玲对少数民族学生代表提出三点要求：一是要坚定理想信念、厚植爱党爱国情怀；二是各族学生要像石榴籽一样紧紧抱成一团，相互理解，相互尊重，相互帮助，共同成长；三是要发挥模范带头作用，带动学院民族学生锐意进取、成才报国。倪红耀对少数民族学生寄予了殷切期盼，希望他们学好专业知识，讲纪律守规矩，努力成为助力少数民族发展的优秀人才。

与会少数民族学生代表对学院的关心表达了诚挚的谢意，深入交流了自己在学习和生活中的收获与体会，也畅谈了在学习、生活方面面临的一些困惑和困难，并在学生宿舍内务管理、少数民族学生干部队伍建设等方面提出了很好的建议。本次活动体现了我院对于少数民族学生的关怀，帮助他们更好地融入大学生活，增强了民族学生的归属感和对学校的认同感，也为我院更好地开展民族学生管理工作奠定了坚实的基础。

（素材来源：江苏工程职业技术学院商（社管）学院　米合热艾／文）

少数民族学生资助，苏州工业职业技术学院这样做！

习近平总书记在十九大报告中指出："健全学生资助制度，使绝大多数城乡新增劳动力接受高中阶段教育、更多接受高等教育。"这是新时代党和国家对资助工作新的重大部署，为全面加强和改进学生资助工作提供了总遵循和新要求。苏州工业职业技术学院将以深入学习贯彻党的十九大精神为契机，加大资助工作力度，积极探索，不断创新，将党和国家的温暖传递给每一名家庭经济困难的学生，为校园民族团结之花孕育新的芬芳。

2018年9月，苏州工业职业技术学院迎来了65名来自云南、贵州、广西、新疆等省份（自治区），包括壮族、藏族、回族、布依族、仡佬族、哈尼族、锡伯族、维吾尔族等21个少数民族在内的新生。少数民族学生资助工作一直是高等学校学生资助工作的一个重点，对维护校园乃至社会的安全稳定具有重要的意义。近年来，苏州工业职业技术学院积极探索开展少数民族学生资助育人工作，围绕解决思想问题与解决实际问题相结合，通过多种途径，积极引导少数民族学生健康成长成才。

健全组织架构，实施精准帮扶

苏州工业职业技术学院不断完善资助工作组织架构，建立起了"学院党委学生资助工作领导小组—学生工作处学生资助评审小组—各系（院）学生资助评审小组—各班级党团组织"四级工作网络。

对于家庭经济困难的少数民族学生，在入学时主动帮助他们通过绿色通道申请和办理贷款等流程，保证其顺利入学。苏州工业职业技术学院领导还亲临迎新现场视察工作，并给少数民族新生中家庭经济特别困难的同学赠送了爱心用品，寄语他们好好学习、自立自强、成长成才，做中国特色社会主义合格建设者和可靠接班人。

入学后，学院向这些同学详细解释了学院有关资助政策，完善"奖、贷、助、补、免"多元资助体系，另外，苏州工业职业技术学院勤工助学岗位也会向有需要的少数民族新生适当倾斜。对于少数民族学生相对集中的系（院），更是注重加强建立一对一帮扶机制。各系（院）明确专人负责少数民族学生教育管理工作的落实和对接，并有针对性地为来自不同地区的少数民族学生提供个性化指导。

坚持春风化雨，彰显人文关怀

定期召开少数民族学生座谈会。座谈会的主要目的是进一步加强与少数民族学生的沟通和交流，全面了解他们在校期间的学习、生活情况，帮助他们及时解决困难，促进各族学生和谐相处。

在重大节日组织慰问活动。比如今年中秋前夕，学校就为每位少数民族学生准备了一个内容丰富的爱心包，也让远道而来的少数民族学生在中秋节前夕品尝了苏州特色的月饼，共同感受苏工院这个大家庭的温暖。

尊重民族习惯，做好后勤服务。苏州工业职业技术学院对有清真饮食习惯的同学给予了特别关注和帮扶，竭尽全力为每位少数民族学生提供优质的用餐环境和温馨的后勤服务保障。

坚持思想引导，解决实际问题

充分发挥思想政治教育"主渠道"作用。通过思想政治理论课、形势与政策等课程，不断强化马克思主义国家观、民族观、宗教观、文化观、历史观"五观"教育。

加强辅导员和班主任队伍建设。深入开展民族政策、宗教信仰政策等方面的相关培训，鼓励辅导员和班主任积极学习相关理论知识，提高业务能力和水平。

依托党团和班级组织开展教育引导。有针对性地制订辅导计划，引导少数民族学生正确认识党，自觉践行社会主义核心价值观，增强少数民族学生对中华民族的认同和对社会主义道路的认同。

加强心理健康教育和心理咨询服务。少数民族大学生由于在生活环境、文化、语言、风俗等方面与汉族学生有较大差异，往往容易产生诸如生活适应困难、焦虑、自卑等情绪问题和各种人际交往问题，这就要求辅导员和班主任在日常生活和工作中加强对这个群体的人文关怀，学习上帮助他们，情感上接近他们，发展上支持他们。

苏州工业职业技术学院表示：在今后的少数民族学生资助工作中，将继续坚持解决思想问题与解决实际问题相结合，在解决少数民族学生经济、学习等实际问题的同时，注重思想引领，引导其自觉践行社会主义核心价值观，将其内化为个人的行为准则。坚持立德树人，以德为先，不断培育受资助学生的爱国情怀和感恩意识，引导大学生树立报效祖国的爱国情怀，胸怀天下，对社会负责，对母校感恩。

在物质帮扶的基础上，加大侧重精神资助，通过勤工助学、自主创业等途径，培养自立自强能力。同时发挥自主教育功能，注重激发学生个人的自主教育和朋辈教育，引导学生自我成长。

（素材来源：江苏学生资助公众号）

2.建立数据平台，做好动态管理，提高资助精准度

大数据时代，江苏高职院校在加强内涵建设的过程中，学生资助工作也应建立融入智慧校园的大数据平台，做好家庭经济困难学生的动态管理，提高资助精准度。比如，在新生录取通知书发放之时，将家庭状况调查表同时发放，并告知学生在数据平台上认真填写家庭成员学历、就业情况、收入等，并将政府的贫困家庭数据入库，这样可以搭建贫困生认定体系和学生资助管理系统的基本数据库。

高职院校应将学生资助管理系统与学校的教务系统、校园一卡通系统等连接起来，收集少数民族贫困生的学业信息、消费情况，对他们的信息进行实时动态更新，贫困生的认定工作由定期调整为定期与不定期相结合，通过大数据分析平台对家庭经济条件好转的贫困生标注信息，相关工作人员应及时审核，对已不符合家庭经济困难学生认定条件的进行调整。对于因家庭突发情况导致贫困的学生，要纳入贫困生数据库，这样可以提高资助的精准度。

【实例介绍】

江苏建筑职业技术学院民族生帮扶做实做细

"感谢学院和老师帮我实现了拥有一副度数相符、新款时尚眼镜的微心愿，这让我身心愉悦，自信满满，今后要更加努力学习，提升综合素质，毕业后为新疆建设添砖加瓦。"物流19-1班学生祖丽胡玛尔•麦麦提力戴上眼镜后激动地说。日前，江苏建筑职业技术学院经济管理学院的35名少数民族学生都从结对党员教师手中接过了微心愿礼物。

自1997年招收第一届西藏班学生以来，越来越多的少数民族学生来到江苏建筑职业技术学院求学。为了加强爱国教育，营造民族团结的良好氛围，学校在少数民族学生管理教育方面走深、走实，用心、用情、用力将帮扶工作做实、做细。

精确掌握学生需求。学校13 000余名学生中，汇集了34个民族的

530 名少数民族学生，其中新疆籍 175 名。由于民族文化差异、生活习惯不同、学业基础薄弱等，学生教育管理难度增加。为了精确掌握少数民族学生的困难和状况，学校聘请 1 名专职辅导员及 2 名新疆内派教师专门负责少数民族学生日常管理工作。同时，建立了少数民族学生"一会三档"工作制度，即每学期定期组织召开少数民族学生座谈会，发放少数民族学生调查问卷，建立实时更新的少数民族学生档案和辅导员、班主任工作档案，并以此作为举办结对帮扶活动的依据，提高教育管理和服务学生的科学性和准确性。

精准施行帮扶措施。学校积极构建"思政导师"+"朋辈辅导员"双驱动模式，为每位少数民族学生配备 1 名思政导师和 1 名成绩优秀学生对接帮扶，通过开展主题班会课、主题团课、社团活动等方式，多渠道全方位进行引导，规范学生日常行为，促进班风学风建设。为充分尊重少数民族学生饮食习惯，学校专门开设清真餐厅，每年投入专项资金用于后厨设备更新，并优先推荐少数民族经济困难学生参加勤工助学。同时，学校"奖、贷、助、补、免"一体化资助体系也向少数民族学生倾斜，专门向新疆籍、西藏籍困难学生发放临时补助。市政 18-1 班的买尔旦·牙克甫因生活费不够提出请假，建筑智能学院的师生们了解情况后，主动帮他出售家乡滞销的葡萄干，筹集齐了学费，了却了后顾之忧。

精心开展育人工作。学院高度重视少数民族学生的教育管理，学院党员干部经常到宿舍看望少数民族学生，帮助解决学习、生活等方面的困难。各二级学院通过"书记院长面对面"等方式，为少数民族毕业生提供职业生涯规划和就业帮扶与指导，多方积极联系合作企业为少数民族学生提供适合岗位，实现就业精准帮扶全覆盖。同时，整合校内外优质资源，积极与用人单位沟通和协调，增加少数民族学生就业机会。辅导员有针对性地开展心理调适，增强少数民族学生在面对挫折的心理抗压能力；引导他们调整就业期望，制定切实可行的求职计划，帮助他们顺利实现就业。

丹心育桃李，韶华铸师魂。江苏建筑职业技术学院将继续把维护民族团结同日常教学工作相结合，把立德树人使命同党员的责任担当相结合，不断拓展党史学习教育深度和广度。

（素材来源：江苏建筑职业技术学院公众号）

3. 举办金融知识与防诈讲座，树立正确的消费观念

随着信息时代来临，人们享受更加便捷高效的金融服务的同时，受到金融诈骗的方式也越来越多。当代大学生由于缺乏基本的金融安全意识，常常陷入各种网贷陷阱。其中，校园贷便是典型案例。同学们因各种理由通过网贷借款消费，看似低门槛的贷款却最终演变成为天文数字，巨大的还贷压力给同学们的身心健康造成了极大负面影响。此外，非法刷单、非法兼职、非法证券期货活动这类有欺骗性和误导性的信息也常在学生间传播。

除了向中西部少数民族学生进行各种资助，江苏高职院校还可以通过讲座、竞赛等形式教育同学们要心莫贪、擦亮眼、绷根弦、防诈骗，树立正确的价值观和消费观，警惕超前消费与借贷消费。同时督促学生守护好自己的财产安全，增强学生金融防范意识，提高学生的金融知识水平，加强学生防范非法证券期货活动和防诈骗意识，增强金融反诈及风险防范能力，提高思考和辨析能力，量力而行，若利益受到损害应及时寻求相关部门或公安机关帮助。

学校也可利用第二课堂定期开展诚信教育主题活动，征信知识竞赛、诚信还贷宣传，提升学生的信用征信意识。邀请专家现身说法，对于那些平时失信行为予以严厉的批评和处罚，坚决将侥幸心理扼杀于摇篮之中，在全校范围内营造人人诚信的良好氛围。

【实例介绍】

举办"助学筑梦，诚信立人"知识竞赛

5月是资助诚信主题教育月，为了营造"诚实守信、感恩回报"的良

好氛围，有效防范金融风险诈骗，帮助同学们深入了解国家资助政策知识。民族学院举办了"助学筑梦，诚信立人"资助诚信知识竞赛。

本次比赛分初赛和决赛两轮，民族学院 16 个班级经过初赛比拼，共有 7 支队伍脱颖而出进入决赛环节，他们分别是民族团结队、乘风破浪队、逐梦新程队、勇往直前队、超越梦想队、扎西德勒队、全力以赴队。决赛于 2022 年 5 月 24 日下午举行，共分三个环节，第一环节围绕国家资助政策小常识、诚信贷还款、金融风险小知识等方面进行抢答，各代表队都表现不俗，现场比拼气氛紧张热烈。第二环节围绕家庭经济困难认定、诚信名言等知识 7 分钟限时闭卷作答。第三环节升级难度，设置了三套选答题，答对双倍加分、答错双倍扣分，经过慎重考虑，最终逐梦新程队和全力以赴队挑战了选答题。

经过激烈的角逐，最终全力以赴队拔得头筹荣获一等奖，逐梦新程队、乘风破浪队获得二等奖，其余参赛队伍获得三等奖。

（素材来源：江苏食品药品职业技术学院）

4. 开展资源优化配置，提高生活品质

学校可以加大社会宣传力度，积极联络社会力量加入爱心资助平台建设，扩大捐赠力度，营造良好的校园慈善文化氛围。利用互联网建立"爱心资助平台"，鼓励学生将平时不用的物资信息上传到平台，转赠给那些真正需要的贫困学生。

以物换物是一种实现旧物再利用，变废为宝，节约资源的环保的物品流通方式，它能使闲置的物品更有价值，是对勤俭节约与低碳环保精神的实践，这种方式能让冲动消费后的闲置物品再次发挥作用，减少浪费，也能让有需要的同学用更加实惠低廉的方式买到学习和生活中的所需之物。

【实例介绍】

开展"换闲物·焕快乐"世界地球日主题实践活动

2022年4月22日是第53个世界地球日，为倡导绿色低碳生活，响应学校疫情期间减少网购的号召，民族学院开展"换闲物·焕快乐"世界地球日主题实践活动。

置换物品，分享快乐，活动"摊主"在报名点报名成功后，以一米线为距离，有序地进行换物活动，现场同学拿出自己闲置的物品在摊位之间挑选，包包、图书、护肤品……琳琅满目，学生们热情高涨，看到喜欢的物品就与"摊主"协商交换。活动期间，祁永亮同学通过线上直播的方式为同学们介绍世界地球日的由来、世界环境问题、环境保护靠大家、世界地球日历年活动等相关知识，倡导同学们在日常生活中提高"珍爱地球，人与自然和谐共生"的意识。

此次活动促进了校园资源的优化配置，利用闲置物品交换自己所需的物品，提高资源利用率。同学们在交换过程中收获了快乐和友谊，促进了同学之间的沟通和交流。

（素材来源：江苏食品药品职业技术学院）

5. 坚持"强能"与"扶志"相结合

设立"强能"项目，加强对少数民族大学生的学业帮扶、能力提升和就业指导。少数民族大学生可以利用自身优势、专业知识、爱好等找到适合自己的工作或者挣钱的机会，以帮助自己和家人摆脱经济负担，如利用文艺特长兼职打工。但是学生由于生活阅历浅，必须提高自我保护意识；必须处理好学习——学生的主要任务与挣钱的关系，分清主要矛盾与次要矛盾。鼓励少数民族大学生在学习之余积极参加第二课堂活动，参与文体活动、志愿者服务等活动，提升语言表达、组织管理、团队协作、社会交往等方面的能力，增强综合素质。为保证少数民族大学生顺利就业，改变家庭困境，要引导他们从入学之初就进行职业生涯规划，学校要加强就业指导服务，帮助他们提升核心就业能力，鼓励他们到基层就业。

【实例介绍】

精准服务"贴身"帮扶　让少数民族学生在温暖中找到人生方向

悠扬的音乐响起，来自新疆和田的维吾尔族姑娘其曼古力就像变了一个人。"在我的家乡，我们好像天生就会跳舞。"看着同学们吃惊的目光，其曼古力耐心讲解着每一段舞蹈的动作要领。

其曼古力是无锡工艺职业技术学院视光专业的大一学生。远赴千里求学并不是一件容易的事情，其曼古力光在路上就花了近两天时间。此前，她从未离开过新疆，一度心里"打鼓"："我能融入那边的生活吗？"

很快，其曼古力的顾虑就打消了。还没开学，辅导员邵雪姣就给其曼古力打来电话："来到学校，我们就是一家人！"

经了解，邵雪姣得知其曼古力来自单亲家庭，家中还有两个妹妹。远赴江苏求学，无疑加重了她的家庭的经济负担。邵雪姣立即将相关情况向学校作了反映，学校核实情况后，第一时间为其曼古力办理了助学金与路费补贴，为其免除后顾之忧。到校后，其曼古力的学习情况成了邵雪姣关心的问题。由于地区教育水平的差异以及适应能力等因素，其曼古力的多门功课都亮起了"红灯"。每周，邵雪姣都会找其曼古力聊天，询问并帮助她解决近期学习和生活中出现的问题。交谈中，其曼古力告诉邵雪姣，她一直希望用知识帮助家乡的乡亲。"我想成为一名合格的配镜、验光师。"听着其曼古力的梦想，邵雪姣心里十分感动。她也时常以此来激励其曼古力。

让邵雪姣欣慰的是，开朗的其曼古力很快就与全班同学打成一片。其曼古力还在微信朋友圈晒出同学们送给她的牛奶和酸奶，并配文："我的同学最爱我！"一个学期后，其曼古力的成绩逐渐实现"弯道超车"。其中，专业课成绩达到 90 分。

当学期临近尾声时，其曼古力决定为同学们表演一段新疆舞蹈。这是其曼古力第一次上台表演，此前她只在过节时在家里跳过。从配乐、服装，到编舞……其曼古力精心准备。每周4天、每次4个小时的排练非常辛苦，但这让她感觉很快乐："这里就是我的家，我想在这里跳舞。"在学校活动上，其曼古力优美的舞姿、浓郁的新疆风情深深吸引着台下的每一位同学。会后，不少学生都主动添加了其曼古力的微信。如今，其曼古力的校园生活更加充实了，在这里，她也找到了人生方向。

比起外向开朗的其曼古力，布依族女孩邓洁则显得内向羞涩。贵州姑娘邓洁是该校2019级室内艺术设计专业的学生。刚入校时，邓洁十分沉默。聊天时，她的声音也总是低低的。俞静芝是邓洁的辅导员，她十分关注这个沉默内向的女孩。

俞静芝了解到，邓洁家中还有一个弟弟，由于家庭收入有限，一家人的生活条件较为艰苦。了解到这种情况后，俞静芝立即为邓洁申请了学费全免的优惠政策与4 000多元助学金。在俞静芝的鼓励下，邓洁还重拾了跳舞的爱好。学校环境优美，校内遍布着竹林。"这个环境我很熟悉，很像我的家乡。"在幽静的竹林里，邓洁跳起了久违的舞蹈，每天早晨练舞也成了她的生活习惯。

每逢传统佳节，该校总会组织教师陪伴不能返乡的少数民族学生一起过节。他们手拉着手，唱着歌、跳着舞。每当这时，邓洁就成为大伙儿眼中的"小明星"。很快，这个能歌善舞的女孩得到越来越多同学的关注，邓洁也变得越来越自信。在2021年的党史学习教育中，她参加了"百人绘·颂百年"庆祝建党100周年活动。暑假期间，邓洁还将担任学校的资助形象大使，回到家乡宣传国家资助政策，帮助更多家庭困难的学生实现求学梦想。

该校党委书记梁惠娥表示，学校精准服务好每位少数民族学生，安排辅导员近距离"贴身式"帮扶，尽可能解决孩子们生活上遇到的困难、学习中出现的问题，让他们感受家一般的温暖，坚定他们前进的信心和成才的志向。

（资料来源：中青报•中青网记者李超　中国青年报）

设立"扶志"项目，勉励贫困生自立自强。一是开展理想信念教育。高职院校要充分利用思政课堂，引导学生树立崇高的理想，正确认识贫富差距，正确看待、理解贫困，让他们认识到国家、社会、学校都在积极帮助他们解决困难，体会到社会、学校等各界的关爱，用辩证的观点和方法去分析和解决问题，树立正确的世界观、人生观、价值观。二是加强励志感恩教育。开展以励志感恩为主题的演讲比赛、征文等活动，通过第二课堂活动潜移默化地培养学生自立自强、知恩感恩的品质。可以邀请本校学长及优秀学子分享成长故事，发挥典型示范作用，激发学生成才的内驱力，在他们心中播撒感恩、励志、奋进的种子。

【实例介绍】

南京科技职业学院会计专业学生在"苏乡永助"宣讲现场所做演讲

感恩的心，唤起了大地万物，也唤醒了我的心灵，让我懂得了感恩。

作为一名来自外省的藏族学生，因家庭经济困难，在入学前我曾想过放弃走进大学校门的机会。但在报到前我接到辅导员老师的电话，我才知道现在国家对于家庭经济困难学生有那么多的资助政策。于是我鼓起勇气申请了助学贷款、国家助学金，满怀忐忑来到南京求学。最初，我内心充满了犹豫和迟疑，但当我走进校园，有热心的老师和同学给予了我无微不至的关心和帮助，更有国家给予困难学生的助学政策，让我切实感受到沐浴在党和国家爱的阳光下的幸福，让我能够安心求知，扎实求学，也让我更加坚定了我的理想……

在爱的阳光普照下，我感受到了无尽的温暖和力量，也让我逐渐生出了去延续这种爱和温暖的想法，想让更多的贫困学子勇敢追逐自己梦想，不会为任何困难而退缩。2021年暑假，为了更好地宣传国家的资助政策，帮助更多的我们的弟弟妹妹走出牧区，追寻梦想，我作为志愿者以学校"国家资助政策宣传大使"的身份，开始了我的宣传之路，我把国家资助政策带出了江苏，带入了大山深处，带进了牧区。

我利用自己藏汉双语优势，多次在自己小学初高中母校和草原赛马会等场所进行国家资助政策的宣传，把个人的发展进步、成长感悟、所见所闻分享给牧区的牧民和青年学生听，切实发挥好国家助学金获得者的示范引领作用，同时做好育人成效展示大使，通过"现身说法"把政策和希望带进大山、带给家乡。

作为资助政策的受益者的我，从自己切身参与到资助的宣传实践中，我感受到党和国家、学校，对学生充满爱与温暖。资助，对于我而言，不再是冰冷冷的数字，而更是一份心意、一份关怀、一份感动。我知道，在每一个数字的背后，寄予着党和国家对我的鼓励和支持。

我想说，我们青年一代非常幸运，我们生逢盛世，长在新时代，奋斗在新时代，强大的祖国给了我们更多走出大山、接受教育和学习的机会。我们虽然在祖国最遥远、海拔最高的地方，但祖国从未忘记过我们，从未放弃过我们，祖国是我们就是我们勇敢追逐梦想的坚强后盾！我将继续助力更多像我一样的青年学子，勇敢地走出大山，到外面接受新征程、新发展格局下中华大地的实践历练和检验，用扎实的学识和高超的技能来积极应变、主动求变，做新时代的奋斗者，不负青春，不负韶华！

（素材来源：江苏学生资助公众号）

（四）交往与文化浸润

社交适应是指与学校的老师、学生、当地社区及社会交往中所感受到的舒适度和熟练感。少数民族大学生人际交往的质量直接影响他们的学业发展和生活幸福。根据课题组的调查显示，只有约15%的同学走出本民族社交的舒适圈，积极走向更广阔的人际交往领域，还有约75%的同学社交范围基本局限在同民族同学的小圈子里，这意味着他们丧失了来江苏就读的一个优势，就是能够更方便地接触其他民族的同学，感受不同的文化，学习其他民族文化的精华。此外，还有约 77% 的同学（非常）希望学校能为自己提供更多的社交机会，也有约 76% 的同学（非常）希望学校能组织更多的文艺体育类活动。"希望学校能为你提供更多的社交机会"和"希望学校能组织更多的文艺体育类活动"两个选项分别获得了 4.17 和 4.16 的高分（1 分为最低分，5 分为最高分）。

按照有关专家观点，多数时间局限于本民族小圈子，可诊断为社交恐惧症，其表现形式为：认知上惧怕别人的负面评价和对社交情景适应不良的信念；行为上比较回避社交情景；情感体验上在社交情境中会有紧张、焦虑、不自然等感受。当少数民族大学生在适应过程中遇到冲突和疑惑时，通过积极认知重构即重塑策略来缓解自己的不良情绪，则可改变自身外在的行为表现，表现出友善尊重，从而提高周围人与他相处时的舒适度，因此其他人也会表现出友善尊重。

学校及社会各界要给少数民族学生提供更多展示交流的机会，参照不同高职院校的具体做法，采取多种多样的方式，主要目的是塑造深厚的文化氛围，如可以通过落实民族教育政策、搭建文化交流平台、加强社交艺术培训等多种方式，文化浸润，促进交往，拓宽视野。

1.落实民族教育政策，培养开放包容心态

帮助少数民族大学生树立正确的"三观"，正确地认识自我与社会。科学的世界观、人生观、价值观是人的精神向导，良好的人际关系是基于人们在对世界、人生和价值有正确认识的基础之上的社会实践活动中所建立的。少数民族大学生往往对社会的认识不足，对自我认识和定位不够明确。加强大学生的"三观"教育，可以帮助他们更加正确地认识世界、社会和自我，积极地悦纳自我，形成热情开朗、积极向上的人生态度。

加强文化认同教育，促进各民族团结。积极推进文化认同，构筑中华民族共有精神家园，使各民族师生人心相聚、精神相依，形成人心凝聚、团结奋进的强大精神纽带。以文化认同构建起的共有精神家园，蕴含着各民族共有共享的记忆、情怀、支撑、寄托以及希望，是中华民族产生内聚力、向心力的深层动因。同时，文化认同还蕴含着各民族的价值认同，各民族对共有价值目标的认同。通过举办文化交流会、座谈会、体育文化节、礼仪讲座、少数民族服饰展、篝火晚会、少数民族文化展、书法展等多种方式促进少数民族学生与非本民族学生的交流，促进民族间的互信与交往，形成开放包容心态，更好地适应与融入大学生活环境。

【实例介绍】

举办体育文化节

为丰富学生课余生活，提高学生综合素质，结合我校"十个一"工程，民族学院举办首届"石榴籽"杯男子足球比赛。

本次比赛共有 16 支队伍参赛，采用淘汰赛和积分赛相结合的方式。随着裁判的一声哨响，比赛正式开始，球员们精湛的脚法、巧妙的过人技巧，令整个比赛过程高潮迭起、精彩纷呈，充分展示了足球爱好者的精神风貌。精彩刺激的比赛也吸引了不少球迷们驻足观看，给球员们加油助威。

经过激烈的比拼，民族 216 班、民族 217 班和民族 218 班分别斩获了本次比赛的冠亚季军。此次比赛旨在为各班级搭建相互沟通的桥梁，鼓励参赛球员将团结奋进、顽强拼搏的体育精神融入到日常学习生活中去，促进各民族学子的交流融合。

（素材来源：江苏食品药品职业技术学院）

开展"爱的全家福，一起晒幸福"国际家庭日特别活动

5 月 15 日是国际家庭日，为深入弘扬家庭美德，积极倡导和谐文明的生活理念，民族学院开展"爱的全家福，一起晒幸福"国际家庭日特别活动。

本次活动得到了同学们的广泛关注和积极参与，同学们绘声绘色地描

述自己全家福照片背后的故事。民族214班拉姆同学说："有一种方法可以把时光和爱编织起来，把这份美好永远凝聚在记忆当中，它的名字叫做全家福照片，用一张全家福照片讲述着悠悠岁月里珍贵的往事是最大的幸福。"民族2115班巴桑同学说："门外是世界，门内是家，家庭永远是最温暖的，家人永远是最重要的，不管发生什么事情，只要和家人在一起，心就不会害怕，人就不会孤单。"

在这一幅幅有爱、有创意的全家福合照背后，是一个个家庭动人的故事，此次活动不仅传递了良好的家庭风貌，也让同学们明白了一个道理：家是人们梦想启航的地方，只有千家万户都好，国家才能好，民族才能好！

（素材来源：江苏食品药品职业技术学院）

连云港职业技术学院巧手培育民族团结"石榴花"

"我们学校有36个民族的学生，我们互相尊重、互相帮助，像石榴籽那样紧紧抱在一起。"前不久，在江苏连云港职业技术学院2021年毕业典礼上，艺术与旅游学院旅游管理181班的哈萨克族学生巴合江·塔力达吾代表全体毕业生发言，毕业后，他将回到家乡新疆阿拉山口市。"我会做促进民族团结和进步的桥梁，为民族团结和进步贡献青春力量。"他说。

目前，连云港职业技术学院的少数民族学生达1 243人，占全校学生总数的12.4%。该校党委书记刘江船介绍，近年来，学校紧紧围绕"民族团结一家亲，同心共筑中国梦"的总目标，尊重差异、包容多样，通过扩大交往交流交融，创造各族学生共居、共学、共事、共乐的条件，促进各族学生之间的相互融合。

为了促进各民族学生相互了解，学校一直实行各民族学生"混合编班、混合住宿、混合用餐"的管理模式，所有学生统一要求、统一标准、统一管理。新疆小伙儿哈力木热提吾斯曼在校期间，结识了很多汉族朋友，下课后，他们经常在食堂边吃饭边聊天。"考虑到新疆学生的餐饮习惯，学校专门聘请维吾尔族厨师，开设少数民族餐厅，餐厅的饭菜美味可口。"哈力木热提·吾斯曼说。

为了让少数民族学生感受到亲人般的关爱，该校多元协同、多维联动打造"育人共同体"，组建由学院专职少数民族学生辅导员、班主任、新疆内派教师和学工处工作人员共同参与的管理队伍，及时掌握少数民族学生思想动态及实际困难，贴心做好管理服务工作。

2020年疫情期间，该校680名少数民族学生积极响应学校号召，在各自家乡组织捐款并且担任志愿者。今年，全校少数民族毕业生432人，其中97人留在连云港就业，150余人已返乡并顺利就业。

（素材来源：江苏连云港职业技术学院公众号）

2. 搭建文化交流平台，形成良好人际关系

学校是整个社会的重要组成部分，它没有现实社会较为复杂的经济社会关系，但它同时又有着较为广泛的人际交往圈。高校尽管为培养大学生的综合素质开展了各种各样的活动，但是专门针对提高人际交往能力的活动还是比较少的。高职院校应搭建人际交往实践的平台，让少数民族大学生在实践中逐步找到自信，建立自己的人际交往网络，形成良好的人际关系。

学校和老师应给少数民族大学生更多的机会，各类活动和社团给少数民族预留一定比例，如担任班委和学生会干部，参与社团的建设、管理和运营，参加实践锻炼、社区义工等社会志愿服务，在此过程中，支持他们自己去面对各种挫折、解决各种事情、处理各种问题，这样可以直接锻炼学生们的组织能力、沟通能力、表达能力等，让学生们在实践中锻炼人际交往能力。

【实例介绍】

举办文化交流会、座谈会

6月是民族团结进步宣传月。为深入开展铸牢中华民族共同体意识教育活动，2022年6月7日，民族学院召开民族团结文化交流会。

本次交流会共有7个民族的12名学生参加。会上，各民族同学热情地为大家讲解自己民族的特色，分享在党和国家的领导下家乡翻天覆地的变化。僜人嘎玛措姆同学从民族的起源、历史演变、主要风土人情等方面详细介绍了本民族，让我们进一步地了解了僜人的文化。来自白族的李永婷同学展示了白族以白色为主基调的素净服装特色，将白族谦逊、和谐的民族特点清晰地展现在我们面前。珞巴族是我国人口较少的少数民族之一，主要聚居在雅鲁藏布江大拐弯处以西的高山峡谷地带。珞巴族女孩加米为我们讲解了珞巴族的特点，并用珞巴族语言教大家一起说"民族团结一家亲"。

活动现场井然有序，大家认真聆听，互动交流，收获满满。各少数民族学生对彼此的民族有了更深的了解，加强了民族团结的意识，增进了各民族之间的友谊。

交流结束后，大家一起线上参观了由民族文化宫推出的铸牢中华民族共同体意识的VR展馆。

（素材来源：江苏食品药品职业技术学院公众号）

3. 提升社交礼仪修养，树立交流交往自信

树立积极的人际交往观。少数民族要敞开心扉向身边人际交往能力强的同学学习，学会赞美他人，赞美不是虚伪，而是以事实为基础的欣赏。赞美可能会成为成长的动力，更会赢得良好的人际关系。在人际交往中，尊重、真诚、站在他人的角度理解对方是人际交往的基础，学会尊重他人，以真诚的态度对待他人，并且设身处地地为他人着想是需要我们努力学习

的。在人际交往中，在处理人际关系时应少一些计较和埋怨，多一些宽容和理解，将心比心，用心换心。只有理解才能认同，只有有了共鸣，才会有建立基本人际交往关系的可能性。

加强人际交往课程的培训。开设人际交往课程是提高少数民族大学生人际交往能力最直接的一种方式。少数民族大学生在人际交往方面的困惑、问题有很多的相同和相似之处，老师可以将大学生常见的人际交往问题进行整理、归类，通过理论知识的讲解改善大学生对人际交往的正确认识，比如针对大学生人际交往典型案例进行分析、讲解，指导同学们在短时间内了解人际交往的要素和技巧，掌握与人交往的方式方法。帮助他们有意识地去挖掘生活中美好的事物，真诚热情待人，热爱生活，培养兴趣，改变对世界的消极看法，提高人际交往的质量。

老师要当好学生的引路人。教师自身要为人师表、以身作则，做学生的榜样，以文明的言谈举止待人接物，与人交往诚实守信。任课教师特别是辅导员和班主任，一定要了解他们的心理和实际的生活学习困难，成为他们的知心朋友，取得他们的信任，打开他们的心门，帮助他们认识到人际交往的重要性，从而帮助他们重树信心，勇敢地迈出人际交往的第一步。如果因为人际关系问题而对学习生活产生了困扰，学校心理咨询中心提供专业的帮助。每个学生都有自己的性格特点，心理特点，帮助他们树立自信心，主动与他人交往。

【实例介绍】

民族学院举办大学生日常行为规范礼仪讲座

为了全面提升学生的文明礼仪素养，营造和谐文明的校园氛围，2022年5月24日下午，民族学院在教学楼B312举办"大学生日常行为规范礼仪"讲座。本次讲座特邀淮安市新生代企业家商会秘书长、央视中秋晚会礼仪导师周素老师主讲。讲座由民族学院副书记赵晖主持，民族学院主要学生干部及各班代表参加并聆听了讲座。

讲座伊始，周老师向同学们阐明了学习礼仪的重要性，她指出礼仪是规范与教养，也是一种生活德育，是个人素养的综合体现，是每个人形象、形体、仪表、举止、语言之美。紧接着，她从眼神交流、站姿、坐姿、手势四个方面亲身示范，通过生动有趣的案例和互动，向同学们展示了平时生活中待人接物的礼仪与心得。在讲到如何做引导手势时，周老师与同学们进行了亲切互动，示范了各类引导手势需要注意的礼仪细节，包括五指并拢、指尖要指向目标方向等等，同学们跃跃欲试，边学边做，课堂氛围温暖融洽。整个讲座过程中，周老师始终保持大方得体的姿态，以自身的行为示范诠释了礼仪的内涵和个人修养。

（素材来源：江苏食品药品职业技术学院）

（五）科学的职业规划

部分少数民族大学生求职技能较弱，依赖性强、自主性低，缺少职业规划，对自身和就业环境认识模糊。现场访谈中，当问他们"今后想做什么工作时"，不少学生自我效能感低，怀有"看什么单位能要我"的被动心理和"到时候再看"的态度。面对社会挑战，不少学生产生了畏难情绪，采取鸵鸟战术和逃避的态度，用回去跟着父母干求得心理安慰，不主动也不配合做好职业规划，得过且过，不去了解真实社会，为后续难就业埋下了伏笔。

1. 学生要提升自我认知，明确职业生涯目标

在学生个人层面上，要提高学生的自我认知能力，充分认识到职业教育特点，加强职业生涯规划意识。在教师的引导下，学生通过制定明确的职业生涯规划可以帮助他们正确地认识自己，不断调整计划，从而获得更好的职业生涯规划体验。

大一阶段：在这个阶段学生的主要任务是将基础文化课学习好，提升自己综合素质。在职业生涯规划方面，少数民族大学生充分认知自我，提高自我认知能力，了解自己的性格、兴趣和特长，并且在此基础上开展科

学的职业规划定位，明确自己的职业目标。

大二阶段：可以有计划地参加专业实训和暑期社会实践，了解用人单位和岗位所需要的能力和素养，如沟通能力、团队合作能力、创新精神等。利用课余时间，多阅读职业生涯规划方面的书籍，结合实践活动对自己有一个全面的了解，不断修正自己在理论和实践中的不足，认识自己短板和弱项，了解自己优势和长项，更清楚地认识到原有规划中的不足，从而进行一定的调整。

大三阶段：不断提升自己的学习能力和实践能力，参与与职业生涯规划相关的社会实习、顶岗实习等，扩大自己的交际圈和人脉关系网络，积累必要的社会经验，为今后步入社会做好准备。参加校内外的职业生涯培训，学习如何面试，如何着装，如何制作简历，随时关注就业信息，力求找到理想的工作，服务地方经济社会发展，努力为家乡和祖国贡献出自己的一份力。

2. 学校要完善课程体系，加强相关师资队伍建设

建立科学的高职院校职业生涯课程体系。搭建科学合理的课程体系，唤醒学生就业意识，增强求职内生动力。科学的课程体系是就业指导体系的重要内容。江苏各高职院校的职业生涯规划教育课程要贯穿学生整个大学期间，从新生入校开始，分年级、分步骤地进行课程教育，构建职业生涯规划课程体系。由于学生的生活方式、语言、民族文化以及宗教等方面的差异，他们的"一对一"职业生涯辅导应该区别于校内的其他学生，要依托课程教育、实践教育、职业咨询服务，打造精准化课程体系。因此，江苏高职院校应该认真分析和总结少数民族大学生的群体特征，建立起一套适合少数民族大学生的职业生涯规划教育课程。

课程要配备理论和实践相结合师资队伍。职业生涯规划课程具有高度的综合性，对教师的综合素质要求很高，不仅如此，少数民族的职业生涯规划课程教师还需要熟悉就业市场情况、民族地区的经济和社会发展情况

以及少数民族政策等，因此我们急需建设一支数量充足的具有专业知识水平和实践能力的教师队伍，教育主管部门和人事部门应该积极采取相应有效措施招收更多的专业人才，建立职业生涯规划人才库。加强教研教改，成立职业生涯规划教研中心组。与此同时，对于校内的辅导员、班主任以及就业办工作人员等兼职人员，也应该定期地对他们进行培训，丰富他们的知识储备，提高他们的综合素质。对于兼职人员，建议聘请校内外人力资源管理、教育学以及心理学等方面的专家，以此弥补现阶段课程教师专业人才的不足。学校注重对指导师资力量的培训教育，教研室先后组织学校进行职业规划教学认证培训、全球职业规划师认证培训、就业课程教练培训等，增强授课技能，将课堂吸引力、作用力大大提升。

职业生涯规划课程教学方式要多元化。因材施教是科学的教育理念，一个好的教育体系才能让教学起到它应有的作用，职业生涯课程教学也是一门实践性很强的课程，教育教学过程应该避免传统的知识灌输，多进行案例教学和组织学生实践实习，提高学生实践动手能力。由于几个民族群体基数较同，可针对不同民族不同需求开设班级。来自不同生源地少数民族大学生存在很大差异的时候，应该另外开设小班级，根据来源地不同产业发展特点进行分类教育，以确保教学质量。要利用现代化科技，解决职业规划教育专业人才匮乏的问题。要把职业生涯规划课程教学方式和专业实训、顶岗实习无缝衔接，让学生更加清楚之后的职业模式。配合开展"生涯嘉年华"系列线下实践活动、"金牌实习生""职业规划大赛""模拟面试"等课程实践赛事活动，提升就业趣味性、参与性，增强活动有效性和满意度。通过系列举措，唤醒学生就业意识，提高学生就业的主动性、自主性，帮助学生变"要我做"为"我要做"。

【实例介绍】

"云指导"学生职业生涯规划大赛

疫情防控的关键时刻，学院认真贯彻落实教育部"停课不停教、停课不停学"相关部署，坚守一线教学阵地。以"云指导"的方式，借助信息技术手段，开展远程指导，做好职业生涯规划大赛相关工作。

按照计划，2020年学院第五届职业生涯规划大赛即将启动。在新冠疫情的严峻形势下，大赛指导和培训遇到了很大的困难和挑战，参赛学生无法集中，原本计划采用的集中式指导方式无法实行。就创（资助）中心老师们决定改变今年的指导和培训方式，他们采用线上方式指导同学们的作品。一是积极联系开通了大学生职业测评与规划系统（全体学生登录平台完成霍兰德职业兴趣量表和MBTI职业性格测试）；二是指导老师在超星平台上建立了"职业生涯规划"课程，供参赛同学在线学习，通过在线答疑，解答同学们的问题，推荐同学观看中国大学MOOC上的精品课程；三是"职业生涯规划与就业指导"全体任课老师都通过各种各样的在线方式对学生进行指导和答疑。

（素材来源：南京机电职业技术学院学工处公众号）

3. 家庭要转变传统观念，关注子女职业兴趣发展

家庭职业教育是学生职业生涯规划的起始点和落脚点，家庭职业教育的重点是引导子女根据自身情况和就业趋势合理规划职业目标，转变目前大多数家长的观念，让子女自由地选择自己的职业，不把个人的想法强加给子女，对子女的选择要做到理解和支持。同时，作为学生家长也需多进行职业生涯规划相关知识的学习，加强家长自身的知识储备和教育能力，增强家庭认知水平。

受地域环境和传统教育的影响，少数民族大学生家庭的传统思想较为浓厚，他们期望子女在毕业后有稳定的工作，家庭对少数民族大学生创新创业影响较大。所以，要提高家庭对他们的支持力度。一方面，少数民族大学生可以通过言传身教，将身边一些创业成功的典型向其家庭进行讲解，提高家庭对创新创业的接受度；另一方面，当地政府可以加大对少数民族大学生家庭的宣传力度，特别是宣传当地创新创业的政策，让家长了解少

数民族大学生创新创业的福利，从而转变思想，提高对子女的支持力度。

4. 社会要加强职业宣传，建立专门的职业咨询机构

社会对少数民族大学生的关注不能单单以社会稳定、经济建设等主题为重点，也应该对其职业生涯规划进行重点宣传，他们职业生涯规划的完整性和成功性对个人、家庭、学校甚至社会的发展都有着很大的影响，媒体需重点报道。少数民族大学生和其他学生不同，他们由于自身的特殊性，在工作时会遇到诸如语言、文化、宗教等许多问题，因此，国家和社会需要建立专业的职业生涯规划咨询机构，为广大少数民族大学生提供专业的规划和指导，增强他们的求职和工作能力，降低人力资源成本，提高社会经济效益。

【实例介绍】

民族学院开展暑期"三下乡"社会实践活动

为引导和帮助广大青年学生上好理论与实践相结合的"大思政课"，在社会课堂中"受教育、长才干、作贡献"，坚定信念"感党恩、听党话、跟党走"，民族学院精心组织了暑期"三下乡"志愿者服务队，开展了以"民族团结我践行"为主题的系列社会实践活动。

西藏小分队

为积极响应"三下乡"社会实践的号召，让大学生们接触社会、了解社会、积累社会经验。暑假期间，民族学院暑期"三下乡"社会实践团西藏小分队全体成员一同参观西藏博物馆并前往西藏自治区拉萨市城关区扎细街道团结新村社区开展民族团结教育及志愿服务活动。

走进西藏博物馆

西藏博物馆新馆展览基本陈列主要有"雪域长歌 —— 西藏历史与文化""离太阳最近的人 —— 西藏民俗文化"和正在筹备的"雪域丰碑 —— 西藏革命文物展"等。志愿者们通过实地调研和观察西藏地区各时期的发

展历程，深入了解民族地区发展现状，充分感知西藏自治区发生的翻天覆地的变化，纷纷表示要当好民族团结的宣传者、示范者和践行者。

走访村民

在团结新村，志愿者们耐心聆听各族群众互相支持、亲如一家、共续民族团结的佳话。民族团结的故事虽小，却历久弥香、温暖人心，藏族群众于平凡中话感动、于细微处见温暖。

志愿服务

纸上得来终觉浅，绝知此事要躬行。志愿者们用实际行动服务团结新村的居民，传承无私奉献精神，让这精神像阳光一样洒满社区的每个角落。

学习民族团结知识

西藏和平解放以来，西藏的政治、经济、社会、科技和文化各个领域发生了翻天覆地的变化，各族群众充分享受到改革发展成果，志愿者们在观看了民族团结宣传墙后，与村民交流对于民族团结政策的理解和感受。

新疆小分队

关爱留守儿童

随着社会经济的持续发展，新疆农村越来越多的剩余劳动力外出务工，一大批未成年儿童被留在家中，因此出现了一个新的特殊儿童群体——留守儿童，这个群体的人数不断扩大，已成为一种普遍的社会现象。志愿者们前往留守儿童买吾兰肉孜家中唠家常、做家务、问需求。

志愿服务

儿童是国家未来的希望，民族团结教育应从娃娃抓起，志愿者们像家人一样陪留守儿童唠家常，让民族团结宣传教育润物无声地潜入他们的心中。

青海小分队

夏季是贵德最美的季节，绿荫盈野、清净幽雅，一草一木皆风景，一山一水醉游人，从草原田野到村落学校，到处飞扬着欢乐的赞歌，到处绽放着民族团结进步的花朵。民族学院"青海小分队"全体成员一同前往青海省海南州贵德县河西镇开展社会实践活动。

采访当地优秀党员

志愿者们一同前往贵德县拜访优秀党员祁军同志，听他分享贵德县关于民族团结的相关事迹，例如，"移动办公桌"，在儿童心中散播"像爱护自己的眼睛一样爱护民族团结、像珍视自己的生命一样珍视民族团结、像石榴籽一样紧紧抱在一起"的种子以及创建"十一进"等。平等、团结、互助、和谐的民族关系，如阳光、空气一般融进贵德百姓的生活中，流淌在各民族群众的血液里。

活动感言

西藏白玛央珍

我在此次暑期"三下乡"社会实践活动中体会到了"石榴籽"的团结精神，深刻理解了汉族离不开少数民族、少数民族离不开汉族、各少数民族之间也相互离不开的现实意义，以后定要多说有利于民族团结的话、多做有利于民族团结的事，以实际行动维护民族团结的良好局面。

新疆苏比努尔

今年暑假，于我而言是个意义非凡的暑假，我们慰问并帮助留守儿童，积极宣传民族团结政策，把民族团结的种子深埋在各族人民心中，让民族团结之树枝繁叶茂、长青长盛！

我十分荣幸成为民族学院暑期"三下乡"社会实践青海小分队的负责人。活动中，我们认真聆听老党员讲红色故事，感受革命情怀。永不褪色的红色情怀让我思想上受到了深刻的洗礼，在以后的学习生活中，我要以老党员为榜样，勤奋努力、刻苦学习，将红色精神代代传承下去。

（素材来源：中国江苏网）

走进藏区 支教留守儿童

"这是中国的'中'字，竖、横折、横、竖，这样写就对了！"2020年9月8日，来自江苏食品药品职业技术学院旅游191班的欧珠拉姆正在给7岁的藏区女孩旦珍示范汉字的写法，这本崭新的字帖在半个多月的学习中已经练习了将近一半。

为响应团中央大力开展暑假科技、文化、卫生三下乡活动的号召，江苏食品药品职业技术学院酒店学院志愿者服务队利用暑期时间，走进4 000千米外的西藏日喀则地区，为那儿的少数民族留守儿童送知识、送文化、送关爱。

志愿者欧珠拉姆是今年支教藏区留守儿童服务队中的一员，也是去年西藏地区考入江苏食品药品职业技术学院的一名优秀学生。作为东部地区和藏区之间的"文化纽带"，欧珠拉姆和她的同学们在前期采取了多对象、多形式的调研方法，结合自身经历对在校藏族学生及家长进行线上线下访谈，充分了解到藏区留守儿童对汉字、汉文化以及藏区以外学习生活的渴望，返乡的志愿者们最终确定日喀则市桑珠孜区为支教目的地，并制作、携带了丰富的汉语言支教物料踏上回乡的路途。

在第一次走进日喀则东嘎乡达龙普村幼儿园的时候，服务队的志愿者们感受到了满分的热情，尽管他们也来自相同地区、有着相似的童年，但孩子们求知的眼神依然令志愿者们备受感动。"我也曾受过别人帮助，也想去帮助别人，接力棒应该从我这里薪火相传。"志愿者欧珠拉姆这样表示道。他们将精心挑选的字帖送到了每一位小朋友的手上，并许诺在未来的日子里和他们一起学习汉字、学习语言。不仅如此，志愿者们还准备了形象有趣的教学视频，普通话和藏语共同呈现的学校介绍视频，并在每天固定时间现场连线其他省份的支教志愿者，通过线上进行才艺展示和技能教学等，开阔藏区留守儿童的眼界、提升他们对求学的热情。

半个月的支教远远不能满足藏区孩子们的学习需求，在支教即将到达尾声的时候，志愿者米玛普尺充满着不舍。"在这里和孩子们共同学习的日子是难忘的，我希望他们也能和我一样走出藏区，接受更好的教育。"在半个月的时间里，米玛普尺不断用汉语和藏语向小朋友们重复着学习和教育的重要性，希望他们能够早日树立目标、构筑梦想，走进自己心仪的大学。孩子们则用自己的舞蹈、歌声等向所有的服务队志愿者们送上祝福，表达感谢。

支教活动的开展进一步弘扬和培育了民族精神，使同学们在实践中了解边疆、服务边疆，帮助青年大学生开阔视野，履行奉献青春、奉献智慧的时代诺言，为祖国中西部地区发展贡献着青春力量。"希望我们能将这力所能及的事坚持下去，星星之火，可以燎原。"志愿者杨勇这样说道。

（素材来源：中国高职高专教育网　江门职业技术学院　朱祥芳　孙启迪）

江苏工程职业技术学院：共绘同心圆，助力复兴梦

2022 年是中国共产党成立 100 周年，也是西藏和平解放 70 周年，为了增进汉藏同学的情谊，铸牢中华民族共同体意识，切身感受藏区的发展变化。江苏工程职业技术学院的汉族和藏族同学携手组队，来到西藏进行暑期实践活动，接受一场具有特殊意义的精神洗礼。

实践的第一站，同学们携手重走了中国人民解放军第二野战军第十八军进藏路线。途中，藏族同学一直帮助汉族同学攀登山峰，大家虽然汗如雨下，却也乐在其中。江苏工程职业技术学院的学生朱彤说："汉藏老一辈建设者在极其艰难困苦的环境中，破山修路、开荒生产。如今，我们一起唱着革命歌曲重走进藏路线，感受这里的沧桑巨变。"实践团还来到了谭冠三纪念馆，在藏族同学深情地解说下，同学们感悟很深，纷纷表示如

今的幸福生活来之不易，要为西藏的明天奉献自己的青春力量。点赞！150多名在淮大学生奔走雪域高原，为百余名农牧民普法！

刚刚过去的寒假，来自江苏财经职业技术学院青藏班的150多名藏族学生组成12支普法宣传队，深入农牧民家中，先后开展20场普法宣传活动，受到了藏区百姓的欢迎，一条条洁白的哈达和一张张荣誉证书见证了他们走过的足迹。

巴桑吉宗是江苏财经职业技术学院青藏1班大学生，寒假期间，她和同学扎央在家人的陪同下，冒着严寒在白雪皑皑的青藏高原奔走一千多里，走访了当雄县、乌玛乡等多个村落，为当地100多名农牧民普及法律知识。

藏民多吉次仁说："这一次普法活动，让我学会了怎样预防诈骗，辨别是非，对我帮助非常大，我自己也将大学生所讲的知识向家人和认识的人讲解，让村民们也能学会用法律来维护自己的权益。"

在4 000多米的雪域高原做普法宣传，不仅要靠热情，还要有吃苦的勇气。当雄地区天气严寒，从拉萨到当雄，车在路上停了三四次。虽然很累，但巴桑吉宗觉得，如果自己小小的举动能帮助更多的人摆脱困境，那这件事就很有意义。巴桑吉宗说："我们从藏区走出来，不远千里去江苏淮安求学，就是想要学成归来，为家乡建设出一份力，用自己掌握的知识，去帮助更多的人。"

像巴桑吉宗这样，普法宣传队的成员们不仅走进农牧民家中，还走进藏区的广场、市场，围绕习近平法治思想、宪法、民法典开展宣传活动，让普法宣传更接地气，法治观念更加深入人心。"大学生们能够用所学的专业知识，迅速投入到实际工作中，不畏艰难，做出了力所能及的贡献。"阿里地委宣传部常务副部长罗布旺拉说。

据了解，为解决藏区法律人才紧缺问题，淮安市司法局联合江苏财经职业技术学院等单位实施藏族学生"律导计划"，变"输血"为"造血"，为藏区法治建设储才育人提供有益探索和积极实践。

　　江苏财经职业技术学院法律与人文艺术学院院长、博士解瑞卿说："我们学院从培养'回得去、留得下、用得上'的藏区实用型法律人才出发，通过政企校四方合作，建立群汇知缘法学院、开设法律事务专业西藏班、青藏班，实施法律精准援藏。"

　　现任淮安市司法局党组书记、局长蒋东明说："作为普法的牵头部门，淮安市司法局将进一步建优援藏普法平台载体，丰富援藏法律服务课程，培养更多的藏族学生，为法治援藏提供可复制、可推广的'淮安版'实践经验。"

（素材来源：淮安广播电官方账号，2022 年 2 月）

　　（六）提高专业认知度

　　团队结合调查分析，对如何提升少数民族大学生专业认可度及专业适应性提出了一些对策，取得了一些实践成效。

　　1.增大专业选择自由性

　　从调查中我们可以发现，学生专业认知度和认可度较低的主要原因就是选专业之前的信息不对称。很多学生在高考前的全部精力都在学习上，根本没有时间认真分析自己的人格特质，寻找自己的职业兴趣和倾向。虽然入学后给了学生一些调换专业机会，但是大规模的自由选择专业需要充足的教育资源，在现行教育体制下，学生的专业选择并没有那么大的自由度。

　　2.加强学生专业选择个体指导

　　少数民族大学生从西部来到江苏，很多专业选择和认识来自其高中班主任或者宣传招生老师的介绍，被一些热门专业吸引，所以适当的高中和大学阶段的职业生涯规划可以帮助学生进行很好的职业定位，从而确定自己未来从事的职业方向。好的职业定位需要先确定自己的人格特质，分析自己的能力长处，探索自己的职业价值取向，因此，学校要用科学的职业生涯规划理论和工具加强对学生专业选择的指导力。从大一阶段就可以开始进行科学的职业生涯规划了。

3. 促进大学生对专业的认同

高中和大学的学习内容不同，大学的学习内容更深、更广。因此专业知识和技能必然需要应对更大的挑战，需要学生具备更强的学习能力。很多少数民族大学生不是因为对专业不满意，而是因为没有能力掌握相关的专业知识，因而产生了专业倦怠。要不断培养少数民族大学生形成较高的抗压能力和环境适应能力，不要面对挫折就迎难而退。要简化理论教学，提升学生对专业的兴趣，通过兴趣的培养努力提高学习能力，通过能力的提高实现自己的价值，从而一步一步增强少数民族学生对自己专业的认同。

【实例介绍】

开学季：建筑建造学院开展 2022 级新生入学专业教育

为了帮助 2022 级新生更好的适应高校生活、了解当前专业发展情况、做好新的学习和生活规划，建筑建造学院于 2022 年 9 月 27 日组织开展专业介绍活动，建筑工程技术（见图 5-4）、建筑钢结构工程技术（见图 5-5）、装配式建筑工程技术（见图 5-6）、地下与隧道工程技术（见图 5-7）、工程测量技术（见图 5-7）、摄影测量与遥感技术（见图 5-9）6 个专业分别采用线上或线下交流模式组织开展。

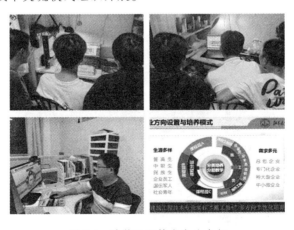

图 5-4　建筑工程技术专业介绍

图 5-5　建筑钢结构工程技术专业介绍

图 5-6　装配式建筑工程技术专业介绍

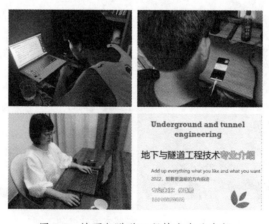

图 5-7　地下与隧道工程技术专业介绍

图 5-8　工程测量技术专业介绍

图 5-9　摄影测量与遥感技术专业介绍

　　专业主任分别介绍了 6 个专业的专业概况、就业岗位、职业发展、专业满意度情况，以及专业学习后应达到的知识、能力目标、专业学习模式等内容，就学生关心的学习课程方面，重点介绍了课程体系、教学资源、毕业要求等内容，同时也就学生关心的学历提升情况介绍了升学渠道和我院可进行的各类升本、转本和接本等形式。

　　本次专业介绍活动使 2022 级新生对所学专业有了全面深入的认识，对将来要从事的职业有了初步认知，明确了努力方向。

（素材来源：江苏建院建筑建造学院）

第六章　融合与重塑：少数民族大学生认知重构的重要维度

"融入到融合，适应到重塑"不是一个阶段，而是一个连贯的动态发展过程，是理论与实践的融合。少数民族大学生从不适应到适应，最后到"融合与重塑"的过程是一个完整的、综合的、全面的整体，而不是某个方面或者某一部分。它是一个质变发生的动态过程，既是理念及理论的辩证过程，也是不断实践的过程。"融合与重塑"理论的重要维度是："思政教育与铸就中华民族共同体意识"融合、"校园文化与少数民族传统文化元素"融合、"就业创业与生源地经济社会发展"融合。"融合与重塑"理论倡导提升少数民族大学生的适应性，使其既保持本民族的身份和特征，又和主流群体接触并保持积极良好的关系，体现了少数民族大学生个人发展与民族地区经济社会发展的协调统一。

一、思政教育与铸就中华民族共同体意识融合

青年的价值取向决定了未来社会的价值取向。青年时期是确立和形成价值观的重要时期，就像平时人们穿衣服扣纽扣一样，如果第一粒扣子扣错了，剩余的扣子都会扣错。人生的扣子从一开始就要扣好。长期生活在民族氛围的少数民族大学生，其生活习惯、价值观念、宗教信仰、风俗习俗等方面与汉族学生存在明显差异，因此在提升其适应性的教育过程中，应嵌入中华民族伟大复兴和中华民族共同体的教育，引导他们树立正确的世界观、价值观、民族观。"融合与重塑"是少数民族大学生适应性教育深化，也是铸牢少数民族大学生中华民族共同体意识的必然要求。在大部

分少数民族学生的"三观"尚未完全形成的时期，其行为、观念、思想更具可塑性，有助于培养政治坚定、知识全面、综合素质过硬的少数民族骨干。

（一）强化少数民族大学生信仰教育

调查显示，部分少数民族大学生在信仰价值取向选择上趋向实用性与功利性，他们不愿意用理想的标准而是用利益的标准来观察和处理信仰问题。

1.少数民族大学生信仰教育的影响因素

民族地区发展的差异性对少数民族大学生信仰的影响。各民族在发展的历史进程中，受自然条件、生活环境、民族心理等因素影响，发展呈现差异性，形成了独特的民族传统文化，使从小生活在其中的少数民族大学生精神信仰具有民族性、多样性、复杂性。近年来，民族地区迎来了全面深化改革开放、巩固拓展脱贫攻坚成果同乡村振兴有效衔接的重要时期，经济文化发展迅速，社会转型加快，人们的思想观念发生深刻变革、世俗化生活方式及消费主义盛行，少数民族大学生的精神信仰也发生巨大变化：部分大学生由理想主义转向现实主义，放弃为理想而读书、为发展而就业；由关心国家民族未来转向关注个人发展，不再相信精神的崇高、信仰的力量。

世俗观念对少数民族大学生信仰的影响。经济市场化推动传统社会向现代化转型，塑造了众多独立自主的市场主体，彻底改变了人们的生活方式和价值观念。由于消费主义盛行，世俗社会中存在着拜金主义、享乐主义等种种错误观念和看法。这些错误思想观念容易侵蚀少数民族大学生的心灵，使他们变得浮躁，趋向功利的学习目标，忽视理想教育，疏远精神信仰。经济全球化在带给人们空前繁荣的物质财富的同时，也带来了各种不同思想文化、精神信仰的交融和碰撞，形成错综复杂、多元并存的意识形态现状，导致少数民族大学生信仰多样化发展。随着信息技术与移动互联网的迅速发展，文化发展逐渐显现出大众化、碎片化特点，以消费、享乐、媚俗、搞笑为娱乐形式的网络文化，在少数民族大学生中相当有市场，符合社会主义核心价值观的传统信仰教育日益受到严重冲击。

2. 加强少数民族大学生信仰教育的措施

深化马克思主义理论学习，增强理性认识。当前，结合中国社会的伟大变革，阐明马克思主义发展与中华民族前途命运的关系，是坚定少数民族大学生马克思主义信仰的关键。高校可用历史与理论相结合的逻辑力量，使少数民族大学生感受到马克思主义信仰的理性科学之美；用社会主义核心价值观的精神力量，使少数民族大学生感受到马克思主义信仰的和谐向善之美；用中华民族伟大复兴中国梦的创造力量，使少数民族大学生感受到马克思主义信仰的博大自由之美，从而不断加强马克思主义信仰教育，让少数民族大学生成为马克思主义的忠诚信奉者和践行者。

提高少数民族大学生信仰教育实效。信仰教育工作从根本上说是做人的工作，要帮助少数民族大学生成为有信仰的人。想要提高信仰教育质量，必须遵循学生成长规律和信仰教育工作规律，创新信仰教育理念、信仰教育方式方法。创新信仰教育理念，高校要把握和坚持"价值性和学理性相统一、实践性和主体性相统一、启发性和灌输性相统一、批判性和主导性相统一"。高校应让学生真学、真懂、真信、真用科学信仰，将其内化为心中的核心价值；坚持主导性和批评性相统一，让有信仰的人讲信仰，传递主流信仰，直面各种社会思潮，引导学生坚定科学信仰；坚持主体性和实践性相统一，发挥少数民族大学生的主体性作用，重视信仰的实践性，教育引导学生用科学信仰指导社会实践，在中国特色社会主义建设的生动实践中立志、成才；坚持灌输性和启发性相统一。少数民族大学生信仰教育在坚持灌输思想的同时，应注重启发性教育，让科学信仰春风化雨、滋润心田。创新信仰教育理念，高校应引导少数民族大学生增强科学信仰，把爱国情、强国志、报国行自觉融入心脑行，使其将马克思主义信仰、共产主义远大理想、中国特色社会主义信念相统一，做到至信而深厚、虔诚而执着。

优化少数民族大学生信仰教育环境。加强校园文化建设，营造良好的成长氛围，有利于少数民族大学生潜移默化地树立科学信仰。首先，高校要尊重少数民族文化，积极挖掘民族传统文化精华，构建以马克思主义为主导的民族特色鲜明的校园文化格局，使高校信仰教育具有民族风、亲切感，提高少数民族大学生信仰教育的积极性、主动性，增强信仰教育的亲和力和针对性。其次，高校要坚持马克思主义在校园文化建设中的指导地位，大力弘扬中华民族优秀传统文化，用社会主义先进文化引领校园文化建设，以社会主义核心价值观为主线，唱响主旋律，传播正能量，让马克思主义统领校园文化建设，不给各种错误思潮和反动言论提供传播渠道，坚决抵制各种有害信仰和腐朽文化对少数民族大学生思想观念的腐蚀。最后，高校应通过学校党建、学团组织、理论研讨、实践活动、网络思政等形式，丰富校园文化生活，对少数民族大学生开展全方位、多层次、立体化的思想教育。在移动互联网信息技术迅速发展的现代社会，少数民族大学生无时不网、无地不网、无人不网，高校应加强网络媒体的领导权、管理权和话语权，利用互联网增强主流信仰的传播力和引领力。如果科学信仰不去占领高校网络舆论阵地，各种非科学信仰就会有所行动。高校要以雨无声、易班等思政网站建设为重点，不断扩大红色网络阵地，为少数民族青年学生营造出风清气正的网上家园，让互联网技术与高校信仰教育工作有机融合，不断提升少数民族大学生信仰教育的时代感、吸引力和实效性。

【实例介绍】

建筑工程学院团总支：开展 2021 年少数民族学生专场信仰公开课

2021 年 12 月 11 日，建筑工程学院团总支在广宇楼 414 教室召开了少数民族学生专场信仰公开课，建筑工程学院党总支书记陈晋中、关工委副主任唐利国，建工学院团总支各位老师，包括在校 9 个少数民族在内的共

11 位学生代表参加会议，会议由团总支王珣老师主持。

座谈会开始，王珣老师代表建筑工程学院向大家表示欢迎以及问候，并请各位学生代表进行自我介绍。代表们一一发言，介绍了个人的基本情况，自己的民族语言、家乡风俗，展示了各民族的特色文化，在大学里的收获，在此过程中大家也对少数民族文化有了更多的了解，座谈会现场气氛活跃、融洽。唐利国副主任在会上引用习近平总书记的寄语，广大青年要肩负历史使命，坚定前进信心，立大志、明大德、成大才、担大任，努力成为堪当民族复兴重任的时代新人，并且强调各个民族虽然风俗方面不同，但 56 个民族团结一致，才是中华民族伟大复兴的重要前提。陈晋中书记向大家强调各位都是中华民族这个大家庭中的一员，大家应该互相友爱，共同进步；在学校里认真学习，今后真正能为学院建设、家乡发展、祖国富强献出自己一份力。最后陈书记对各位少数民族学生提出要求：在校期间遵纪守法，强调有大局意识，各个民族之间不搞小团体，正确看待、处理民族间的习惯，做一个积极向上、有志有为的建工学生。

（素材来源：南京交通职业技术学院团委公众号　2021 年 12 月）

（二）做好少数民族大学生党员发展工作

调研组以实地走访、咨询基层党务工作人员和少数民族专项辅导员、线上线下访谈少数民族大学生等形式对所在高职院校的少数民族大学生的党员发展和少数民族大学生党员情况进行了调研。

1.培养和发展少数民族学生党员具有重要作用

一是有利于加强党员队伍结构的优化。高职院校加强对少数民族学生党员的发展，有利于优化党员队伍的结构和分布，提升党员队伍人员的多样性。此外，高职院校做好少数民族学生党员发展工作，还能够促进少数民族学生中优秀的、先进的积极分子进一步向党组织靠拢，有利于高职院校做好学生思想政治教育工作，有利于协助少数民族辅导员管理、教育少数民族学生，进一步维护学校和谐稳定，促进社会发展。

二是有利于促进民族地区的经济发展。发展少数民族大学生入党，一定程度上为民族地区的经济发展储备了人才。调研组跟踪反馈发现，在校期间成为党员、积极分子、学生干部的少数民族大学生，毕业后回到家乡，普遍都能在促进家乡建设发展中起到十分重要的作用。在新时代，培养有共产主义信仰的少数民族大学生党员，能够使少数民族大学生党员成为执行党的路线、方针、政策的核心力量，是维护民族地区稳定发展、促进民族地区经济增长的重要举措。

三是有利于巩固国家各民族的团结。重视少数民族大学生党员发展工作，把一大批政治立场坚定、综合素质高的优秀少数民族学生吸引和凝聚到党的队伍和事业中来，他们在执行党的基本路线和民族政策时，具有更高的自觉性，通过他们让党的民族政策和党的历史在少数民族学生群体中传播。坚持各民族团结教育常态化，坚持各民族文化教育多元性，坚持各民族学生党员发展相互交融。这对各少数民族学生党员有积极的潜移默化的作用，有利于加深民族间的情感，维护地区和平稳定，促进各民族团结。

2. 培养和发展少数民族学生党员工作中存在的问题

一是部分学生入党动机不单纯。在匿名问卷调查中，我们发现部分少数民族大学生在提交入党申请书时存在以下几种入党动机。一是"随大流"，看到周围的人都申请了，受从众心理的影响，自己如果不申请，怕别人认为自己不求上进，于是自己也盲目地申请。二是认为"入党可以为自己带来一些好处"，毕业后好找工作，甚至认为入党是从政的第一步，要打好基础。三是"入党是为了荣誉和脸面"，部分同学只看到党员受表彰时的荣耀，没有看到党员要承担的义务。受自身家庭生长环境和本民族固有的宗教信仰和生活方式的影响，一些学生对党和共产主义的认识不深刻、理解不到位，政治觉悟较低、入党动机存在偏差。相当一部分少数民族学生对党的宗旨理解不深，有待进一步培养与教育。出现价值观取向偏差、入党动机不纯等现象，影响了党员先锋模范作用的发挥，也影响了党员队伍的整体质量，给高职院校少数民族学生党员发展教育工作带来严峻挑战。

二是与党员的标准还有距离。部分少数民族学生学习成绩达不到党员发展标准。调查显示，少数民族学生入党积极分子中有因为学习成绩仍达不到党员发展标准而被拒之门外；有的少数民族学生认为"学习成绩在提高，但是能够达到极点的时候，已经准备毕业了"；也有12%的少数民族学生表示"学习成绩不好，但文娱活动的综合成绩较好"。可见，部分少数民族学生表现较为突出，但是学习成绩仍有待进一步提升。此外，部分少数民族学生在群众基础方面存在不足。高职院校党员发展工作中，群众基础是决定性因素之一。少数民族学生是高职院校的重要成员，是民族团结奋进的推进者，他们拥有不同的地域文化、语言、生活习俗以及民族内涵。但在调查中发现，少数民族学生在人际交往中更习惯与本民族的同学相处，因为有更多的共同话题与生活习惯，他们表示与本民族同学相处更有亲切感。调查结果显示：高职院校少数民族入党积极分子在日常谈心谈话、社团活动以及与同学的生活习惯融合等方面仍有待改善。

三是学校指导工作有待加强。很多高职院校对学生党员培养发展的各项流程都做得比较扎实、规范，但仍存在党员发展的工作指导不足、部分阶段缺乏科学性的问题。课题组在与相关工作人员的谈话中发现：部分党支部存在一岗多职的情况，本职岗位未能做好做细；在入党培养教育上重单向式说教、灌输式输出，缺少讨论和互动；集中教育没有考虑到少数民族大学生的特殊性，难以激发少数民族学生的学习主动性。调查显示：有相当多受访者对"把社团活动、文体活动、线上志愿活动等融入学生的入党启蒙教育"的回答是"非常感兴趣，愿意参加"，反映出贴近大学生生活的教育方式能赢得少数民族学生的广泛认同、取得良好效果，但学校对入党启蒙教育的引导仍存在不足，形式不够丰富。

3. 高职院校少数民族学生党员发展工作的路径

首先，从思想源头严守党员发展关，提高党员发展质量。

做好民族工作"关键在党，关键在人"。从思想源头严守少数民族学生党员发展关是"为党育人，为国育才"的基础，是提高党员发展质量、保障党员队伍纯洁性与先进性的关键。拓展少数民族学生对中国梦的认识渠道，提高其民族自豪感，提升中华民族的凝聚力。这可以从学校的思想政治教育课程出发，融入各民族文化特色，开展多元化的理论学习主题，并与学校的社团实践活动相结合，通过课内民族文化的输入与课外实践活动的输出，拓展各民族学生之间的学习、交流与合作，提高少数民族学生的积极性与主动性，培养其爱国主义精神，在思想源头上确保党员发展的质量，保障党员队伍的纯洁性与先进性。

坚持"四个意识"，培养少数民族学生坚定的理想信念。四个意识即政治意识、大局意识、核心意识、看齐意识，是党内政治生活重要的准则之一。坚持"四个意识"，有利于培养少数民族学生坚定的理想信念，有利于维护祖国统一和民族团结。加强少数民族学生坚持"四个意识"的教育，可以从新生入学教育开始，并通过互联网＋教育的方式进行移动学习，加强少数民族新生的政治觉悟。学校可通过教学楼、校道、课室等进行多方位的红色民族文化宣传，加强对学生的政治教育，让学生随处可学红色文化精神，潜移默化地增进民族认同感，提高自身的政治素养。

与时俱进，加强培养少数民族学生的时代精神。时代精神是激励民族发展、实现国家振兴的精神动力，是精神文明建设的重要内容，时代精神的核心是改革创新。新形势下，高职院校要加强对少数民族学生党员时代精神的培养，注重培养改革创新精神。在培养工作思路上要进行创新，充分利用网络媒体，通过建立红色网站、网上党建专栏、手机党校、移动教育课堂等方式拓宽党员理论学习、交流思想、宣传培养时代精神的渠道，践行改革创新精神，不断开辟少数民族学生党员教育培养新模式。

其次，以学校党建工作为主导，加强学生党建队伍的建设。

注重少数民族的差异性，不断完善党员发展工作制度。完善的工作制度是保证少数民族学生党员发展工作实效性的重要保障。高职院校要继续坚持和完善党建带团建、共青团组织推荐优秀团员为入党积极分子等制度，要针对少数民族学生入党教育问题进行统筹，分析少数民族学生的差异性，建立科学、全面的入党积极分子考核制度。在新形势下，要不断完善发展对象集中培训制和分类培训制、推行发展党员公示制度、实行发展党员票决制和发展党员责任追究制，通过不断完善工作制度提高少数民族学生党员发展的实效性。创新党建工作理念，少数民族学生党建工作需要精细化，高职院校要在控制总量、优化结构的基础上坚持以德树人，组织少数民族学生党员践行社会主义核心价值观，注重实效性，打造理论指导实践的品牌教育活动。加大对党员发展工作的指导力度、在不断创新党建工作理念的基础上进行实践，是促进少数民族党员发展工作的重要途径。加强入党积极分子队伍建设是发展少数民族学生党员工作的着力点。要采取形式多样的途径加强对入党积极分子的培养教育，不断提高其思想政治素质和实际操作能力，为壮大优秀党员队伍奠定基础。

发挥榜样作用，提高党员教育管理工作的科学性。党员的榜样作用有利于推进少数民族学生党员发展工作，因此要做好党员教育管理工作，提高党员发展工作的实效性。高职院校应注重学生党支部的教育管理，组织学生党员认真学习党章党史，坚定学生党员的理想和信念，在日常生活中发挥党员的先锋模范作用，潜移默化地影响身边的少数民族学生。不断提高党员队伍的综合素质，积极探索促进党员发展和管理的新方法，保持党员队伍的先进性，进而促进更多优秀的少数民族学生向党组织靠拢。

再次，以少数民族学生为主体，创新党员培养方式。

加大思想政治精准教育，激发少数民族学生的入党动机。少数民族学生的自我发展往往受到自我认知水平的制约。高职院校应该从思想政治教育的源头出发，在落实好分类教育的前提下，针对个体的差异性进行全面了解和精准引导。通过对少数民族学生的性格特征、兴趣爱好和学业情况等进行个性化分析，选择优秀的学生干部作为少数民族学生入党的"引导者"，在入党问题上帮助少数民族学生澄清模糊认识，为其指引方向，促进其积极地认识党，增强其入党的愿望，激发其入党的动机。另外，思想政治教育课程也要发挥积极作用，思政教育者要从学业成绩、思想状态和时代精神等角度发现和培养少数民族学生，鼓励少数民族学生积极向党组织靠拢。

加强少数民族学生的学业教育和入党启蒙教育。根据少数民族学生语言、文化和风俗习惯的差异性，高职院校应有针对性地加强入党启蒙教育，突出分类教育，争取做到"一类一方案"，有针对性地设计培训内容和形式。比如，针对存在语言沟通障碍的部分少数民族学生开设"普通话兴趣班"，在加强普通话学习锻炼的同时，邀请专职老师开展思想政治教育；针对文化、风俗习惯存在较大差异的少数民族学生，安排专人精准结对，选配优秀的党员干部担任培养联系人，在日常生活中适当介入，积极引导，加强入党启蒙教育。

最后，加大各民族学生之间的交流与合作，拓展少数民族群众交往范围。

高职院校应不断拓展少数民族的交往渠道，开展丰富多彩的民族特色活动，可以让少数民族学生自主策划与实施活动，从而增进各民族学生之间的交流与合作，增强少数民族学生对民族团结的认同感，扩大其群众基础。此外，少数民族学生党员发展的效果很大程度上受到教育内容的影响，高职院校可针对少数民族学生设置符合其发展需求的入党教育内容，并加大与其他教育内容的融合，提升少数民族学生的思想政治素养。

结合党史学习教育，有针对性地向少数民族大学生讲授党在带领民族地区人民进行抗日战争、解放战争的历史和党带领民族地区人民建设家园的奋斗史，让少数民族学生加深"没有共产党就没有新中国"的认识，同时让他们了解是党带领民族地区的人民走进社会主义，党的政策促进了少数民族地区经济的飞速发展。这些有针对性的入党启蒙教育，会使少数民族学生深刻理解党的民族政策，有利于加深党与少数民族人民的血肉联系。

开展实践教育，使少数民族学生感受民族地区在党的领导下获得的巨大发展。对于很多"00后"的学生来说，难以体会过去少数民族地区的贫穷落后。在发展培养少数民族大学生入党的过程中，要充分发挥直观感悟的作用。可以结合假期社会实践，安排少数民族大学生到民族地区的博物馆、纪念馆参观，通过具体的实例，使学生形成对比认知。我国部分地区依然是开展巩固脱贫攻坚成果的重点区域，可以组织少数民族学生参观党和国家在少数民族地区开展的乡村振兴项目，使学生们充分感受到党对少数民族地区的关怀。

加强入党动机教育，提高少数民族大学生党员的质量。入党动机是大学生要求入党的内在原因和真实目的，直接关系到发展党员的质量，以及党员队伍的先进性和纯洁性。端正入党动机是争取做一名合格党员的起点。不过，树立正确的入党动机，并非一日之功，它需要党组织的培养教育和大学生们不断地努力。首先是要突出思想引导，加强中国特色社会主义理论教育，帮助少数民族大学生树立正确的入党动机。少数民族大学生通过认真学习，加深对党和共产主义事业的认识，才会形成端正的入党动机。其次是要强化实践锻炼。马克思主义认识论指出，实践是检验真理的唯一标准。申请入党的少数民族大学生不仅要有强烈的入党意愿，还必须有所行动，在实践中不断加深对党的认识，进而不断端正其入党动机。根据党史学习教育"为群众办实事"的要求，组织少数民族大学生参加志愿服务、社会实践等活动，不断用实际行动引导少数民族大学生强化正确的入党动机。

促进各民族学生交流，完善帮扶制度。选聘学生工作经验丰富的辅导员，担任少数民族学生较为集中班级的班主任，定期召开主题班会、座谈会，日常关注少数民族大学生的思想状态和学习生活状况，按期谈心谈话。班主任可以协助发展少数民族大学生党员工作，积极向党组织推荐优秀的少数民族大学生。积极帮助少数民族学生解决各类实际问题，引导学生适应大学校园的学习与生活。分团委、学生会等社团应积极开展学生体育、文艺、联谊等活动，鼓励少数民族学生参与，促进不同民族学生共学共进。

（三）铸牢中华民族共同体意识

如何塑造少数民族大学生的世界观、人生观、价值观，以及对国家的认同感，铸造中华民族共同体意识是进行少数民族大学生思政教育的重要课题。将少数民族优秀传统文化融入高校思想政治教育，不仅拓展和创新了高校思想政治教育内容、方式和方法，还可以培养大学生对祖国的认同，对中华民族的认同，对中华文化的认同，对社会主义道路的认同。

根据思政教育主导性和适用性方法相结合的原则，强化学生的社会主义接班人意识，将学生家国情怀的厚植外化为引导其认同并融入主流文化，锤炼品德修养，练就过硬本领，肩负起国家和社会赋予的历史使命。提出家国情怀培养和职业发展并举的新思路培养机制的构建，从培养过程看，将家国情怀的厚植融入到个人职业规划；从培养目标看，引导学生将个人的职业规划融入家乡、国家的建设，并通过种种平台，以润物无声的方式促进民族融合和个人自我价值的实现。

1.中华民族共同体意识形成历史和现实

党的十九大报告指出："全面贯彻党的民族政策，深化民族团结进步教育，铸牢中华民族共同体意识，加强各民族交往交流交融，促进各民族像石榴籽一样紧紧抱在一起，共同团结奋斗、共同繁荣发展。"党的二十大报告也指出："以铸牢中华民族共同体意识为主线，坚定不移走中国特色解决民族问题的正确道路，坚持和完善民族区域自治制度，加强和改进党的民族工作，全面推进民族团结进步事业。"从提出"积极培养中华民族共同体意识"，到后来明确"牢固树立中华民族共同体意识"，再到"铸牢中华民族共同体意识"，体现出的不仅仅是词语的变化，更是党和国家处理民族问题的新理念、新思想，也蕴含着深厚的中华民族共同体意识历史观、民族观和奋斗观。铸牢少数民族大学生中华民族共同体意识，必须切实加强对他们历史观、民族观和奋斗观的教育。

（1）中华民族共同体意识的历史渊源——"大家庭"的历史观

历史上，我国各朝各代都十分重视民族关系，也把和谐的民族关系作为国家统一、富强的前提和保证。尽管有分裂、纷争，但统一的多民族国家始终是历史的主流，这也使得我们中国成为唯一延续至今的文明古国。孙中山曾说："中国是一个统一的国家，这一点已牢牢地印在我国的历史意识之中，正是这种意识才使我们能作为一个国家而被保存下来。"这种国家大一统的意识促成了中华民族共同体意识，成为一个建立在共同历史条件、共同价值追求、共同物质基础、共同身份认同、共有精神家园基础上的命运共同体。

（2）中华民族共同体意识的时代变迁——"石榴籽"的民族观

中华民族的形成和发展是一部各民族相互交往、交流、交融的历史，其间有多次各民族的大互动、大迁徙、大融合，经过长期的历史发展过程，在地理空间上形成大杂居、小聚居、交错居住的民族分布格局，在社会关系上形成一个相互依存、相互促进、共同发展、统一而不可分割的整体——中华民族。各民族对"中华民族"的认同是最高层次的认同，对自己民族的认同是基层的民族认同，两种认同是对立统一的，既有差异性又有一致性，逐步产生一种荣辱与共、休戚与共、命运与共的感情和道义。费孝通就曾提出"中华民族多元一体格局"的观点，认为中华民族是"由许许多多分散孤立存在的民族单位，经过接触、混杂、联结和融合，同时也有分裂和消亡，形成一个你来我去、我来你去，我中有你、你中有我，而又各具个性的多元统一体"[①]。正是这种随着时代变迁出现的不同民族互动和

---

① 费孝通. 中华民族的多元一体格局 [M]. 北京：中央民族大学出版社，1999.

融合，让各民族在文化上取长补短、在经济上互通有无、在信仰上兼容并包，逐步形成各民族一统的共同体观念。

（3）中华民族共同体意识的现实语境——"中国梦"的奋斗观

2012 年 11 月 29 日，习近平总书记在参观《复兴之路》展览时第一次提出"中国梦"，此后又这样描述中国梦："我以为，实现中华民族伟大复兴，就是中华民族近代以来最伟大的梦想。这个梦想，凝聚了几代中国人的夙愿，体现了中华民族和中国人民的整体利益，是每一个中华儿女的共同期盼。""中国梦"是 56 个民族共同开天辟地、开创祖国广袤疆域，共同抵御外辱、取得民族独立人民解放，共同建设社会主义、迈向美好生活后的殷切期盼和努力方向，各族人民都是中国梦的参与者、创造者、奋斗者。

2. 铸牢中华民族共同体意识的路径

（1）铸牢中华民族共同体意识，要加强少数民族大学生"历史观"的教育

要打牢少数民族大学生中华民族共同体意识的历史根基，引导他们关心国家发展，自觉把个人理想和国家梦想、个人价值与国家发展结合起来，牢固树立中华民族共同体意识，牢固树立"中华一家亲"的思想。

【实例介绍】

南京工业职业技术大学："四个课堂"铸牢中华民族共同体意识教育

南京工业职业技术大学始终坚持以习近平新时代中国特色社会主义思想铸魂育人，通过"第一课堂"不断加强文化认同教育，让青年学生从中华民族悠久的文化中增进中华民族共同体意识（见图 6-1）。

图 6-1 "弘扬中华传统文化，助力新疆教育发展"支教实践团队

通过"第二课堂"不断创新校园文化活动，春风化雨地让青年学生增进共同体意识（见图 6-2）。

图 6-2 学生参加电商助力新疆农产品销售实践活动

通过"流动课堂"不断讲好民族团结故事，鼓励青年学生争做民族骄子，增进共同体意识（见图 6-3）。

图 6-3 大学生"志愿服务西部计划"服务队

通过"实践课堂"不断加强责任感使命感教育，让青年学生了解时代新人的历史使命，增进共同体意识（见图6-4）。

图6-4　优秀学子参加栖霞区驻区高校铸牢中华民族共同体意识实践教育宣讲活动

学校通过"四个课堂"的创设，努力形成了"多维"教学模式协同推进、各民族师生全覆盖铸牢中华民族共同体意识教育新格局，使广大青年学生牢固树立正确世界观、人生观、价值观，铸牢中华民族共同体意识。

（素材来源：江苏教育发布，2022年7月1日）

（2）铸牢中华民族共同体意识，要加强马克思主义民族观教育

要旗帜鲜明地把马克思主义民族观、民族团结进步教育融进课堂和教学，充分发挥校园活动等第二课堂潜移默化的作用，可以在各少数民族节日，如彝族的火把节、藏族的藏历年、白族的三月三、景颇族的目瑙纵歌节、佤族的木鼓节等，开展形式多样的校园文化活动，并将马克思主义民族观教育、民族团结进步理论融入节日中，让少数民族大学生在"春风化雨、润物无声"中感受各民族传统文化的熏陶，正如教育家钱穆所说："民族创造出文化，文化又融凝此民族。"同时，要充分结合信息时代的发展和大学生自身特点，积极创新民族团结进步宣传教育载体，主动抢占网络媒介等阵地，把民族团结进步理论转化为一篇篇文章，在学校网页、微博、微信、QQ群等媒体和网络空间进行宣传，充分利用和发挥好网络的正面作用，大力营造"五十六个民族是一家"的网络文化氛围，推动少数民族

大学生去深刻认识和认同伟大祖国、中华民族、中华文化、中国共产党和中国特色社会主义，自觉抵制和反对各种错误的观点，像石榴籽那样紧紧抱在一起。

【实例介绍】

同心绘梦·扬工院少数民族学生共筑"同心圆"礼赞祖国

国庆来临，扬州工业职业技术学院商学院的少数民族大学生们纷纷亮出自己的"特殊技能"，"花式"表白祖国。国庆当天，家住西藏山南曲松县的大三学生洛桑赤列早早佩戴好了团徽，参加学校组织的线上升旗仪式。仪式结束后，洛桑赤列拿着农具与家人一起来到田间开始劳动。看着刚刚收割上来的青稞，内心满怀着对祖国无比热爱的洛桑赤列萌发了以青稞为原素材拼出"中国""国庆"字样献礼祖国的想法。他希望通过青稞拼字，表达藏族大学生对祖国的祝福，祖国明天一定会更好。

（素材来源：江苏教育发布，2021 年 10 月）

（3）铸牢中华民族共同体意识，要加强少数民族大学生"奋斗观"教育

中国梦的实现，离不开中国共产党的领导，也离不开各族人民的团结奋斗，因为"中华民族伟大复兴，绝不是轻轻松松、敲锣打鼓就能实现的"，习近平总书记特别强调："面向未来，全面建成小康社会要靠实干，基本实现现代化要靠实干，实现中华民族伟大复兴要靠实干。"积极引导少数民族大学生在学习和生活中树立远大理想，在各类社会实践中培养敢于担当、不懈奋斗的精神，用勇于奋斗的精神状态和乐观向上的人生态度，做担当民族复兴大任的时代新人，用实际行动践行习近平总书记对青年提出的"现在，青春是用来奋斗的；将来，青春是用来回忆的"要求；同时中华民族伟大复兴的中国梦是中国各族人民坚定不移、代代相传的信念，到了今天，"我们比历史上任何时期都更接近中华民族伟大复兴的目标，比

历史上任何时期更有信心、有能力实现这个目标"。这个目标已成为各族人民同呼吸、共命运、心连心的强大精神纽带，能进一步激发少数民族大学生作为中华民族一份子的民族自豪感、民族自信心和民族凝聚力，进而铸牢中华民族共同体意识。

中华民族是一个不可分割的政治互信、经济融合、文化包容的利益共同体、责任共同体和命运共同体。中国特色社会主义进入新时代，通过加强对少数民族大学生"历史观""民族观""奋斗观"的教育，铸牢少数民族大学生中华民族共同体意识，使这种意识转化为推动实现中华民族伟大复兴中国梦的向心力、凝聚力与和谐力。

【实例介绍】

扬州工业职业技术学院围绕"三个聚焦"发力，服务少数民族学生成长，铸牢师生中华民族共同体意识

一是聚焦"思想引领"，实施"宣传教育计划"，用先进思想武装学生，大力开展爱国主义教育、"四观"教育，注重全媒体教育，推动互联网成为铸牢中华民族共同体意识的最大增量，传递正能量。

二是聚焦"实践教育"，实施"实践创新计划"，形成"体验感知—实践训练—创业实战"创新创业实践链条，建立协同育人机制和多元出彩激励机制，搭建各类平台载体，建设"扬州工"文化，传承非遗文化，坚定学生文化自信。

三是聚焦"关心帮扶"，实施"理论探索计划"，坚持服务理念，在思想教育、心理健康、学生资助、就业帮扶等方面给予"菜单式"特色服务，打造"一学院一特色"的民族团结进步教育品牌。

（素材来源：江苏教育发布，2022 年 7 月）

民族团结进步创建先进典型
——"一路格桑花"，校园开遍民族团结进步之花

2016年，常州机电职业技术学院机械工程学院承接江苏省红十字会博爱青春暑期社会实践项目"行走的格桑花"，带领青海黄南州40名学生在上海、常州等地开展城市探索营活动。在活动中，各民族团结一家亲的意识在学生中逐渐形成并日益稳固。此后，学院根据多年项目积累的经验，创建"一路格桑花"学生民族团结教育项目，结对青海黄南藏族自治州，构建"1+1+4"教育模式，即通过健全一项机制、建立一个基地、组建四支团队的方式对学生进行实境式民族团结进步教育，铸牢学生中华民族共同体意识。

主要做法

健全一项机制：为学生民族团结进步教育创设氛围

按照学校关于加强民族团结工作的有关要求，机械工程学院切实提高对民族团结进步教育的重视程度，加强对民族工作重要文件的学习，把学生民族团结进步教育当作一项重大的政治任务、常规工作来抓。以"清单式"保证教育任务落实，确保学生民族团结进步教育落到实处。

建立一个基地：让学生在实境中接受民族团结进步教育

2018年，机械工程学院与青海黄南藏区自治州黄南州民族中学达成合作意向，在该校建立民族团结进步教育基地，持续开展民族团结进步相关教育活动。在教育基地建设中，通过陪伴、体验、分享、互助等形式，让学生在实境中接受民族团结进步教育，同时帮助藏族牧区孩子们开拓眼界，明确自我发展的方向，增强自我成长的动力，增进汉藏学生友谊，铸牢中华民族共同体意识。

组建四支团队：让学生在实践中铸牢中华民族共同体意识

——"格桑花开"宣讲团。依托学生理论类社团，组建"格桑花开"

宣讲团。由少数民族教师担任指导教师。宣讲团开展习近平总书记关于民族工作重要论述宣讲及"青年学生学青年习近平"主题教育活动，通过演短剧、讲故事等形式，让民族团结进步教育进班级、进支部、进公寓、进社团、进藏区。

——"行走的格桑花"暑期社会实践团。自2016年以来，学校联合江苏省红十字会与青海省黄南藏族自治州结对共建，组建"行走的格桑花"暑期社会实践团，连续6年开展"行走的格桑花，激昂的青春梦"暑期社会实践项目。团队师生以"铸牢民族团结共同体，感悟科技魅力共成长"为主题，到青海省黄南州藏区自治州开展暑期社会实践，同时接待黄南州藏区的孩子在常州、上海、南京等东部沿海发达地区开展城市体验活动。

——"格桑花开"筑梦团。针对少数民族学生就业相对困难的问题，学校成立"格桑花开"筑梦团，为民族学校提供学生职业规划教育方案，为少数民族学生提供职业生涯规划指导和职业体验的机会。通过职业规划阳光课堂、筑梦小屋援建等项目，指导职业生涯规划，帮助他们明确职业目标，立志报效祖国、热爱家乡。同时带领少数民族孩子走进纳恩博、中天钢铁等智能制造企业，打开少数民族孩子心灵之窗、好奇之门，传播制造文化，弘扬制造精神，激励制造梦想。

——"格桑花之家"互助团。为打破师生与藏区学生交流时空界限，学校打造"格桑花之家"汉藏学生"线上＋线下"互助团，开展线上课程的学习和交流，实现资源共享，构筑汉藏学生线上成长分享互动长效机制。定期精准回访藏族学生，以点对点的精准性帮扶，横纵向、多角度做好"线上"和"线下"有效互动，拓宽汉藏一家亲的交融广度，挖掘交融深度，提升交融温度。

主要成效

项目育人，进一步铸牢中华民族共同体意识

机械工程学院学生通过"一路格桑花"项目接受民族团结进步教育，

增长了民族知识，提高了民族意识，融洽了民族氛围，树立了民族自尊心和民族自豪感，增强了民族向心力和凝聚力。在全体师生的共同培育下，民族团结教育之花正开遍校园。6年来，累计有500余名学生主动加入"一路格桑花"项目各支团队，暑期社会实践项目获得全国大中专学生志愿者暑期"三下乡"社会实践活动优秀团队、江苏省"博爱青春"暑期志愿服务优秀项目，多位同学被评为江苏省优秀大学生志愿者；"格桑花开"筑梦团获得2021年江苏省互联网＋大学生创新创业比赛红旅赛道三等奖。

校际合作，与黄南州民族中学达成战略合作

机械工程学院以思想引领、科技引航、职业体验为主线，以集中授课＋牧区送教的形式，累计服务黄南州民族中学学生2 000余名，开设职业规划、现代科技等课程150余课时，志愿服务超5 200个小时。共邀请178名该校学生参观40余家制造企业，体验数百个职业岗位，参加全国劳模、大国工匠等讲座10余场。

内外联动，扩大民族团结进步教育的辐射影响

机械工程学院通过抖音、短视频等新媒体平台宣传推广"一路格桑花"教育活动的开展进程和取得的成效。整合学校、社会组织、企业三方资源，跨界合作，提升教育的保障力、辐射面、有效度。通过《中国青年报》《中国教育报》等媒体推广教育经验，6年来在国家级、省级媒体平台上发表宣传文章24篇，扩大了影响力，提升了关注度。

让爱流淌，让格桑花一路阳光。6年来，机械工程学院的师生们与"格桑花们"建立了深厚的感情，民族团结进步之花在校园绽放。"一路格桑花"将在铸牢中华民族共同体意识的过程中更多地助人、助己，做有助于民族团结进步的事，让各民族像石榴籽一样紧紧抱在一起。

（素材来源：常州机电职业技术学院，2022年6月）

（4）用社会主义核心价值观引领少数民族大学生树立中华民族共同理想

"社会主义核心价值观"作为当前最先进的价值观，它体现着国家、社会和个人价值观的最大公约数，代表着先进生产力和先进文化的价值方向。大学生作为时代价值观的引领者和践行者，理应成为当前社会主义核心价值观教育的重要对象，自觉成为社会主义核心价值观的忠诚践行者，担起引领社会价值观之责。践行社会主义核心价值观的过程，就是依托国家、社会价值和个人价值目标等不同层面进行社会正能量集聚的过程、增强中华民族向心力的过程、更是培育中华民族共同体意识的过程。

加强大学生社会主义核心价值观教育，必须遵循大学生成长成才规律和教育规律，结合学生的心理特点，将核心价值观内化为大学生的精神追求，融入到他们的精神世界当中，并最终内化为大学生的理想追求与政治信念。因此，可以定期组织参观纪念馆、博物馆等爱国主义教育基地，有针对性地开展中华民族传统文化、爱国主义、社会公德、法律法规等教育实践活动，让少数民族大学生潜移默化地加深对中华民族传统文化的理解和热爱。

引导大学生树立公民意识、爱国意识、法制观念，促使少数民族大学生了解各民族的历史文化背景，实现对不同民族历史文化从感性认识到理性认识，再到情感认同的目的，逐步树立中华民族史观；组织学生深入基层、深入社会，通过开展社会调研、志愿服务、交流座谈等活动，了解国情民意，了解社会发展变迁，自觉树立感恩国家、反哺社会的意识，以实际行动践行社会主义核心价值观。

【实例介绍】

江苏护理职业学院深入推进铸牢中华民族共同体意识教育

学院以培养堪当民族复兴大任的时代新人为出发点，以实现文化认同为价值导向，多措并举开展中华民族共同体意识教育，将铸牢中华民族共同体意识扎根于大学生心中。

强化组织建设，深化学习教育。构建党委统一领导，学工、宣传统战、教务、各教学单位、团委等部门共同参与，校、院、师生三级联动的综合协调机制，形成齐抓共管、多元主体参与的工作格局。认真学习习近平总书记关于铸牢中华民族共同体意识的重要论述，学习中央、省民族工作会议精神，以及中央、省宗教工作会议精神等。组织教职工特别是学工人员、辅导员和班主任学习关于民族团结的政策，掌握民族团结教育的目标和任务。

全面开展摸排，重点加强管控。定期开展全校师生各民族学生数量和宗教信仰情况排查，确定在校少数民族学生数量，确定信教学生数量和主要信奉的宗教，实现底数清、情况明。做好全校各部门的沟通协调，加强少数民族学生及信教学生的日常管理，特别在敏感时间节点做好动态管控。

加强思政教育，筑牢思想根基。推动思政课程和课程思政同向同行，在课堂教学过程中凸显中华民族共同体意识教育理念，牢固树立"五个认同"意识，将国情教育、爱国爱党、民族团结、中华民族历史文化和革命历史教育等渗透到教育教学全过程；持续开展"四史"学习教育、社会主义核心价值观宣传教育；利用每年开展的迎新晚会、运动会、文化嘉年华等，加强各少数民族学生交流交往；通过组织学生开展演讲、合唱、绘画等形式，热情讴歌伟大祖国、讴歌民族团结。通过开展形式多样的教育活动，筑牢大学生中华民族共同体意识的思想基础。

加强关心关爱，及时解决难题。学校每年召开少数民族学生座谈会，全面了解并及时解决学生思想、学习、生活、心理、就业等方面的困难和问题，给予少数民族学生全方位的帮助。学工部门、团委等部门也不定期召开座谈会，具体了解一些少数民族学生是否存在学习基础薄弱、家庭比较困难、存在心理问题、生活习惯不适应等情况，从而制定解决方案，及时予以解决。

扎实开展宣传，营造浓厚氛围。利用校园广播、网站、微信公众号等推送中华民族多元一体、革命历史、民族团结、中华民族传统文化等各类新闻知识等；运用宣传栏、海报、LED电子显示设备播放铸牢中华民族共同体意识、爱党、爱国、民族团结进步等方面标语，宣传国家的有关政策。

（素材来源：江苏护理职业学院，2022年7月）

（5）贯彻党的教育政策，善用地方红色资源

绝大多数少数民族大学生的思想主流是健康向上的，但由于部分学生心智发展还不成熟，社会阅历较浅，他们对某些错误言论缺乏辨别能力，思想上摇摆不定，整体意识、大局观念欠缺。

党只有培育好青年才能永葆战斗力。要用科学思想理论来指导、教育和武装少数民族学生；要结合他们的思想实际开展理想信念教育和党的理论知识教育，使他们坚定对党的信仰信念，坚定实现复兴伟业的信心；要围绕形式多样的党性实践教育活动培养其爱国精神，引导其自觉担当青年责任。只有增强和坚持党的先进本色，党组织才能将民族学子凝聚在自身周围，他们才愿意听党话跟党走，从而让党的吸引力和作用力得以最大限度发挥。

因此，高职学校应利用红色文化资源，开展多种党建思政主题活动，如举办红色诗词赏析诵读会、民族政策小知识分享会、召开国家安全教育日主题班会、组织红色景点云旅游、红色经典读书会等多种方式促进少数民族学生团结友爱，培养少数民族学生爱国主义精神与国家安全意识，了解民族政策，铸牢中华民族共同体意识，促进多民族同学共同团结进步。

【实例介绍】

举办书画展、红色诗词赏析诵读会、民族政策小知识每日分享活动

2022年6月，民族学院开展了以"铸牢中华民族共同体意识，喜迎党的二十大胜利召开"为主题的第十九个民族团结进步宣传月系列活动。通

过内容丰富、形式多样的主题宣传教育活动，引导全院各族师生进一步增强"五个认同""三个意识"，全面唱响民族团结主旋律。

一是举办民族团结书画大赛，本次大赛共计收到30余件书画作品，来自7个不同民族的23位同学通过一周时间的精心准备，用一幅幅作品描绘民族团结奋进，用文字和画作抒发爱国情感。二是举办红色诗词赏析诵读会，诵读会围绕10余首毛泽东诗词展开分享，来自民族212班的阿依吐尔孙分享了毛泽东于1950年10月国庆节观看新疆等地民族歌舞团进京汇演后写下的词作《浣溪沙•和柳亚子先生》，阿依说她非常喜欢毛主席的这首诗词，因为它讴歌了各兄弟民族的和睦团结与欢乐，而这正是她当下所感受到的幸福生活。三是开展民族政策知识分享，5月以来民族学院组织全院16个班级利用晚自习时间，通过线上PPT讲解的方式开展了"民族政策小知识每日分享"活动，各班级累计参与500余人次。四是开展"中华民族一家亲，同心共筑中国梦"主题签名寄语活动，活动中，各族学生代表在横幅上郑重签名寄语，表达了自己坚决维护民族团结的决心。

本次民族团结进步宣传月系列活动，集中展示了民族学院师生和睦相处、和谐发展的精神风貌，在师生中进一步铸牢了中华民族共同体意识，推动学院民族工作高质量发展。

（素材来源：江苏食品药品职业技术学院）

开展线上踏春，云游红色景点活动

为了在民族学生中深入开展党史学习教育，引导民族学生知史爱党、知史爱国，铸牢中华民族共同体意识。2021年3月份以来，民族学院组织受资助学生，开展为期一个月的"线上踏春，云游红色景点"活动。

三月正是踏春的好时节，疫情防控期间为减少非必要出行，民族学院利用"学习强国"平台资源，组织同学们"云"游革命圣地，忆往昔峥嵘岁月稠。一个个红色纪念地，一段段光辉的历史，云游其中，同学们感受到了直抵心灵的思想洗礼。来自西藏昌都的斯郎旺姆同学打卡了山东台儿庄大战纪念馆，她被战役中爱国将士浴血奋战报效祖国的壮举所打动，主动上网检索、搜寻在战役中牺牲的 122 师师长王铭章的感人事迹，寻找红色地标背后的故事。在这个过程中，她深刻地领悟到，每一处红色遗迹都记录着中国共产党砥砺前行的奋斗征程。

历史是最好的教科书，红色革命景点是最生动的育人课堂。本次活动，同学们累计打卡百余个革命圣地，深刻体会到了红色精神所蕴含的不竭能量，激发了民族学生的爱国情、报国志和强国行。

（素材来源：江苏食品药品职业技术学院）

开展"读红色书籍·忆百年峥嵘"经典读书会

红色经典书籍是中华民族的瑰宝，更是一个时代的印记，为传承老一辈无产阶级革命家的优秀品质，引导青年学生赓续红色基因。民族学院于近日举办以"读红色书籍·忆百年峥嵘"为主题的经典读书会。

读书会上，贵桑同学首先发言：我们要认真阅读红色书籍，深刻了解中国共产党的光荣和伟大，培养爱国主义精神，增强民族责任感，承担起自己肩上的责任。接下来，其他同学各自分享了在阅读红色书籍之后的感悟与心得。为了中华民族的解放，先烈们用自己的生命和鲜血建起了新的长城，换来了中华民族的崛起和今日中国的繁荣富强。同学们深情地说，在缅怀先烈的同时，我们要牢记幸福生活的来之不易，不能忘记顽强抗争、不畏艰险、越挫越勇、无畏牺牲的中华精神，要将这种精神一代一代继承、发扬下去。

读书会给同学们带来了一次心灵上的洗礼，也是一次深刻的爱国主义和革命传统教育，激励新时代的青年用青春和智慧投身民族复兴的伟大事业中去，为实现中华民族伟大复兴的中国梦接续奋斗！

（素材来源：江苏食品药品职业技术学院）

二、校园文化与少数民族传统文化元素融合

（一）民族文化元素嵌入校园环境建设

优美的校园环境可以陶冶情操，启迪心智，激发内在潜能，使人进取奋进，促进人的全面发展。做好融媒体的建设，依托校园的常见五种宣传媒介——课堂、新媒体、报纸、电台、宣传栏黑板报等，拓宽广大学子的眼界、体验到不同的文化、逐步建立多元文化意识，增进各民族同学间的学习、交流，达到多民族文化多元共享的局面，为和谐校园建设筑牢基础。

鼓励少数民族学生展示与宣讲本民族语言、服饰、饮食、风土人情，以互知为基础，提高民族生的自信，消解认识误区、打破以往成见，与其他民族同学和谐共处。而汉族学生对于丰富多彩、神秘诱人的少数民族文化、特点、习俗以及其家乡的风土人情充满好奇，有了解的热忱与兴趣。在这样一个心理共识之下，为各民族学生搭建桥梁，提供一个机会和平台，建立同伴关系、提升交往能力的心理契机。

江苏很多高职院校随着中西部少数民族大学生群体数量增大，高度重视校园环境建设，在建设中充分融入少数民族文化的元素，促进校园环境建设与民族传统文化的有机融合。一是精心设计，把具有浓郁民族文化的标志性图案和作品融入校园的广场、楼宇、路标、宣传窗、指示牌等形象识别系统中，让学生能及时适应环境，随时能学习各民族文化知识，感受各民族文化的魅力。二是在指定的楼道等区域展示学生制作的民族工艺作品，并配上简要的文字介绍，以提高学生学习与参与的积极性。三是在教室、实训室、办公楼和校道等地方将各民族革命前辈的语录、警句名言、优美诗句等与装帧设计融合在一起，让环境处处可育人，提升环境育人的效果。

【实例介绍】

弘扬民族文化　构建和谐校园 —— 计通学院举办民族风情文化展

为弘扬我国少数民族风情和传统文化，展现广大少数民族学生爱党爱国、奋发向上的精神风貌，构建和谐校园文化，计算机与通信学院系分

团委积极承办了院团委组织的首届民族文化艺术节活动中的民族风情文化展览。

在活动现场，藏族、壮族、苗族、维吾尔族、朝鲜族等民族的同学，穿着本民族的传统服饰，热情地向参观的全校同学介绍本民族的独特风情和文化，有的还现场为大家展示自己的民族艺术，还有的邀请同学现场感受本民族特色饰品、服装……展览活动气氛热烈，受到同学们的喜爱。

参加活动的藏族同学拉姆表示，能参加本次民族风情文化展活动感到非常开心，虽身处异乡，但深深感受到学校大家庭的温暖，希望自己能用实际行动发扬本民族文化，促进民族文化融合团结。

（素材来源：江苏电子信息职业学院计通学院，葛虹佑，2020 年 12 月）

（二）民族技艺大师的工匠精神嵌入校园教风、学风建设

工匠精神既是一种理念、一种态度、一种品质，更是一种执着、一种追求、一种突破。历史上各民族的匠人创造了无数的经典工艺作品，如历代精美的陶瓷及玉器等，这些精美的工艺品是古代工匠智慧的结晶。高职院校应该结合少数民族地区的主要特点，加强培育和塑造少数民族学生的工匠精神，从而促进他们掌握更多、更好的技能，发扬民族文化和改变其家庭经济状况，为全面建成小康社会贡献力量。

创设工匠精神相关的校园文化。文化对于个人具有潜移默化的影响力，不同的文化能够塑造不同的人。高职院校中进行工匠精神方面的教育，也应该创设工匠精神相关的校园文化，从而让学生在特定的文化中受到潜移默化的影响，逐渐形成工匠精神。具体而言：开展听课与培训活动，邀请行业技师来校进行专题讲座；引导学生学习榜样人物，让学生在情感认同的作用下理解工匠精神；开展工匠精神主题征文和演讲活动；定期组织开展实训与实践活动，在实际活动中培养学生工匠精神。

专业课程教学中融入工匠精神的培育和发展，还需要在专业课程中具体展开，相关专业教师应该做到言传身教，开发更具针对性的教学方式和

引入丰富的资源展开教学。高职院校应该招聘更专业的人才，聘任行业专家和企业高级技师等来校授课，培养"双师型"教师队伍，引导教师在企业中实践。教师应该引导学生在实训基地等真实的环境中学习和实践，形成学、做结合的教学方式，并且应该增加生产性实践教学的内容，从而增加学生参与实践的机会。

很多民族传统技艺匠人的精神特质，与现代工匠精神所提倡的"敬业、精益、专注、创新"等基本内涵一致。江苏很多高职院校在将民族技艺大师工匠精神教育贯穿学生理论学习、社会实践、专业实习实训全过程的同时，充分利用这种契合点，开展工匠精神教育。一是通过传承人对某种手工艺品制作流程和技法的讲解与演示，让学生体会其中的不易及其蕴含的价值；二是通过"学技能、练技能、比技能"的形式，让全体大学生在技能比拼中得到锤炼和提升；三是通过"工匠大师"进校园进行展示展演，普及民族文化知识，也使少数民族大学生更加自信，让师生在与大师的对话中受到熏陶和感染，在心底播下工匠精神的种子。

推动民族文化融入学校教育全过程、推动民间传统手工艺传承模式改革、服务相关民族产业转型升级与发展、加强非物质文化遗产传承人才培养、促进民族地区专业设置调整与优化．

（三）民族文化元素嵌入创新创业教育、劳动教育

加强创新创业教育和劳动教育，是推进高职教育综合改革、提高人才培养质量的重要举措。江苏高职院校可以利用当地特色区域资源，开展创新创业教育和劳动教育。一是通过校企合作，少数民族大学生组建虚拟公司参与家乡特色产品的销售为契机，探索建立适合本院实际的创新创业教育体系，培养学生的创新创业意识、精神和能力。二是通过民族传统文化的介绍、制作观摩、体验和品尝等，把它打造成为劳动教育研创基地。设立专项创作基地让学生在参加中体验非遗文化、劳作文化、饮食文化、节日文化等少数民族文化的魅力，深切领悟劳动最光荣、劳动最崇高、劳动最伟大、劳动最美丽的道理。实践证明，高职院校给予经费资助，建立特

色创作基地，传承开展创新创业和劳动教育，不但可以提升少数民族学生创新创业能力和对劳动的认识，还可以开展创新创业项目，将特色产品推广到市场上，让学生深度理解产品盈利机制，为未来参加工作打下基础。

【实例介绍】

商学院举办"少数民族学生教育管理服务工作"主题沙龙活动

2020年5月28日，由商学院学工办举办的辅导员沙龙活动在会议室举行，活动主题为"做好少数民族学生教育管理服务工作"，西藏职业技术学院挂职副书记次仁央宗为主讲人，商学院党总支副书记薛金东、党总支副书记陈云子和商学院全体辅导员，共11人参加了本次沙龙活动。

次仁央宗副书记在沙龙活动上首先深入浅出地介绍了以藏族同学为主的我校部分少数民族学生生活成长的地理环境、民族风俗、饮食习惯、性格特点等基本情况，极大丰富了在座辅导员相关少数民族文化知识的储备。接着，次仁央宗副书记从正确认识少数民族学生的心理特点出发，结合西藏高职院校的经验和做法，建议高职院校在开展少数民族学生教育管理工作时，不仅要了解和尊重少数民族学生的民族文化，更要正确理解教育和宗教相分离的原则，在开展思政教育的同时要有坚定的立场和态度，提高政治敏感性。最后，次仁央宗副书记结合自己多年工作中积累的典型案例，解答了大家提出的实际工作中遇到的一些问题，并对我校少数民族学生教育管理服务工作提出了具体的意见和建议，如加强入学时的爱国主义教育、民族团结教育、校纪校规教育、树立少数民族学生榜样实现群体教育等等，多种形式的主题教育活动能够让少数民族学生正确认识少数民族地区发展与祖国繁荣稳定的关系，勉励同学们在当下条件优越的时代更加努力地学习，担负起国家给予青年大学生的历史使命和责任。

本次辅导员沙龙活动，进一步提高了商学院辅导员对民族政策的了解，加强了商学院教师对民族团结重要性的认识，提升了学工队伍开展少数民族学生教育管理工作水平，为辅导员搭建了学习交流平台，为促进学院少数民族学生成长成才打下了良好的基础。

（素材来源：江苏电子信息职业学院商学院，王筱供稿，卢成飞编辑，

2020 年 6 月）

（四）民族文化元素与民族团结教育相融合

建立普通生与民族生的朋辈互信计划，建立一种互相信任、团结友爱、富有凝聚力的合作伙伴关系。鼓励民族生走出自己的小圈子，真正融入学校的文化氛围，培养跨文化交际能力。培养训练一批熟悉本民族风土人情、有一定文化素养、爱国爱校、友好亲和的少数民族大学生；吸引招募一批对少数民族文化怀有浓厚兴趣的汉族大学生，使之认识和了解少数民族文化与风土人情。通过训练与合作，提高对不同区域不同民族间文化差异的认识，形成兼容并包的气度，达成互谅互惠的关系。

将民族文化融入主题活动和"三下乡"社会实践活动等，让学生在学习与活动中感受民族大家庭的温暖和各民族文化的魅力，增进各民族学生的心灵契合，将心比心，互相尊重，相互包容，相互欣赏，互相学习，共同进步。同时在实习和就业择业时，引导学生把目光更多地投向民族地区，将个人的命运与民族地区的命运紧密相连，为民族地区经济社会发展奉献自己的智慧与力量。

【实例介绍】

"民族一家亲，同心共筑梦"—— 少数民族文化线上分享会

第一期　民族一家亲，同心共筑梦

中华民族是多元一体的伟大民族，在民族多元一体化格局逐步形成的历史进程中，地理条件、文化交融、族际交往等一系列因素都发挥着极其重要的作用。各民族共同开发了祖国的锦绣河山、广袤疆域，共同创造了悠久的中国历史、灿烂的中华文化。

为了弘扬各民族传统文化，为同学们搭建各民族之间交流交融的平台，

2022年4月初，江苏财会职业学院团委线上举办了"民族一家亲，同心共筑梦"少数民族文化第一期分享会。此次活动邀请了来自满族、土家族、朝鲜族、维吾尔族、拉祜族的5位同学分别对本民族的发展历史、民族文化、社交礼仪、特色风俗等进行了介绍，活动吸引了来自各学院的330余名同学，大家畅所欲言、热切交流，极大地增进了情感交融和文化互通。

活动开始，主持人介绍了本次交流会的主题，鼓励大家在交流讨论环节积极互动。

在分享展示环节，同学们通过PPT展示、视频欣赏等形式分享了满族独特含义的文字、精美淡雅的绣品、历史悠久的舞蹈；土家族颇具异国情调的服饰、独特的民居建筑、绵软香甜的糍粑；朝鲜族北方的饮食文化、传统宽松的服装、重视家庭的礼仪文化；维吾尔族独特的开斋节、味重香浓的特色美食、浓郁的地域风情；拉祜族以黑色为主的服装、粗犷豪迈的芦笙舞、云南民族风情的版画……每个民族都有着自身特定的文化内涵，正是各民族多样的发展特征，创造了中国灿烂多彩的文化。

校团委书记王冬青对此次活动进行了简单的总结，引导同学们树立文化自信、民族自信，提出青年是整个社会力量中最积极、最有生气的力量，期望同学们做有志青年，担起时代责任，做民族文化传承的使者，为美丽家乡和祖国繁荣贡献青春力量。

第二期　手拉手·心连心

2022年4月中旬，江苏财会职业学院"民族一家亲，同心共筑梦"少民族文化第二期分享会在线上成功举办。此次活动邀请了傣族、回族、藏族、苗族、布依族、壮族的6位同学进行分享。

6位同学分别对语言习俗、服饰特点、饮食、节日进行了介绍，大家进行了热烈的讨论，极大地增进了情感交融和文化互通。

同学们介绍了傣族独具特色的服饰，软糯香甜的糯米，冬暖夏凉的竹屋；回族独特的开斋节，传统宽松的服饰，简朴无华的清真寺；藏族雍容大方的服饰，婀娜多姿的藏族舞蹈，爽滑酥嫩的糌粑；苗族含义独特的文字，多种多样的习俗，浓郁的地域风情；布依族庄重大方的服饰，风格独特的吊脚楼，让人流连忘返的特色美食。

每个民族都有自身特定的文化内涵，正是各民族多样的发展特征，创造了中国灿烂多彩的文化。通过民族活动，师生了解到不同地区不同民族的文化、各地风俗习惯及风土人情，增强了对民族文化的认同感，扎实推进了各民族交往交流交融，让民族团结之花在学生心中扎根绽放。

江苏财会职业学院学工处团委一直致力于推进少数民族学生的感情联络和交流互动等工作。举办的少数民族文化交流系列活动旨在将少数民族的特色文化引入校园，促进各民族的情感交融和文化互通，汇聚各民族团结奋斗的力量。

（素材来源：江苏财会职业学院，2022 年 5 月）

（五）民族文化与专业课程教学相融合

少数民族大学生根据自己所在地域特点选择专业，教师要了解所在班级的学情，根据专业的课程特点，将优秀民族传统文化、民族技艺融入专业课程教学，包括公共基础课和专业课。比如，在思政课和民族理论课教学中融入近现代民族革命英雄人物事迹和经典民风民俗，在体育课教学中融入打陀螺、抛绣球、跳竹竿和板鞋等民族竞技内容，在小学教育、学前教育专业的音乐课和手工课融入刘三姐山歌、蚂蚁舞、勤泽格拉舞、民族刺绣、仫佬族剪纸、环江花竹帽编织、绣球制作等民族歌舞和民族技艺，在建筑类和广告类专业的设计课程中融入民族建筑的设计与绘图、民族建筑装饰的设计与创作以及民族产品包装设计等，在室内设计专业中融入仫佬族草编技艺，在冶金技术专业中融入铜鼓设计与加工的内容。实践证明，民族文化与专业课程教学的有机融合，可以让学生在了解、认同民族文化的同时，增强其民族自豪感和民族文化自信。

（六）民族文化与大学生社团建设融合

大学生社团是第二课堂的领跑者，也是校园文化建设的重要载体。少数民族既可参加一般学生社团，也可自行组织少数民族大学生社团，如依据少数民族的民俗文化、民族舞蹈、民族技艺等成立锅庄舞、苗族文化服饰、藏族唐卡、蒙古族摔跤等社团。社团具备着教育导向、素质拓展、心理导向和慰藉、民族文化传承等积极的功能，对基于"融合与重塑"理念，进一步提升少数民族大学生适应性具有非常重要的作用。高职院校要从制度构架上完善社团特别是少数民族属性的社团建设规范，使大学生社团有章程可遵循。

通过社会实践平台的全方位搭建和品牌活动的打造，学院第二课堂活动内容与形式更加丰富。民族学生的优势和特长在活动中能够充分发挥，丰富了学生的课余文化生活，同时对学生的专业学习也起到了一定的促进作用。学生在各种活动中互相学习，取长补短，增进了彼此的理解与友谊，从而使文化更融合、民族之间更团结。

社团对少数民族学生成长有促进作用。高校学生社团通过开展形式多样、丰富多彩的活动，成为了大学生政治思想方面教育的主要手段之一。通过社团氛围、人际环境、社团活动等途径向少数民族大学生传递正确的爱国主义情感，它们是少数民族大学生学习政治理论、提升政治素养的重要途径。

社团在提高社会道德水平方面有促进作用。少数民族学生在日常生活中，由于语言和生活习惯的原因，多数不愿意与其他民族学生深入地交流。而社团是由相同兴趣爱好的学生组成，在社团中更能通过各种活动提升自身的道德认知，也能够与其他民族学生一样遵守学校和社会的规定，践行正确的道德行为。

社团在社会角色方面有促进作用。高校学生社团对社团成员有规定的制度与规范，有利于少数民族学生正确处理与不同组织的学生之间的关系，从而进一步了解社会角色，对角色认知、角色移情、角色参与三方面的角色社会化功能进行充分的认识，从而能够在毕业后尽快地融入社会。

社团在知识技能方面有促进作用。少数民族学生加入不同的大学生社团，能够提升自身的知识技能，主要是汉语交流能力、组织管理能力、人际交往能力等。通过与不同民族、不同专业的学生进行交流，他们丰富了理论知识，提升了自信心，掌握了社会交往要求，提高了社会适应能力。

社团可以打造校园大型特色文化活动。充分利用各个民族文化特征，打造校内特色活动，如藏历新年晚会、心理健康节、五四系列纪念活动、社团文化艺术节、军训联欢晚会、健美操大赛、少数民族文化艺术节、校园歌手大赛等。在这些特色活动中，少数民族学生的能力得到了锻炼和提升。

社团可以打造少数民族优秀传统文化品牌活动。利用少数民族特有的民族特色、风俗习惯、优秀民族传统文化在校园内外进行文化展演、传播和交流，比如：苗族文化服饰展、藏族唐卡赏析、羌绣体验等。在这些活动中，少数民族学生体现出了强烈的民族自豪感，获得了其他民族师生的认同。

社团可以打造多民族文体交流品牌活动。少数民族大多数同学都是能歌善舞的，民族学生利用社团在课余时间到校内外进行优秀艺体活动展演交流，开展民族特色运动会、民族歌舞会等，展示和发扬优秀的民族传统艺术与运动。多个民族的学生在彼此交流中增进了民族之间的友谊，维护和促进了民族大团结。

社团可以营造开放多元的社团交流环境。开放性和多元化是社团组织的基本属性，大学生社团吸纳了各民族的学生，更应营造开放和多元的交流环境。社团交流环境的创造一方面是社团自己要增加和不同类型社团之间的交流学习，另一方面是从学校以及教育部门的角度，需要他们提供更多的交流平台，通过"走出去，请进来"的办法，让优秀的社团之间彼此增加更多的交集。

社团可以开展少数民族学生职业能力培养活动。结合学院多专业的实际情况，组织开展社团会员的技能大赛，参与学院组织的创新创业大赛，结合少数民族地区的实际情况，有针对性地进行专业指导，"优秀的社团活动能够发挥其影响力，促使广大学生尽早树立职业理想，提升专业学习兴趣，增强职业道德意识，发挥职业类大学生就业的服务功能。"提升学生社团活动品质。大学生社团活动的开展要贴近学生的生活，要将活动层次由娱消遣乐上升到成才立业，要设置更多能吸引少数民族学生参与的题材。另外活动的开展要进行充分的展示，并可重新利用少数民族学生多才多艺的特征，让社团活动走出学校走向社会。

学生社团对少数民族大学生从政治思想、社会道德、社会角色、知识技能等方面的社会化产生了较深的影响。高校社团建设要充分发挥学生教育的关键作用，进一步拓宽少数民族大学生融入高校、融入社会的途径。

三、就业创业与生源地经济社会发展融合

少数民族大学生是民族地区巩固脱贫攻坚成果与实现乡村振兴的主力军，少数民族大学生反哺家乡进行就业创业是推动生源地地区经济社会高质量发展的重要路径。走出大山，是为了更好地回来，反哺家乡，助力家乡人民脱贫。以行动诠释青年担当，传播正能量，鼓励人才反哺家乡，为家乡建设出一份力，运用大学自己所学，发挥专业特长，引进先进产业技术，因地制宜，发挥自身优势，利用本身自然条件发展特色产业如生态农业、生态旅游，并借着政策的东风，顺势而为，发挥聪明才智让自己的创意和想法，兑现成实实在在的成果，这是针对少数民族大学生进行择业就业教育的重要导向。因此，少数民族大学生返乡创业对于民族地区经济发展，形成经济增长的内生动力具有重要意义。

引导他们把国家的命运和民族、个人的命运紧密结合起来，正确看待中国特色社会主义事业发展中的不平衡不充分问题，力求国家富强、民族

振兴、人民幸福。近年来，在国家对少数民族教育支援力度不断增大的同时，在苏高校对少数民族生源招生指标也在持续增长，少数民族籍毕业生在高校完成学业后，与当地高校毕业生同时进入当地就业市场展开竞争，这给当地带来了不小的社会就业压力。少数民族大学生的稳定就业关系到少数民族家庭的切身利益和少数民族高等教育的健康可持续发展；关系到少数民族地区的团结稳定和国家的长治久安。因此，如何让少数民族大学生顺利完成角色转换，突破"就业难、难就业"困局，需要学生自身、高校、政府以及企业等多方共同努力。

（一）建设全程化的职业理想教育体系

高职院校应完善针对少数民族大学生的"全程化"的职业理想教育体系。可在大一年级开展职业规划课和专业概论课，积极引导少数民族大学生了解其所学专业及所在行业的未来前景和就业形势，做好学业规划；强化少数民族大学生的英语、计算机以及汉语等方面的技能，培养其人际交往能力。在毕业年级开展就业过程模拟实战及"一对一"深度辅导，进行职业测评，帮助学生树立职业目标，为其提供相关的企业实习机会，及时解决学生在求职择业过程中遇到的各类问题，开展公务员考试指导、求职技能和面试指导、创新创业教育等，并做好职前教育，提高其适应社会的能力。少数民族学生档案也可以作为少数民族学生管理的一种模式，通过辅导员一对一聊天谈心的方式，掌握少数民族学生的基本信息、学业、资助情况及就业规划，全方位了解和记录少数民族学生的成长轨迹。电子档案记录是真实的一手的素材，利用好档案中的信息，可以帮助高校更科学有效地开展好与少数民族学生有关的工作。例如制定《职业规划手册》，依托基层党支部开展全程化的就业辅导手段，从大一阶段开始帮助少数民族学生确立职业发展目标，通过对自身能力、兴趣和性格特点等深入的了解、分析，以及对职业环境的探索，树立职业目标并制定一系列行动计划，使其最终能够充分发挥自己的潜能，实现就业目标。《职业规划手册》是同学自己填写，班主任和年级辅导员全程指导。通过这种途径，学校可以了解学生对个人发展的想法，采用互动的方式，使少数民族学生感受到班主任、辅导员的关注和陪伴他们成长的感动，督促他们更好地成长成才。

【实例介绍】

某学院举办少数民族学生就业座谈会

为扎实推进"我为师生办实事"实践活动，切实为少数民族毕业生提供精准就业指导和帮扶，2022年11月11日下午，学院在文理大楼2046会议室召开少数民族学生就业座谈会。会议由辅导员许永俏主持。学院党委副书记参加并和少数民族学生代表亲切交流。

会上，同学们交流了自己目前的就业意愿和未来职业规划。总体来看，考公考事业编制是当前少数民族学生首选的就业方向。同学们也提出了在备考过程中存在的一些困惑与疑问。老师通过近三年的少数民族学生考公录取予以分析并做解答。

老师表示，学院高度重视关心少数民族学生的学业和就业情况，希望大家树立正确的就业观，做好职业规划，将个人选择与国家需要结合起来，力争既能寻找到最适合自己的岗位，也为家乡建设、国家发展和民族复兴做出贡献；要珍惜时间，加强学习，不断提升就业能力；要加强对少数民族学生就业政策的了解，拓宽就业渠道。会上，姜彦彦还仔细询问了大家生活学习上的情况，叮嘱同学们一定要遵守疫情防控常态化、宿舍安全、意识形态等方面工作要求和校规校纪。

此次少数民族学生毕业就业座谈交流会是学工在疫情防控常态化形势下为进一步做好在校少数民族学生毕业就业工作开展的专题活动，也是"我为师生办实事"的重要举措。下一步，学院还将针对学生反馈的问题，提供更加精准有效的服务，促进我院少数民族毕业生更加充分、更高质量就业。

（素材来源：江苏食品药品职业技术学院，2021年5月）

（二）建立全员化的就业指导服务体系

高职院校要安排专人负责少数民族大学生管理工作，以"为少数民族地区培养德智体美全面发展的社会主义合格建设者和可靠接班人"的战略高度开展对少数民族大学生的就业指导服务工作。辅导员、班主任、职业规划课程教师、心理健康课教师、创业指导师、专业课教师等都需要积极参与到少数民族学生的就业指导服务中。全校各门课程的教师都有义务对少数民族大学生进行生涯规划教育，使学生具有职业规划的意识，掌握职业规划知识，同时了解国家的最新政策和对少数民族大学生的期待，及时传递最前沿的创业就业信息，明确相关专业的具体需求与发展方向。加强对辅导员、班主任的培训，要求一切从利于少数民族学生成长、成才的角度出发，深入了解其民族心理、风俗习惯和宗教信仰，倾听其心声，了解其心理动向，从学生的实际出发，相信学生、依靠学生、尊重学生、关爱学生，以学生喜闻乐见的方式开展教育活动，加强对少数民族大学生的学习、生活、思想等方面的关心和了解，及时协调解决各种问题。

安排优秀的少数民族学长或校友与低年级学生进行交流，全方位介绍大学生学习规划和求职、创业等经验，为其树立榜样；定期召开少数民族学生座谈会，了解学生在校期间的情况，发现问题及时解决，为他们创造较好的学习及生活环境；学习方面，对于学业困难的同学，辅导员、班主任积极关注，定期与其谈心，帮助其树立奋斗目标；由党支部牵头，高年级或同班成绩优异的同学组成学习帮扶小组，对学习落后的同学进行辅导。积极掌握国家关于就业、创业的方针政策，准确把握少数民族大学生就业面临的新形势，指导学生制作简历，设立就业资助基金，鼓励其参加面试、实习、公务员考前辅导等。

（三）建立就业信息平台，拓展就业渠道

高职院校应加大对少数民族毕业生的就业信息方面的服务及指导力度，积极帮助学生开拓就业市场，拓宽就业渠道。笔者所在的高校不仅实现了资源网络共享，为少数民族大学生提供了更多便利，而且专门建立了就业信息平台，为学生们就业提供更多的机会。同时，主动邀请少数民族当地的事业单位、企业等来举办专场招聘会或宣讲会；利用校友资源，为学生和企业搭建桥梁，发挥榜样带动作用，增强学生就业信心。引导学生以饱满的热情建设家乡；将就业指导与市场需求衔接起来，加强校企合作，加强教学实习基地、产学研合作基地建设，帮助学生内化课堂知识，理论联系实际为学生提供实习、实践机会。

【实例介绍】

坚持"五个强化"促进少数民族毕业生就业创业

近年来，某学院坚持"五个强化"，精准服务，暖心帮扶，全力促进少数民族毕业生更加充分更高质量就业。

强化责任担当，构建全员参与的就业工作格局。学校统筹协调，各部门协同配合，按照"领导主抓、全校动员、部门联动"的工作思路，抓好学校少数民族毕业生就业创业工作。切实将少数民族毕业生就业摆在学校就业工作的突出位置，研判就业形势，明确工作措施，充分促进少数民族毕业生高质量就业。学校主要领导组织召开2022届毕业生就业工作推进会，重点部署少数民族毕业生就业工作。落实就业工作"一把手"工程，建立校领导、就业中心工作人员、学院领导班子包干负责制，定期召开毕业生就业创业专题座谈会，会商促进少数民族毕业生就业具体举措。学校就业中心协同少数民族学生专职辅导员，为少数民族学生进行全方位就业指导服务和"一对一"专业能力培养。根据实时就业情况，定期发布"就业通报"，引导教师、班主任、辅导员及校友"全员参与"少数民族毕业生就业创业工作。

强化精准指导，完善就业创业指导服务体系。充分结合少数民族毕业生就业特点，分层开展就业指导课程教学、职业生涯规划活动、学生就业前瞻性研究，精准化夯实少数民族毕业生就业能力基础。一是精准开展课程指导。开设"大学生就业指导概论""大学生职业生涯规划与就业创业指导"等课程，及时为少数民族毕业生做好课程规划，面向少数民族毕业生开展升学、企业应聘、公务员招考、教师资格证考试等专题指导。二是精准进行就业培训。针对少数民族毕业生就业需求，分类举办就业能力培训活动，开展"近在'职'尺"系列精准培训活动、"公务员（选调生）考试培训班""高端企业求职培训班"等活动，累计培训少数民族毕业生 200 余人次。三是精准研判就业情况。进一步拓展少数民族地区经济社会发展对毕业生需求的前瞻性研究，完善少数民族毕业生就业创业状况的反馈机制，发布《毕业生就业质量年度报告》等，其中详细研判少数民族毕业生就业情况，为促进少数民族毕业生人才培养质量提升提供有力参考依据。

强化价值引领，拓宽毕业生多元化就业渠道。鼓励少数民族毕业生把个人的理想追求融入党和国家事业之中，树立行行建功、处处立业的就业观，并不断探索挖掘多途径就业渠道，为少数民族毕业生提供多元化就业选择。一是强化基层就业导向。加强面向少数民族毕业生的选调生、公务员工作宣讲、动员和培训力度，促进少数民族学生跨地区交流。二是发挥双创榜样引领。在校友及校外资源中遴选校外职业导师，聘请包括校友在内的 20 余位省内外专家担任双创导师，不断加强少数民族毕业生的创业教育，注重培养少数民族毕业生的创业意识和创业能力，引导他们充分利用国家发展政策带来的机遇，大胆尝试自主创业。

强化供需对接，搭建学生求职创业服务平台。坚持"走出去、引进来、优服务"的工作思路，精心搭建适合少数民族毕业生的就业双选平台，助力少数民族毕业生精准求职。一是搭建就业双选平台。举办"省高校少数民族毕业生联盟招聘会""陕西师范大学建档立卡及少数民族毕业生空中双选会"，加强与少数民族地区党政机关、事业单位、高等院校和军队的联系和沟通，稳步提高少数民族毕业生就业质量，近 3 年来，到机关、事业单位、高校、军队就业的少数民族毕业生达 2 000 余人。二是积极对接就业岗位。主动对接京津冀、珠三角和长三角等经济发达地区的人社部门及用人单位，举办"实习就业招聘会"，搭建"实习—就业"一站式服务平台，为少数民族毕业生提供更多优质实习机会。三是提供云端就业服务。搭建云端智慧服务平台，不断完善"互联网＋就业服务"工作，确保少数民族毕业生及时、充分获取就业招聘信息。

强化全面覆盖，建立困难群体就业帮扶机制。通过建立"校领导联系、就业中心干部对接、培养单位领导及学工干部帮扶"等制度，实施少数民族困难毕业生"一对一"师生结对帮扶机制，扎实做好少数民族毕业生帮扶工作。一是提供就业指导帮扶。建立"一人一案"，确保"一生一策"，逐个掌握少数民族毕业生的拟择业方向，开展精准化简历撰写、求职技巧指导。依托毕业生就业能力培训基地，着力提升面向家庭经济困难的少数民族毕业生的就业能力培训力度。二是提供就业资金帮扶。联合各培养单位为 73 名少数民族困难学生申请并发放"求职创业补贴"共 7.3 万元，同时，协同校内职能部门提供专项经费支持少数民族困难学生就业。三是提供就业服务帮扶。开通"就业直通车"，引导少数民族毕业生积极参加在陕兄弟高校的专场招聘会。

（素材来源：江苏农林职业技术学院，2021 年 6 月）

（四）推动创新创业教育工作，拓宽就业新途径

针对少数民族大学生的返乡创业积极性高的特点，高校应积极宣传国家支持大学生尤其是少数民族毕业生自主创业的各项优惠政策，了解贷款相关的金融知识以及贷款流程，组织和引导少数民族学生参加各类创新、创业培训，学习和锻炼未来参与市场竞争以及驾驭市场、应对风险的能力；创造企业实习和与创业者交流的机会，增强少数民族毕业生的创业信心。高校需不断加强研究和掌握少数民族大学生的就业创业心理，指导其正确认识就业形势，帮助其树立积极向上的就业观，最大程度地帮助少数民族

学生实现其社会价值和人生价值。

【实例介绍】

开展少数民族学生创新创业指导培训

2021 年 11 月，安徽医科大学为少数民族学生开展创新创业指导培训，创新创业学院副院长以"创新创业思路培养"为主题，为学生作具体指导培训。

培训中，老师结合详实的数据、生动的案例以及优秀学生项目成果，重点阐述了"互联网＋"大学生创新创业大赛的发展历程、参赛项目条件、创业团队组建、项目创新设计等内容，讲解了修改和完善项目的具体方法，并对已获省级立项的"智网——一键急救体系"和另外两组创新创业项目进行了细致的分析与指导。

老师鼓励少数民族学生要在"互联网＋"的浪潮中抓住机会，摆脱固有思维定式，紧跟时代步伐；要培养创新创业意识，积极参加创新创业活动，追求全面发展；要不断提高创新创业能力，为边疆地区政治、经济、文化的发展和进步贡献青春力量，投身祖国伟大事业的建设。

培训加深了少数民族学生对创新创业的理解，对提高参赛水平和创新创业能力具有指导意义。大家纷纷表示，将进一步加强理论学习，坚持全面发展，积极培养创新创业能力，努力成为堪当民族复兴大任的大国良医。

此次培训也是 2021 年"石榴红"民族团结进步主题教育系列之一。据了解，"石榴红"民族团结进步主题教育活动是学校深入开展中华民族共同体教育的重要载体，涵盖理想信念教育、社会主义核心价值观教育、学业发展、素质提升等多个方面，以及促进我校少数民族学生全面发展。

（素材来源：安徽医科大学，2021 年 11 月）

第七章 研究不足及展望

一、研究不足

首先，本研究的素材多来自课题组成员工作单位，样本较集中，可能无法代表所有江苏高职院校。具体来说，本研究中的样本院校大都位于苏北，囿于历史发展及经济因素，其教育质量普遍低于苏南高职院校的教育质量。同时，每个学校都不可避免地有其具体的特点，其中少数民族大学生的适应性情况必然会有一些偏差。因此，本研究的研究对象在代表性上难免存在一些不足。

其次，职业教育本身和非民族高校中少数民族大学生这个群体具有特殊性和复杂性，究竟如何提升少数民族大学生的适应性，这个问题回答可谓是"仁者见仁，智者见智"。而目前在江苏这一地域内对于少数民族群体的既往研究较少，本研究可利用、借鉴的理论及实践经验就有所欠缺。本研究虽然弥补了这一空缺，但相对全国来说，江苏的经济、社会、教育发展水平处在前列，因此，针对江苏所做的少数民族适应性研究提出的管理和服务对策难以广泛推广并应用于其他地区。再次，在研究后期阶段，研究工作开展受到新型冠状病毒感染疫情的冲击，每个学校在此时间内进行严格的管控措施，现场调研受到一定限制。学生的适应和融合也会受到这个突发事件的影响。疫情是个不可控的变量，可能会直接或间接地影响研究的结果。

最后，我国社会经济文化水平不断在发展，不论是江苏，还是少数民族地区，其经济文化水平、人们的思想意识观念、职业教育的理念等都在发生变化。这注定了解决异文化适应问题是一个持续不断的课题，我们需要不断地察觉新形势下涌现出的问题，对原有体制机制进行改革。限于研究时间周期与本研究团队的能力，本研究中可能未全面涉及在苏高职院校中西部少数民族大学生的适应性问题，或对于某些问题的研究与阐释不够深入，还需进一步完善。

二、研究展望

随着职业教育东西协作行动计划的开展，将会有更多的来自全国各地的少数民族学生进入江苏高校学习和深造。针对少数民族学生的特点和现状，如何提升少数民族大学生职业教育适应性，实现文化融合与认知重塑，使他们成为有用之才，不仅是高职院校管理者的责任，更是新时期高等职业教育的重要使命。

职业教育对少数民族地区经济社会发展具有重要意义。从社会治理的视角看，对少数民族大学生的职业教育是"职业教育"和"民族教育"的交叉领域，具有群体性和类型性的特征。从社会功能的视角看，对少数民族大学生进行职业教育的过程中需要进一步巩固和强化民族团结。从现代性的视角展望，对少数民族大学生的职业教育将承担起促进各民族文化交融创新的历史重任。

立足新发展阶段、贯彻新发展理念，巩固扶贫发展攻坚成果，构建新发展格局，都要求职业教育加快发展、高质量发展。我国正在建设新时代职业教育体系，针对少数民族大学生的职业教育问题，要进一步探索行之有效的路径机制和模式，承担起推动区域产业转型的特殊使命，在挖掘民族优秀文化资源、抢救保护和传承非物质文化遗产等方面发挥更重要的作用。东西协作以保障少数民族学生的职业教育是一个关系民族团结、社会稳定的大命题，值得后续深入地研究。在未来的研究中，应尽量扩大样本的范围和数量，加强研究的代表性和可靠性。

第八章 工作案例荟萃

江苏高职院校、各级政府、社会及企业等各方协同努力,把党中央对少数民族和民族地区的关怀落到了实处。本章为案例介绍,这些案例中,有的高职院校针对少数民族大学生适应性教育过程中出现的问题采取了科学、合理的方法和措施,取得了显著成效;有的高职院校遵循职业教育规划和少数民族大学生的成长成才规律,形成了独具特色的少数民族学生工作方法与模式。这些案例充分说明,江苏各高职院校充分利用了其优质的职业教育资源,培养了一批批优秀的服务于民族地区经济社会发展的少数民族毕业生。

工作案例 1

心中有信仰,脚下有力量
学校共青团扎实推进大学生理想信念教育
——信仰公开课系列活动

为深入学习习近平新时代中国特色社会主义思想,全面贯彻党的十九届五中全会精神,响应团中央和团省委对高校共青团思想政治引领工作和价值引领工作提出的新要求,南京工业职业技术大学团委 B 站直播间"信仰公开课"再次上线,在学生群体中引起强烈反响。

2020 年 12 月 15 日晚,活动的 B 站直播板块迎来收官之夜,3 期直播课,5 位主讲老师,数万人在线互动,学生好评如潮。现在,就让我们一起来回顾一下精彩纷呈的直播课吧。

高站位，引领思想升级

交通工程学院团总支书记周嵘老师带来以"青年在路上　奋斗正当时"为主题的直播课，从共青团的使命及性质和新时代青年的新使命切入，指出了青年是推动历史进步的重要主体，是党的事业的重要保证，是民族复兴和国家发展的有生力量，中国的未来属于青年，中华民族的未来也属于青年，今天，广大青年要用青春作桨、以梦想为帆，让青春之光照亮奋进之路，见图 8-1。

图 8-1　青年在路上，奋斗正当时

航空工程学院团总支书记赵迪就抗美援朝战争为什么打？为什么纪念？留下了什么？三个问题发表了个人的理解与感悟，为我们带来了《致敬最可爱的人 —— 纪念志愿军抗美援朝出国作战 70 周年》的青马公开课，见图 8-2。

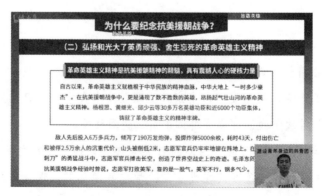

图 8-2　致敬最可爱的人

赵迪老师指出，爱国主义精神是抗美援朝精神的根本、革命英雄主义精神是抗美援朝精神的精髓、革命乐观主义精神是抗美援朝精神的特质、革命忠诚精神是抗美援朝精神的底蕴，正是因为这些精神的存在，我们才要纪念抗美援朝战争，才要致敬英雄、致敬这场战争中最可爱的人们。

促实践，带动创业就业

机械工程学院学生会指导教师曹金玉老师带领直播间的同学们重新认识了创新创业的不平凡之路，并通过云曙先的智能垃圾桶案例列举了创新创业的必备条件。我校一直注重学生的创新创业教育工作，坚持创新引领创业、创业带动就业，将双创教育作为开展思政教育的新载体，众多优秀学子在学校创新创业教育的平台上展示自己、丰富自己、挑战自己，见图8-3。

图8-3　大学生创新创业项目的孵化与成长

聚人心，提升团务工作活力

2020年12月14日，经济管理学院团总支书记许澄澈老师线上开讲。许老师将团支部活动归类为教育活动、科技活动、公益活动、组织活动、文娱活动、体育活动6类，分别列举了优秀活动案例，为基层团组织活动的开展提供了参考模板，见图8-4。

她还指出要丰富团支部活动要做到以下三点：

一是使青年成为活动的主体，二是活动内容求新，三是活动注意层次性。

图 8-4　团学活动的组织开展

社团团总支书记杨海丰老师以团支部活力提升与团组织建设为题与同学们做了精彩的分享，"党有号召，团有行动"，我校作为江苏高校团支部工作成绩单试点单位，通过组织"信仰公开课"，主题团日活动，青年大学习和若干特色指标等活动提交了一份令人满意的答卷，见图 8-5。这不仅为同学们丰富了政治思想生活，也为我校团组织建设增添了活力！

图 8-5　推进团支部"活力提升"夯实基层团组织建设

"信仰公开课"线上直播至此告一段落，5 堂别开生面的直播课观看量累计超过 10 万人次，互动弹幕满屏。同学们在与老师的精彩互动中洗涤心灵、明确定位、提升站位，在线上思政课堂中受益匪浅。

精彩不会止步，除了 B 站直播间，我们也请到了 6 名老师通过南京工业职业技术大学青年之声微信公众号继续为同学们带来分享，是怎样的有趣味、有意义、有思想的课程吸引了众多同学的围观？请大家持续关注，和我们一起一探究竟吧！

（素材来源：南京工业职业技术大学青年之声、团委融媒体中心，

2020 年 12 月）

工作案例 2

（一）案例介绍与分析

本团队调研、采访、整理了本案例。拉措是某高职民族学院大学生，在少数民族预科班学习成绩良好，多才多艺，性格活泼开朗，入学后担任班级文体委员，积极参与校园文化活动。但是她期末考试出现多门课程不及格，由于学业问题，小拉措开始排斥学校活动。大一理论课程是大学学习的基础，如果大一出现多门挂科势必会影响学生今后发展，甚至会影响学生心理健康。

此案例反映的是少数民族学生由于成绩落后产生心理压力的问题。问题关键点如下：

①如何帮助学生认识到自己学业短板、查漏补缺。

②时刻关注学生心理动态，发现问题并及时解决问题，避免学生因为学业压力产生心理问题。

③如何针对少数民族学生学业困难、学习压力过大等问题找出解决方法。

（二）案例解决思路和实施办法

1.建立联系机制，取得学生信任

在入学前，辅导员通过 QQ、微信等网络手段积极与拉措同学建立联系，尽量做到学生有疑问第一时间解答，取得学生信任，拉近辅导员与学生的

距离，融入学生群体。新生入学后，辅导员通过走访宿舍与拉措面对面交谈。通过多次谈心谈话，拉措将辅导员当做知心大姐姐，遇到任何问题都会第一时间主动联系辅导员。

2. 找出学业问题，面谈深入沟通

在得知拉措期末考试成绩后，辅导员第一时间对她的成绩进行了分析。找出她的短板，例如，由于计算速度太慢导致高数成绩较差，英语作文得分不高等。在与拉措的面谈过程中指出她的问题所在，并给她提供学习建议：高数需要加强练习，提高计算速度。英语建议她多阅读，背诵范文例句，并提出每周必须做一定量习题的要求。作为辅导员，每天晚自习都必到自习室，对拉措起到了监督作用。

3. 关注学生心理，解决学生诉求

在多次谈话后，拉措对辅导员充分信任，提出了压力过大，不希望因为学业问题让老师过分关注的诉求。同时学校老师反映拉措排斥学校组织的少数民族学业帮扶班。得知情况后辅导员第一时间找到拉措进行沟通，了解到拉措由于过去学习成绩一直良好，这一次考试失利心理压力非常大，由于自尊心过强不愿意参与学校组织的少数民族学业帮扶班。辅导员鼓励拉措，一次的失败并不可怕，可怕的是被那一次的失败打倒。期中考试没考好并不代表会挂科，抓住时间查漏补缺。老师并不会因为任何学生一次成绩不理想而另眼相待，学生也应主动找老师解决问题，抓住每一次学习机会。辅导员还鼓励拉措课后与同学一起去图书馆学习，与同学互相帮助，积极面对学业落后问题。

4. 建立学习小组，切实解决问题

组建少数民族学生学习小组，让少数民族学生互助互学、合作交流，激发学习热情，提升学习动力，形成良好的学习风气。针对个人不同的学习问题，组织年级干部一对一帮助，课上课下遇到任何问题第一时间解决，不留学习漏洞到下一课。

（三）案例经验与启示

1. 直击学习重点，拟定解决方案

作为辅导员，首先要意识到每个学生学习上的难点都不同，因此要第一时间帮助学生找到自己的问题，认清问题是解决问题的第一步。

2. 整合多方平台，共筑帮扶体系

在面对少数民族学生的学业问题上，单从一个维度解决问题是不可行的，需要辅导员多维度、全方位解决问题。结合少数民族学生成长环境、家庭背景等因素从学校、学院、班级出发，三级联动、协调帮扶。鼓励学生积极主动寻求任课老师和同学的帮助，尽快提高成绩，避免挂科情况的出现。

3. 真诚耐心沟通，做好良师益友

大学生很容易由于学业、感情、校园活动等方面未达到自己的要求而产生心理压力，甚至引发心理问题。作为辅导员应当多花时间与学生沟通，取得信任，利用网络，时刻关注学生动态。

工作案例 3

本案例由某学院辅导员整理。案例主人公为学生 A，男，电子信息专业，大一新生，父亲做生意，之前生意做得比较好，但是最近几年生意状况不佳，只赔不赚，导致家庭经济困难，他还有一个妹妹在上高三，所以大一第一学期他申请了国家助学金。入学后，他上课状态较差，经常旷课，学费未交，第一学期末挂科 5 门，与家长联系，告知其学生学习情况，家长说不了解学生的在校学习情况，上大学第一个月就把学费和住宿费已经给了学生 A，也不知学生的欠费情况和在学校享受的助学金情况。辅导员立刻找学生 A 仔细询问事情的原委，原来学生 A 将助学金和学费全部用来打游戏。学生 A 自述，在预科的时候就开始沉迷于打游戏，已经没有了学习的兴趣和动力，也不知道自己想干什么，能干什么，故一直在宿舍打游戏，很少去上课，课程难度较大，也实在跟不上。学生 A 和宿舍同学关系也一般，从不主动融入班集体中，与班级同学、宿舍同学交流较少，极少参加集体活动，经常独来独往。在期末成绩出来后，学生 A 也感到非常焦虑和无助，担心自己会被退学或者拿不到学位证，现在想学习，却不知如何下手，有深深的无助感和焦虑感。

（一）案例分析及评估

学生的学业困难在高校中普遍存在，产生的原因是复杂多样的，学业困难还会引起学生的焦虑、抑郁等心理问题。因此作为辅导员要找到学业困难的原因，对症下药，全面了解学生的情况，进行专业细致的分析，剖析深层原因，帮助学生从根源上解决学业困难及其他问题，助其顺利完成学业。

分析学生学习困难原因时，需层层剥离，从现象到本质。首先，学生 A 是家庭经济困难的学生，父母做生意赔钱，家庭条件不好。其次，该生是少数民族学生，父母汉语不好，有沟通障碍，而学生自身不适应校园生活，与同学关系一般，舍友交流甚少，存在一定的大学生活适应问题。再次，学生 A 作为大一新生，适应能力较差，无心学习，通过打游戏麻痹自己，在预科两年沉迷于打游戏，到了大学也不知道该怎么学习，学业上、生活上都没有清晰的目标，也没有信心可以学好。最后，经过高考，到了外地，进入大学后父母不在身边，各类信息影响着学生的判断能力，享受游戏带来的愉悦，沉溺其中，没有学业目标、生活目标，无心学习，导致其学习成绩出现问题。

现在针对以上情况，辅导员应该立足学生本人，辐射周围同学，借助教师资源，联合学生家长，形成闭环解决问题，主要从以下方面入手：

①找学生谈话，详细了解学生的学习情况、生活情况，及时掌握学生的思想动态，同时观察学生有无其他方面异常。多次与学生交流，帮助学生树立生涯目标。

②告知学生学业预警的相关规定，在处理的过程中，学生可能会有较

大的心理压力，要让班干部、同学及时关注和留意，如果出现异常情况，及时告知辅导员和内派教师。

③及时联系内派教师，与内派教师共同关注，联系专业课教师，共同解决学生的学业问题。如有必要，可以联系学校心理老师对当事学生进行心理干预。

④做好与家长的沟通，联系家长并把学生的学业状况和学生现在的学习生活情况详细告知家长，家校形成合力，共同关注学生，共同解决问题，利用家庭能够给学生带来的温暖，化解学生的学习压力。

⑤排查重点学生，针对学业困难、经济困难的学生，辅导员要做到底数清、情况明，及时沟通、预警，及时帮扶指导。

（二）案例应对过程及方法

①与学生谈话，了解情况。及时找学生 A 谈话，了解具体情况，掌握学生的思想动态，告知学生 A 学业预警的相关制度，站在学生 A 的角度分析此次学业预警的原因，同时观察学生有无其他方面的异常。要求学生干部、宿舍同学加强对学生 A 的情绪关注。

②借力教师，摸清情况。及时联系内派教师和专业课教师，与内派教师沟通学生 A 的学习、生活情况。联系专业老师，重塑学生 A 的学习目标。学生 A 挂科太多主要是因为长时间不学习，没有学习动力，加上课程难度较大，没有自信心。没有学习兴趣和学习动力导致学业困难，学业上的成绩反过来又影响其建立学习兴趣和学习动力，所以要和专业老师共同制订合适的学习方案，辅导员通过一对一生涯咨询等方式帮助其寻找生涯目标，鼓励并督促其不断地坚持。专业教师了解情况后，也愿意结合学生 A 的实际情况，给予特别指导。经过一个学期的努力，学生 A 进步很大，有了学习动力后，学生 A 也变得阳光、开朗起来。

③联系家长，协同解决。和内派教师一起联系家长，告知基本情况，做好沟通工作，家校形成合力，共同协商解决办法。通过共同努力，帮助

学生完成学业。

④发挥朋辈力量，给予贴心帮助。多次找班委谈话，让班委组织开展活动时有意识地邀请学生 A 加入，引导其正向、健康地学习。开展学生党员"一对一"帮扶活动，开设学业辅导班，发挥朋辈力量，既能引导学生 A 融入学生群体中，又能帮助学生 A 掌握一些学习方法。为了切实减轻学生 A 的经济压力，安排学生在学工办的勤工助学岗位工作，保证他的日常开销。利用课余时间，带领学生"走出去"，参加社会实践，参观企业，开阔视野，激发其学习动力。

⑤排查重点学生，开展分类指导。通过召开专业大会等方式详细地向学生讲解学业预警的相关制度，摸排了解学生的学业情况、学习状态，指定学习委员关注班级同学每天的上课情况，也要重点讲解国家奖助学金、国家助学贷款、校内奖助学金、勤工助学、困难补助、伙食补贴、学费减免、"绿色通道"等多种方式的混合资助体系。同时建立重点学生档案，实时动态跟踪。

学生 A 在整个事情的处理过程中比较惭愧，在说到学习方面比较抵触，也比较抵触与父母联系。在同学、老师的帮助下，学生 A 学习按照学习计划进行，有人督促，有人鼓励，一直都在坚持，打游戏也减少了，后续的思想、学习、心理问题，辅导员和内派老师正在跟进中。

（三）工作思路或案例经验

①网络思政等多种媒介宣传教育工作不可懈怠。在学生刚入校时，尤其要关注少数民族、家庭经济困难等学生的日常工作。经常深入宿舍，用好班委、舍长等学生干部，发挥党员的先锋模范作用，了解学生的思想动态，为学生的成长成才保驾护航。

②大学生在校的主要任务就是学习，当学习出现问题时，极有可能会伴随其他问题的发生。辅导员在开展学生日常管理工作时，务必要关注学生的学习状态，将危机消灭于萌芽，助力学生顺利毕业。与专业老师联合，

抓紧、抓严学生的学习问题，通过辅导员的日常思政和专业教师的课程思政，引导学生树立学业目标，树立人生目标，形成正确的"三观"，使当代大学生脱离"低级"的人生追求，摆脱各种焦虑和恐惧。

③建立家校联动机制。学生学业问题、沉溺于游戏问题的解决，离不开家长的支持，在学生还未真正迈入社会前，家庭教育显得尤为重要。在本案例中，家校联合，相互沟通反馈，取得了较好的效果，开展思想教育工作时，学校与家庭之间要构建起一种动态沟通协调机制，密切双方关系，保持沟通，化解危机。

④加强少数民族大学生，尤其是大一新生的思想政治教育，增强学生的适应性，创新思政手段，利用校园文化活动等媒介增强少数民族学生的校园融入性。对于少数民族学生存在的问题，要和内派教师携手协商沟通解决，在合理遵循制度的前提下，运用柔性方法，将危机事件对学生及其家庭的伤害降到最低。

辅导员是开展大学生思想政治教育的骨干力量，是高等学校学生日常思想政治教育和管理工作的组织者、实施者、指导者。严把学风关，也是服务育人的实践创新。在新形势下少数民族大学生的思想政治教育面临着诸多挑战，学生工作者要积极应对各方面的机遇、挑战，解放思想，努力创新，家校联合，师生联合，教师联合，努力做好学生的思想政治工作、危机应对、日常工作等，用心呵护学生成长，用情灌溉民族之花。

工作案例4

（一）案例基本情况

本案例由某学院课程思政教师整理。在疫情期间，本校学生在家进行在线学习，等待开学通知。在学校的组织下，辅导员通过网络对学生每日上报的健康情况进行监测，了解学生动向。在 5 月份时，我发现本班 A 同学已经连续几天未上报信息，几天以来电话都未能联系上该生，所以我通过家长通讯录联系到该生的父母，由于语言不通，与我直接联系的是该生的姑姑。据该生家人所说，该生从 3 月份就突然离家，不知所踪，至今家人也未与其取得联系。后经我多次联系询问，该生弟弟说她可能是和男朋友一起"离家出走"了，该生年初向父母提出过想结婚，家长考虑到该生学业还未完成，一直未给出正面回应。

后来我终于联系到身在广东的 A 同学，她自己叙述，今年向家人提出想和男朋友结婚，家人回应可以商量，却一直没有正面谈论这个问题，她认为家长就是不同意，所以决定退学和男朋友"私奔"。

（二）案例问题分析

本案例的问题关键点主要有以下三点：

1.传统婚恋观念与人生长远规划的冲突

在这个案例中，A 学生是藏族学生，少数民族学生和普通学生在思想行为上存在较大的差别，这是由多种因素导致的，包括民族文化和经济条件、生活环境和风俗习惯等，这些因素都对少数民族学生的思想行为特点产生着重要的影响。在藏族地区，由于受传统婚恋观念与受教育程度的影响，很多年轻人中学毕业就结婚了，结婚年龄普遍偏小。在这种环境中，该生对自己的人生没有长远的规划，认为目前最重要的事情是结婚，为此可以放弃学业。在对该生多次劝说中，我都强调人生规划的重要性，人生不应该是漫无目的的，我们需要做出可行的规划，把握向前航行的大方向：目光要看得长远，现在如果放弃学业以后想重新来过就没有机会了，

为了以后能更好地生活，现在需要做的是不断提升自己，而不是放弃难能可贵的学习机会。

2.家长对孩子的人生规划引导的缺失

在本案例中，家长对该生的人生规划甚至日常管理都几乎是缺失的，该生家庭为建档立卡户，由于家庭贫困，家长忙于生计，孩子在想什么、想做什么家长几乎不知道。该生提出想放弃学业结婚时，家长虽然有所顾虑，但是一直没有就这个话题对该生进行及时、正面的引导教育；甚至在

该生离家近两个月时间里，家长都只是电话联系，没有采取其他进一步的措施。其实这在许多藏族的贫困家庭中都较常见，家里孩子众多，经济压力巨大，当孩子出现异常情况时，家长无暇顾及，没有第一时间对孩子进行引导，也没有及时与学校联系，导致辅导员的工作开展得非常被动。

3. 学生对专业的认同度偏低

单招是国家一项教育扶贫政策，参加单招的学生中专段享受国家针对学生的各项资助，目的是为贫困地区定向培养专业人才。在这批学生中专毕业后，国家又开设了 9+3 单招，希望进一步提升他们的专业能力与学历。但这些学生对本专业的认同度是偏低的。首先，学生反映，定向的专业偏少，学生在选择时较被动；其次，虽然国家同步实施"一村一幼"等配套就业措施，但幼师工作在四川藏族地区仍然不算"吃香"，很多学生认为工作辛苦、工资低，所以学生可能只是为提升学历而勉强选择了这个专业；最后，在藏族地区学生看来，幼儿园老师还是停留在更偏向保育的层面，所以到校后学习的一系列专业知识和技能在这些学生看来可能都比较困难还没有用武之地，更加削弱了对专业的认同度。

针对以上问题，解决思路如下：

1. 针对该生的实际情况寻找有效沟通桥梁

在通过该生家人了解情况后，知道该生一直由她姑姑资助在校学费和生活费等，其姑姑也接受过高等教育，同时与该生年龄差距较小，一直对该生非常照顾，所以该生对姑姑的教育比较认同；然后我联系该生同寝室同学，了解到该生确实有一个交往了几年的男朋友，这个男生中专毕业后没有继续上学，而是四处打工维生，同寝室学生中学生 B 对该生的情况最了解。所以，在我与该生交流的同时，也通过她姑姑与学生 B 向她传达了很多观点，希望她更容易接受。

2. 向家长强调家庭教育的重要性，加强家校合作共育

在案例中明显看出家庭教育比较缺失，在我与家长的沟通中发现，家

长迫于生活的压力，没办法对孩子的成长进行及时教育。尤其是在孩子走出藏区学习生活后，由于距离较远，家长对学生的管理可以说是鞭长莫及，家长习惯性地把教育问题完全交给学校，忽略了家庭教育的重要性。我在与家长的几次沟通中一直强调，家庭教育才是教育的第一步，同时家庭与学校应该有更多的沟通，如果该生在表达出想放弃学业结婚时，家长便引起足够的重视，及时与校方联系，那么可能问题不会发展到如今的局面，解决起来也更容易。

3. 抓住疫情时机进行职业规划教育

该生在广东时，不止一次问过我助学金与建档立卡补助发放的问题。在疫情的影响下，全国各地全面停工，我猜想独自在外生活的该生此时应该也面临着更为严峻的经济问题。我抓住这个时机，对该生进行职业规划教育，如果疫情发生时她能有稳定的工作，可能不会像现在这么不堪，想要有稳定的工作，就需要通过学习不断提升自己。

从本案例中反映出的问题中，对专业认可度偏低的问题是整个单招群体中比较普遍的，针对这个问题，解决思路如下：

1. 加强职业生涯规划教育

要求学生写一份职业规划书，针对自己想要的工作，思考自己现在欠缺的能力，指导其有针对性地进行学习。学校虽然有开设职业生涯规划教育等相关课程，但研究表明，目前国内的职业生涯规划教育更偏向理论教学，比较缺乏实践环节的教学，同时，针对少数民族学生的职业生涯规划教育方面的研究还比较欠缺，希望后续教学中能有针对性地对这些学生加强职业生涯规划教育。

2. 通过优秀毕业生就业情况进行引导

其实本专业的很多毕业生都不是直接对口成为幼儿园教师，但学生在校学习的技能可以让他们有更多就业选择，比如相应技能的幼儿培训、创业、体智能、多媒体领域等。我通过分享毕业生走出来的不同的路告诉学生 B，本专业就业并不局限，只要自己有足够的能力，走到任何地方都能将所学转化为工作能力，消除学生本专业不适合自己的顾虑。

（三）工作效果与启示

最后，在与该生家长的共同努力下，该生同意回学校继续完成学业，返校后该生学习积极性有所提高。在辅导员的教育和引导下，本班的其他少数民族学生也在假期中对自己的人生和职业做了规划，开学返校后，明显感觉这些学生学习动力有所增加。

在少数民族班级中，由于少数民族学生的一系列特点，很多学生进校后对人生和职业没有明确的规划，容易受周围环境的影响选择退学，这时候需要辅导员和家长及时站出来对学生进行引导教育，帮助他们顺利完成学业。

工作案例 5

拳拳父母心，悠悠师者情

—— 江苏海事职业技术学院人文艺术学院

徐长江老师帮扶"青海班"少数民族学生

黝黑的脸庞，

浸透着太阳的光芒。

第一次看见你们，

生命的意义就从此不同寻常。

我愿意去伴随你们，

宏大的青春成长；

我愿意做灯塔，

指引你前行的方向；

我愿意用我的宽阔的大手，

让你们的心灵也洒满阳光。

—— 题记

徐长江，中共党员，从教二十多年来，一直工作在教学和学生管理第一线，曾获校级优秀党员、优秀辅导员、优秀班主任、先进工作者等荣誉称号。尽管徐长江有着22年的学生管理经验，但初次接触"青海班"学生的他，却像职场"新手"一样专门收集了所有学生的名单，细致地制定学生信息表，为第一次来南京求学的青海学子们准备好日常所需的物品，研究每个学生的生活习惯和特点……

"我仔细查过学生名单后，发现他们大部分来自牧区，这顿时让我觉得担子蛮重的。"徐长江将自己能够想到的一切前期工作都做了最充分的准备和最周密的安排，以最好的状态去迎接第一批青海学生的到来。徐长江一心扑在"青海班"学生们身上，有时甚至顾不上自己的家事。2017年年底的一天，他的父亲因突发脑梗住进ICU病房，可当时"青海班"学生事务繁杂，他为了学生不能时时陪伴父亲。为了弥补，他只能时常在下班后赶回家陪陪老人。

初见"青海班"，决心不负重托

2017年9月，21名来自青海的藏族学生进入了江苏海事职业技术学院人文艺术学院旅游管理专业学习。大规模录取藏族学生，并为少数民族学生单独编班建制，对于学校来说还是第一次。这些藏族学生都来自青海省海南州的藏族牧民家庭，他们中的绝大部分人家庭经济状况较差，除此客观情况之外，"青海班"学生学习基础如何、自律能力如何、能不能适应大城市的学习和生活？……一系列问题在人文艺术学院副书记徐长江的脑海中萦绕。由于没有以往经验可循，对"青海班"学生的教育和管理工作只能"摸着石头过河"。

在新生报到第一天，徐长江第一次见到"青海班"学生简朴的衣着、黝黑的面庞、纯真的笑容后，他就下定决心，将自己的主要精力用在这些少数民族学生的身上，并主动承担起"青海班"的班主任工作。

在求学路上，力争一个不少

开学第三天中午，徐长江在学校学生食堂吃午餐，无意中发现了"青海班"小梦（化名）只买了一个馒头和一盘青菜。"吃那么少，能吃饱吗？"徐长江立刻走上前去与她交谈了起来。经过长时间交流，小梦终于道出了实情："家里弟弟妹妹多，妈妈去世了，爸爸骨折了，没什么收入，我只能节省一点……"她不好意思地低着头，声音越来越小："老师，我这几天一直在考虑退学，减轻家里的负担。"徐长江眉头紧锁，仔细打量着面前这个姑娘，只见她穿着一件起了毛边的衬衫，一条黑色卡其布裤子，一双开了胶的绿色凉鞋，这样的衣着打扮显然和时代脱节了。"青海班"同学的贫困程度超过了徐长江之前的想象。对这些朴实的孩子们来说，只有知识能改变命运，没有什么比让他们留在学校继续学习更重要的了。下午，徐长江立即向学院领导汇报了这一情况，并逐个与"青海班"学生进行个人谈话，深入了解他们的家庭状况，鼓励他们申请国家助学金。

经过一系列努力，"青海班"家庭经济困难的学生都拿到了助学金，小梦还顺利在校内找到了一份勤工俭学的工作，"青海班"学生没有一个因为经济原因退学，都愉快地在学校开始了专业学习。

以学业为重，付真情出成效

"青海班"学生学习基础普遍较差，学习动力不足，自律能力不强，甚至有一次发生过因为课堂纪律不好，一名任课老师还被学生们气走的事情。为此，任课老师曾多次就他们的课堂表现向徐长江反映。徐长江为了"青海班"学习的问题，确实大费周折，多次找主要班干部谈话，在班级召开主题班会，整顿班级的学习风气，深入到宿舍，了解他们的所想所愿，让学生们真正认识到他们学习的目的所在。他一有时间就走进课堂和自习教室，查看学生们的学习情况，及时发现问题。还就"青海班"学生英语基础差的特点，上报学校教务处，及时调整这个班级的英语教学计划，邀请其他班级英语成绩好的同学与他们"一对一"结对，组成英语学习小组，鼓励他们积极参加学校英语角活动，提高他们学习英语的兴趣和积极性，取得了较好的效果。

经过一学期的努力，"青海班"学生的课堂纪律明显好转，大家的学习劲头十足，都明白了进入大学学习机会的来之不易，只有学到本领才能改变自己的命运和家乡的面貌。

支精神之援，要润物细无声

家庭经济困难学生需要的不仅仅是物质上的资助，更重要的是要消除他们因物质贫困而产生的精神贫困。"青海班"学生小雪（化名）由于家庭条件较差，学习成绩也不理想，曾一度出现自卑心理，排斥与舍友交往，宿舍人际关系闹得很僵，为此同宿舍同学曾多次找到班主任徐长江要求调宿舍。了解到事情原委以后，徐长江找到了该生谈话，可不管如何耐心引导，小雪始终是不愿多讲，不愿意向老师敞开心扉。问题始终找不到解决的突破口。直到3月某一天晚上，"青海班"的班长打电话给徐长江说小雪生病去了医院，经医生诊断，小雪患了疾病需要马上住院手术。徐长江立即驱车从家里赶到医院，自己垫钱忙前忙后为她办理了住院手续。看着满头大汗的老师，小雪"哇"的一声抱住他大哭了起来。手术结束，小雪的舍友一起来医院看她，从此以后，校园里经常可以看到小雪和宿舍同学并肩上课的轻快身姿。正如"青海班"同学所说："徐老师在学习上是我们的老师，在生活中是我们的家人，他一有空就和我们聊天，无微不至地关心我们的成长。有了他，我们感觉像在温暖的家里一样。"

2018年春节期间，来自"青海班"的同学和家长纷纷给徐长江发来祝福短信："老师我非常感谢您。感谢对我的辛勤付出。我的学习成绩一直不好，您教会了我怎样去学习。您在我的生活上也很关心我，我想说一句老师，您辛苦了！我永远爱您！""您的思想，您的话语，蕴含着哲理，又显得那么神奇——在我的脑海里，它们曾激起过多少美妙的涟漪！敬爱的老师，我要永远地感谢您！""亲爱的老师，向您表达我最衷心的感谢。

在人生旅途上，您为我点燃了希望之光，您所做的一切润泽了我的心灵，开阔了我的视野。今天我向您致以崇高的敬意。"

拳拳父母心，悠悠师者情。徐长江正是以他父母般的爱心，润物细无声地滋润着每个困难学生的心灵，让他们体会到家人般的温暖，点燃学习和生活的希望。

（素材来源：搜狐网　苏乡永助·资助育人好故事）

工作案例6

想要拥抱灿烂的微光
—— 少数民族建档立卡学生的认知行为疗法心理咨询案例

2021年4月初连着下了两天雨，天气很冷。我在教室加班，突然进来一个学生跟我说她心情很郁闷，整个人的状态非常不好。我一下紧张起来，小刘的身体本就瘦弱，加上情绪低沉，面色也有些发黄，让我想起前年九月份刚开学，我给孩子们做的心理测试，小刘看起来是有较为突出的心理问题的。基于此我耐下心来安慰她，并且与她进行了深入的交流，得知她的家庭背景和生活状态后，我为她进行了一系列的分析与治疗。

在处理学生心理问题时，首先需要全面了解学生的基本情况和问题出现主要原因，从学生个人自诉、辅导员观察等多方面、多视角了解学生的基本情况，进而究其原因，对学生当前存在心理问题形成系统、合理的评价体系。

（一）案例基本资料

1. 学生基本资料

刘某，女，22岁，回族，建档立卡，独生女，在读大二学生，体重50千克，身高164厘米，体态正常，发育良好，无器质性伤病史。出生于农村家庭，家住宁夏固原市，父母离异，由爷爷奶奶抚养长大；父亲在外工地打工，母亲重组家庭有一女儿。小学时读书成绩好，因父母离异，高中时成绩出现明显下滑，不喜欢主动找人交流，平时性格内向敏感，朋友不多。

2. 学生个人自述

考入大学以来，起初与同学们相处比较融洽，只是朋友交往不多，后来与寝室舍友因作息时间安排、生活习惯等差异发生言语冲突；因民族信仰与风俗习惯的差异，舍友和同学不能理解回族的饮食习惯（不吃某些肉类）和回族节日（开斋节、古尔邦节等），胡乱揣摩猜测造成误会，不能设身处地地体会我们的信仰，产生隔阂。时间久了不愿意主动与别人解释，也不愿意和汉族同学接触，也不愿交流。白天感到疲劳，对很多事情提不起精神，做事拖拖拉拉，总感觉自己记忆力也下降，导致成绩变差。认为学习没用，无法改变生活现状。与朋友家人聊天情绪波动大，容易烦躁和发脾气，事后又觉得后悔。

3. 辅导员观察了解

刘某独自前来，个子中等，身材较为消瘦，进入咨询室，神情紧张，低着头。落座后，身体僵硬，不自然。咨询过程比较配合，对答不太流利，语速较慢，但能表达自己的问题。自制力存在，有求知欲望，未见明显精神病性症状。

（二）案例原因分析及诊断

1. 咨询信息

咨询时间：2020 年 9 月——2021 年 1 月

会谈次数：

①咨询关系建立阶段，会谈 1～2 次；

②心理咨询阶段，会谈 5～6 次；

③结束与巩固阶段，会谈 1～2 次。

在此咨询之前没有接受过督导，没有接受药物治疗。

2. 初步诊断

综合以上资料，对来访者的初步诊断是：严重心理问题。

诊断过程如下。

①是否有器质性病变：来访者有睡眠不好甚至失眠症状及植物神经紊乱，通过综合医院的检查，排除器质性病变的可能；

②区分正常与异常的心理学原则和精神病症状：该来访者产生的困扰有明显的生活事件，主客观世界统一，精神活动内在协调一致，人格相对稳定，对自己的问题有认识，主动寻求帮助，有自知力。条理清楚，表达准确，无幻觉妄想等精神病性症状。因此判断该来访者属于正常的心理范畴，并排除精神病性问题；

③该来访者的内心冲突属于常形。该症状通常来自以下几个方面：第一，父母离异，对感情上的判断混沌不清，导致内心冲突；第二，心里对学习结果的期望与现实不符，导致内心冲突；第三，因与同学交往不善，与舍友有矛盾，导致人际关系紧张，造成内心冲突；第四，由于是离异家庭害怕被大家嘲笑，导致严重的内心冲突；第五，因自己是建档立卡家庭，怕被同学们看不起，导致严重的内心冲突。

④是否泛化：该来访者的情绪已经泛化，因为自卑不敢与人交流，因为不敢交流导致依赖家人、害怕同学嘲笑不愿意参加集体活动，有逃离想法。

⑤确定心理问题的持续时间，心理、生理及社会功能影响程度：该来访者的主导症状为紧张、担心、害怕、出汗、失眠，内心冲突是基于现实事件引起，属于常形范围；持续时间为6个月；情绪及行为反应较强烈，不想学习，不想交流，对生活和交往有一定影响；反映对象也逐渐泛化，由于不敢交流变成见到人就紧张，想逃离。

3. 诊断依据

本咨询采用贝克和雷米的认知疗法。通过咨询解决求助者认知上的偏差、错误行为及不良情绪，认知治疗的重点在于合作和积极参与，让求助者决定谈什么话题，咨询师从中识别其想法的曲解之处，概括要点，做出家庭作业安排表。在咨询过程中，咨询师须与求助者共同确定具体的、可实施的目标。认知治疗与其他治疗方法有所不同，认知治疗具有结构性，咨询师在治疗期间要遵守其结构性原则，并有时间限制；但咨询师可以使用一些技术，比如苏格拉底对话、格式塔治疗教会求助者识别、评价自己功能不良的想法和信念，并对此做出反应，教会求助者成为其自己的治疗师，而且强调防止复发，将治疗延续到咨询以外的时间，最终目的是要让求助者自己能够解决自己的问题。

4. 鉴别诊断

①与精神分裂症的鉴别：根据正常与异常心理学原则及精神病性症状，该来访者属于正常心理范畴，并未有精神分裂症的相关症状，故排除精神分裂症的可能。

②与一般心理问题的鉴别：一般心理问题和严重心理问题均属于常形范畴，但该求助者的内心冲突持续近六个月，严重影响了学习和生活，并部分情绪和行为有泛化情况，故排除一般心理问题的可能。

③与焦虑性神经症的鉴别：该来访者存在部分焦虑症状，比如担心、害怕，但该来访者的冲突尚属于常形，而焦虑性神经症的冲突来源是变形，故排除焦虑性神经症的可能。

④与抑郁症的鉴别：该来访者的情绪低落、难过，有现实基础，并有由担心害怕引起的情绪问题，与抑郁症的症状表现和来源完全不同，故排除抑郁症的可能。

（三）案例解决思路和过程

1. 解决思路

（1）咨询目标

①近期目标：改变大学期间不良的个人卫生习惯；消除或减轻求助者

的不良情绪和体验；发展与同学的正常人际关系；调整求助者对大学规划及大学习的正确认识和理解；提高求助者的独立性、自信心和解决问题的能力；

②长期目标：在达到以上具体目标的基础上，最终促进求助者心理健康发展行为正常，达到人格完善。

（2）咨询过程——诊断评估与咨询关系建立阶段

①任务：了解求助者的基本情况，收集信息；建立良好的咨询关系；通过心理测验，辅助咨询并明确主要问题。

②方法：运用与求助者建立良好咨询关系的相关技术；摄入性会谈；运用心理测验工具。

③咨询过程：认真倾听求助者的诉说，鼓励其宣泄消极情绪，通过运用尊重、热情、真诚、共情、积极关注的技术，了解其最近学校生活状态，在交谈中逐步获取求助者的信任和理解，与求助者建立初步咨询关系；填写咨询登记表，并介绍咨询相关事宜与具体规则；通过摄入性会谈，收集刘某的基本信息、个人爱好，了解其成长环境和成长经历，尤其是了解对其影响较大的事件；根据求助者意愿进行心理测验，通过 EPQ 量表了解求助者的人格特征，通过 SCL-90 了解求助者目前可能存在的情绪和行为问题所在，并耐心解释心理测验的结果，告知其存在问题，探寻求助者的心理矛盾和改变意愿；介绍贝克和雷米的认知疗法的基本原理，与求助者达成一致意见，使用认知疗法，解决求助者当前面临的具体问题。

④布置咨询作业：认真思考咨询师的分析。

2.解决过程

（1）心理帮助阶段

①任务：确定咨询目标；调整求助者不良情绪；改变求助者的认知偏差；改善求助者的错误行为。

②方法：运用认知疗法的提问与自我审查技术确定问题；运用建议、

演示和模仿的技术检验求助者的表层错误观念；运用行为矫正技术进一步改变认知。

③过程：

运用提问技术，运用开放式提问方式让求助者详细说说在校日常生活行为、作息安排和学习情况。比如，你与舍友相处之间发生了什么事情呢？你对大学生活是怎么认识的呢？认真观察求助者的反应和神情，倾听其回答情况，开始回答反应较慢，表达不流畅，随着治疗时间的推移，求助者的回答积极性越来越高，主动阐述事情的发生、经过和结果，以及自己的认知和理解。

运用自我审查技术，鼓励并引导求助者说出她对自己的看法。针对不讲个人卫生、不想学习、遇事逃避等行为，让求助者意识到以上行为习惯是影响与宿舍和谐相处、与班级同学人际关系紧张的重要影响因素，引导求助者改变自己的卫生习惯和学习态度等。观察刘某的微表情、回应态度和动作行为，感受到其的理解和认可。

运用建议技术。求助者的表层错误观念，是她不相信自己最直接和具体的解释。例如，造成我与同学相处不恰的原因是由于"我父母离异、家庭贫穷、我生活在一个不幸福的家庭、我感到自卑，所以我的人际关系差"。针对这些表层错误观念，建议刘某关注本班父母离异的王同学，了解王同学的以往的学习状态和班级人际关系，总结离异家庭和建档立卡不是影响人际关系的因素。引导刘某相信只要自己努力调整状态，建立正确认知，做好大学规划，也可以迎来充满自信和美好的人际关系，来验证刘某的观念是错误的。

运用演示技术。对于"我与同学关系不好"带来的表层错误观念，通过演示技术进行角色扮演，例如，咨询师扮演求助者的角色，而求助者扮演同学的角色，角色互换，进行对话沟通，了解关系不好的原因。

运用行为矫正技术。求助者的偏差认知和错误行为不良情绪往往会形成一个恶性循环，通过行为矫正来改变她不合理的认知观念。但一定要经过与求助者的协商，达成共识，用行为矫正才能达到效果。第一，与舍友相处方面，要求她改变个人卫生习惯，并维持 2 个月以上时间，做好舍友相处的情况记录；第二，人际关系方面，要求遇到民族信仰和饮食习俗等问题与同学保持正常沟通和解释，不能规避问题；与班级同学保持良好的人际关系，正常交往 2 个月以上；第三，情绪体验方面，制定一个情绪晴雨表，每天对自己的情绪体验进行评分，成就感 1～5 分、满足感 1～5 分在连续得到 5～10 个 4 分以上的成绩时可以来找咨询师进行咨询，并将当前的体验表达出来。第四，学习方面，根据学生情况制定专属学习计划，日常观察、交流和监督学习状态及效果，用期末考试结果说明问题，证明学习有用。

④布置咨询作业：记录生活中有个人情绪波动的事件，并且写出对其认知；选择自己热爱且可以完成的一件事，努力做好并记录自己心情变化；认真坚持完成行为矫正技术下的作业。

（2）结束与巩固阶段

①任务：巩固咨询效果，并结束咨询。

②方法：使用认知复习技术，巩固新观念；使用心理测验，再次评估咨询后的情绪和行为。

③过程：与求助者共同确定家庭作业，通过向寝室舍友、班委和亲近朋友了解刘某的个人生活习惯、学习积极性、人际交往以及平日遇事处理的态度和行为等检查作业内容完成情况，观察对比每次咨询效果，进行认知复习和加强训练。第一，教会求助者养成良好生活习惯，改善与寝室舍友相处，缓解与班级同学的人际关系，积极参与集体活动。第二，培养求助者个人跑步特长，挖掘闪光点，激发学生内在潜力。通过与体育老师沟通，加强其日常培养和监督，在运动会中获得校赛 1 金 2 银的优异成绩。赛后感觉刘某话也多了，认识到了自己存在的价值，明显自信了很多。第

三，在大学学习规划方面，安排成绩优异性格活泼的同学作其同桌，安排学生干部进行日常朋辈帮扶，多方联动，精准帮扶，转变因原生家庭和建档立卡，带来的错误认知。第四，解读国家资助政策，如学费减免、助学金、勤工助学等政策，解决学生后顾之忧。鼓励刘某参加公益活动，放下心理包袱，从"受助人"向"助人者"转变，从"经济资助"向"精神扶贫"转变，培养坚定信念，自立自强的品质，塑造积极阳光自信的人格。第五，鼓励其在假期寻找本专业的兼职，锻炼自己独立思考和解决问题的能力，不仅证明专业学习的有用性，也可丰富眼界，培养学生"爱国、敬业、诚信、友善"的品质。

进行心理测验，使用 SCL-90 重新评估咨询后，了解求助者的情绪体验及行为方式变化。

结束咨询。

（四）案例分析与启示

1. 案例效果分析

①求助者自我评估：通过咨询，精神症状得到改善，个人情绪得到改善，生活习惯得到改善，对学习有积极性，与舍友相处融洽，愿意主动与班级同学沟通，遇事能独立思考，对生活充满希望。

②求助者适应社会的情况：求助者能与老师同学正常相处，愿意融入集体活动，遇事能先思考再努力独立解决，对大学生活和学习有了全新的认知。

③求助者周围朋友的评估：讲个人卫生，能正常与人交流，对咨询效果表示满意。

④咨询师的评估：经过咨询，求助者情绪比咨询前有了很大改善，不再暴躁，发脾气，社会功能得到改善，能正常生活、交友和学习。

⑤心理测量结果与咨询前的比较（心理咨询测量结果正常）：SCL-90总分 153 分，其中焦虑 1.8 分、人际关系敏感 1.7 分、其他（睡眠）1.5 分。

　　基于求助者给予咨询师的总结评估与其同学老师的观察，干预前后刘某在心理、信念与行为等方面发生了明显好转。

　　本案例中咨询师与求助者建立了良好的咨询关系，通过贝克和雷米的认知疗法来改变刘某的不合理认知，由消极应对转变为积极主动面对问题，主动规划学业，与同学相处融洽。本案例得到了较好的干预效果，主要是因为精准找到了引起刘某焦虑情绪、消极逃避问题和自卑的核心原因，通过认知疗法、自我审查技术、建议、演示和模仿技术、行为矫正等技术纠正刘某不合理认知，对人际交往问题、大学学习认知等问题进行及时干预，求助者积极配合也是重要原因。

　　2. 案例评价启示

　　①通过贝克与雷米的认知疗法对一名少数民族建档立卡学生的心理问题进行了干预研究。经过求助者自我评估、求助者适应社会情况、周围人评估以及咨询前后心理测量结果对比，证明咨询目标比较合理，有助于解决刘某存在的心理问题。咨询结果显示，认知行为疗法有效纠正了该学生不合理的认知观念，改变了其负性焦虑情绪和不当行为，取得了良好的预期效果。在此过程中，心理咨询师提供了专业援助和心理支持，在帮助刘某认知重建、学习与人格完善等方面发挥了重要作用。

　　②在新生入校时，学院应该为每位同学建立一份电子心理档案，将学生心理调查工作常规化，查询心理问题学生，有针对性地开展专题知识讲座，提高大学生心理素质；同时筛查整理典型心理问题案例，组成学校学生心理健康案例库，有助于及时掌握学生存在心理问题，为解决大学生心理问题提供思路和方法。

　　③作为专职辅导员，应从以下几方面做好大学生心理健康教育工作：

　　一是引导大学生树立正确的认知理念。正视学习价值，学习不仅可获得相关知识和能力，也是走向职场从事特定职业不可或缺的工具，还利于完善学生人格，健全身心，创造智慧，教会我们去健康阳光积极地生活。

我们要用唯物辩证法哲学看待问题，新事物必定战胜旧事物，事物发展的总趋势是前进的，而发展的道路则是迂回曲折的。大学生活遇到的困难是我们成长的必经之路，在这道路上，我们要不断完善学习方法，更新学习理念，达到学习目标。

二是开展大学生心理健康教育和团体辅导，提高学生自我调节能力。第一，采用形式多样的团体辅导。解决常见心理困扰问题，使学生明确学习目标，端正学习动机调节学习心理，掌握学习方法，达到减轻学习压力的目的。第二，依托心理咨询案例库，情景再现，了解学生问题，学会倾听，精准对焦学生问题，一对一帮扶，有针对性地解决学生心理问题。第三，不断提高学校心理健康服务水平，通过入学筛查课程教育活动引导等，潜移默化中提高学生心理健康知识水平。

三是加强学生思想政治教育和心理疏导，帮助贫困生树立"人穷志不短"的思想观念，引导学生积极向上、攻克难关的内心动力。对不良的心理状态给予及时、正确的开导和教育，帮助学生真正实现自立自强，让每一个心理问题学生都能勇敢地面对自己，接纳自己，战胜困难，实现梦想。

四是完善资助育人工作机制，从"经济资助"向"精神扶贫"转变，加强受助者爱国教育、感恩教育和诚信教育，培养学生"爱国、敬业、诚信、友善"的品质，引导学生树立正确的人生观、价值观，培养自立自强的优秀品质，通过自己的努力，回馈国家、社会及学校的帮助，创造美好的未来。

第九章　榜样人物介绍

经过多年的教育培养，江苏高职院校已经涌现出一大批勤奋好学、苦练技能，扎根边疆、矢志报国的少数民族大学生先进典型人物，他们都展现了榜样的正能量。本书中列举的几位代表人物，既有在读青年学子，他们正在孜孜不倦地追求学业进步，对未来充满憧憬；也有近几年已走向社会的优秀少数民族大学生毕业生，他们反哺家乡，为民族地区经济社会发展做出伟大贡献。其中有些素材来源于本项目团队的跟踪访谈，有些素材由同行提供，它们都反映了江苏高职院校培养高质量少数民族大学生人才的部分优秀成果。

榜样人物 1：珍嘎

珍嘎：融入是最好的成长

珍嘎是学校招收的第一批来自西藏的学生，她通过官微向我了解学校的交通路线。我问她："你一个小姑娘，从西藏到江苏三千多千米路程，不会一个人来吧？"

但她就是一个人来的，坐汽车、乘飞机，辗转昌都、拉萨、南京、淮安……

珍嘎让我想起自己的往事。

那一年，我和珍嘎一样的年纪，也是第一次出远门。从离开家开始，我的心里就充满着焦虑和恐惧。幸运的是，一位跟我同路的人对我很友善，一直带着我，生怕我走"丢"了。我是稀里糊涂地到达目的地的。我想，若不是遇到好心人，我真不知道自己会怎么样。

珍嘎在从青藏高原到淮楚大地的旅途中，有着什么样的经历，不得而知，但我不由得对这么一个 18 岁的勇敢而自立的小姑娘充满敬意了。

珍嘎的回忆：

记得当初我刚收到录取通知书的时候，既兴奋又惶恐。兴奋的是，我终于可以走出大山，去看看我所向往的城市；但是我又很害怕，害怕我一个人去那么远的地方，没有朋友，没有亲人，就连一个认识的人都没有。但是在爸爸妈妈的鼓励下，带着对大学的憧憬，我还是踏上了一个离家三千多千米的旅程。

还记得当时是四点的飞机，我第一次在空中见到那么美丽的日落，第一次见到南京的夜景，也是第一次觉得原来自己的视野如此狭隘，南京远比我想象中还要繁华。那天晚上，我联系到了一个 2014 届的学长，他帮我联系学校的老师，告诉我学校的具体位置。那一晚我彻夜难眠，我开始幻想我的大学生活，幻想着就开心得睡不着觉。

第二天，我终于带着曾经无限的憧憬与幻想，走近梦开始的地方，开始了人生的另外一段旅途。

有一天，我突然看到珍嘎在微信朋友圈发的动态。

她说她很苦闷，很想家，想逃离这个地方。

我对她说：人到一个新的环境，会有很多的不适应，文化、风俗、饮食、语言等，过一段时间，熟悉了，这些问题就会消失。你一个人千里迢迢来到这里，路上那么多困难你都能克服，还有什么问题能难得倒你的呢？而且，学校不同于社会，遇到解决不了的事情，可以跟老师说，老师会帮助你的。

珍嘎很委屈地说：所有的困难我都不怕，但最让我受不了的，是其他同学看我的眼神，他们看到我就像看到外星人似的，出去玩什么的，都不和我在一起，我感到非常孤独失落。

珍嘎的感受我非常理解。西藏，是一个神圣而神秘的地方，人们敬畏她，向往她。我对珍嘎说：人们对你"敬而远之"，因为同学们把你看成了"西藏"——神秘、敬畏，并不是大家故意疏远你。

我建议她，先加入某个社团，一定可以逐渐融入校园生活。

珍嘎的回忆：

大学，远不是我想象中那么简单，首先要记一个个新面孔，一个个三字或两字的汉族名，一直脑子不太聪明的我走在路上，有人跟我打招呼，我时常因为名字跟人对不上而觉得尴尬，让对方觉得我很没礼貌。久而久之，我开始讨厌出去，不想去接触我们宿舍以外的人。这样，思乡之情和负面情绪慢慢浸透了我整个人。

上天还是对我不薄，在我满脑负面情绪的时候，让我认识了一群可爱的人：班主任、校棒垒球队员。尤其是和蔼可亲的班主任朱蕾老师，我永远都记得，那天吃饭时她对我的微笑，还有我给她讲家里的故事时认真倾听的模样，都让我忍不住卸下所有防备，愿意跟她毫无保留地分享我的故事。

在老师的建议下，我加入了学校的棒垒球队。听老师说，学校的棒垒球很厉害，拿过全国、全省的金牌。

还是在微信朋友圈，在珍嘎发的内容中，看到了她灿烂的笑容。

珍嘎被学校的棒垒球队选中了，成了其中一员。她跟老队员们一起训练，并走出校门，参加各种赛事。球队教练戚海兵老师对她严格要求的同时，也对她关爱有加；球队的大哥哥大姐姐们对她呵护备至，这让珍嘎迅速感受到了"大家庭"的温暖。渐渐地，初来乍到的不适应消失了；渐渐地，她融入了团队，融入了校园，祛除了困扰她的负面情绪，恢复了她开朗的天性。珍嘎的朋友越来越多，生活越来越丰富而美好。

有一次，我问她："现在适应了吗？"

珍嘎笑盈盈地说："早就适应啦，现在生活得非常开心。"

其实，让每个孩子开心地学习，是学校每个老师内心的愿望，更应该是责任。

珍嘎的回忆：

在大学里对我帮助最大、骂我骂得最"惨"、我说什么都说"可以啊"的戚海兵老师，如果没有他，我的大学生活一定没有这么多姿多彩。缘分真的是一件很奇妙的东西，和我一同入学的西藏学生中，他偏偏挑中了我，让我加入棒球队。在棒球队的这段日子里，流过汗水，也有了奖牌，但最多最美的记忆，是我在棒球场上的欢笑声。

在加入棒垒球队之前，我压根儿不知道棒垒球是什么，甚至都没见过。刚加入不久，我们就要去山东农业大学打友谊赛，当时戚老师"逼"我上场，我有点搞不懂他的做法，因为我刚加入球队，训练还远远不够，为什么要让我上场呢？后来我才明白，那是老师刻意锻炼我的勇气。

还记得第一次去昆山打全国赛，我们取得了全国第一名的优异成绩。虽然那时的我只是替补，但依然很开心。最后一场比赛非常激烈，让我看到了队友之间的信任，领略了团队精神的重要性。在这三年里，我参加了大大小小很多次的棒垒球比赛，一次次的经历让我不断长大，不断成熟。可以说，因为有棒垒球这个我所热爱的项目，我的大学才没有那么枯燥无味。

时间过得好快呀，一转眼就要离开学校了，我舍不得离开，还想再待几年！

我跟她开玩笑："从当初来了想离开，到现在恋恋不舍，你是经历了怎样的心路历程！"

珍嘎说："因为我现在已经完全融入了校园，我觉得这里就像我的家，这里的一草一木，都留下了我成长的故事，我最美好的青春在这里。这三年，我褪下了刚刚入学时的稚嫩外套，换上了成熟的外衣，从不谙世事的少年，成长为有思想有内涵的青年。三年时光很短暂，但它却给我的人生带来了巨大的转变，并在我心中留下了不可磨灭的印象。"

珍嘎说："大学真的没有高中时想象的自由，要学习很多知识和技能，因为我们今后将要步入的社会，只有靠能力才能征服它，才能把它踩在脚底。所以，我努力学习专业知识，为今后走向社会积累知识和能量。三年的大学生活是短暂的，却是我人生中完美的回忆，迈步向前的时候我不会忘记回首。"

对珍嘎来说，融入，也是成长，成长是最好的收获。青藏高原上的蔚蓝也可以在淮楚大地觅得，不是么？

（素材来源：江苏食品药品职业技术学院新闻，2018年10月）

榜样人物2：次仁曲桑、斯朗巴珍、扎西卓玛

登雪山、冒风寒、6小时的求学路

2020年的寒假因为疫情的原因一延再延，偌大的校园愈发冷清，但江苏食品药品职业技术学院的线上课堂却热闹无比。2月17日，"线上教学"模式正式开启，全校师生投入了新学期的学习生活。这中间，有期盼、有兴奋、有欢喜，也有一些焦虑和不安。

大多数同学快速投入到紧锣密鼓的学业中，感受"线上教学"带来的新鲜感。但仍有一些同学因为各种外界原因不能及时复课，尽管学校已提出"返校后再补课"等备选方案，他们仍绞尽脑汁破解难题，试图打通这4 300千米的隔阂。

次仁曲桑：6个小时的求学路

护理183班的次仁曲桑家住西藏日喀则地区扎西宗乡比列村，这里距离珠穆朗玛峰仅有49千米，海拔近4 200米。在这个区域内，网络信号十分不稳定，连发送信息都有延迟。疫情期间的线上应急教学方案让次仁曲桑犯了难，尽管学校在前期调查时针对他们提出了可以回校补课、发送学习资料等线下学习方案，但次仁曲桑仍不想错过每一次和老师"面对面"

上课的机会。

次仁曲桑在众多的应对方案中选择了最麻烦也是最直接的那一个。每天早上4点，在屋外还是一片漆黑的光景中，次仁曲桑便起床洗漱收拾书包出发了。他骑着家里的一辆老旧的摩托车，从所在的比列村前往扎西宗乡找网上课。这段路不仅有几十千米，而且更令次仁曲桑着急的是，这些路都是珠峰脚下的土路，即便有了摩托车这一代步工具，每天的来回车程也要花费近6个小时。

"在校期间我从来没有过旷课，哪怕在特殊时期我也不想旷课！"次仁曲桑对于这6小时车程的辛苦也只是轻轻略过，比起这更让他开心的却是周二到周五最后两节没有课，"周一确实有点晚，但周二到周五就可以早早回家复习护理考试啦！"

这一段令人心酸又感动的境遇，次仁曲桑却不曾抱怨，仅有一次在和老师沟通时他说过："老师，我真想早点开学！"

斯朗巴珍：在雪山顶上听讲

康复192班的斯朗巴珍，家住西藏昌都市卡若区埃西乡岗村，这里四周雪山环绕，气温较低，因地势原因也存在网络信号较差的情况。"如果是日常交流的话，家里的网还可以，但是看视频就不太行，一直会卡顿。"斯朗巴珍这样说道。

在第一天线上教学的时候，因为信号一直不稳，老师的授课内容也听得断断续续，这让斯朗巴珍十分焦虑。辗转几处空间，都不能满足课程网络需要，斯朗巴珍拿起手机和笔记本就向旁边的山脉跑过去。一路走、一路试，直到跑到快山顶的地方，视频中的老师画面开始流畅，她才松了一口气。斯朗巴珍就在原地坐下，在这块石头上留下了记号。从那天起，这块石头就成了她的"课桌椅"，见图9-1。

图 9-1　斯朗巴珍和她的"课桌椅"

地上是皑皑白雪、抬头是茫茫雪山，在这静悄悄的空旷地，斯朗巴珍一坐就是 4 个小时。"中午的话大概是零下三摄氏度，早晚比较冷，但我习惯了。"在谈到雪山顶的学习时，斯朗巴珍表示每天步行去山顶大概需要 30 分钟的时间，所以课间就不回去了，冷了就搓搓手、捏捏脸，站起来转一转、背背书，和同学聊聊天、约一约返校的生活。

虽然有点辛苦，但是斯朗巴珍表示："能和同学们一起听老师讲课，这种感觉太好了！"

扎西卓玛：村长家中的"抱团取暖"

扎西卓玛是康复 192 班的学生，家住西藏那曲市班戈县青龙乡加苏村。她和她的三个小伙伴，在求学路上遇到了他们的"贵人"——村长。

自 2 月 17 日开始，扎西卓玛每天都会和几个小伙伴结伴去村长家"借网"，在温暖的村长家开始一天的学习生活，见图 9-2。尽管家里条件有限，但村长给予他们这批大学生的关怀让每个孩子都十分感激。闲暇之余，他们也都自告奋勇地帮着村长家做些力所能及的事。

图 9-2   在村长家上课的孩子们

但在提到最近的学习生活时，扎西卓玛有点不好意思，细问之下才得知原来 20 号的时候，村长家停电了，她没能按时上课。得知停电的当下，扎西卓玛急得团团转，她和小伙伴们立刻出发去山上找信号，绕着山脉转了一圈又一圈，从白天到黑夜。直到夜里 11 点，扎西卓玛才借用微弱的信号回复了一条信息"老师，我还在外面"。

最终扎西卓玛和她的朋友们还是没能找到稳定的信号，但"幸运"的是村长家已经恢复了供电。扎西卓玛的回复频率也渐渐慢了，看了一下她的课表，原来她已经投入到紧张的学习中去了，要学的不仅是今天的课程，还有缺失的那天的课程。

在学校开始线上教学之前，全体学生都做过一次"在线教学条件调研"，西藏、青海等偏远地区的学生普遍反应有地区存在网络无信号或信号薄弱等情况，学校针对这样的情况为这批孩子提出了错时补学、发送学习资源下载进行学习、返校后进行学业支持等措施。同时，专业教师也尽己所能，提前录制课程视频、发送学习资料等，想为这批孩子提供更多的便利。

尽管如此，在 2 月 17 日开课的当天，许多没有条件的同学仍然按时出现在了"讲堂"上，他们签到打卡、踊跃发言、及时提交作业，如其他同学一样，每一节课的"高到课率"令授课老师无比动容。

这些同学令健康学院的老师们又心疼又感动，"这些'傻'孩子们，跑到山顶上、骑车去找网，这在他们看来就是有条件上课了！一直以来，他们都保持着这样端正的学习态度，背后的刻苦和辛酸又有谁知道呢？"康复 192 班的陈玮佳这样说道。

据悉，像次仁曲桑、斯朗巴珍、扎西卓玛这样的同学在全校还有很多，在线上课堂中，他们没有条件就创造条件、无法返校就在线返学，积极参与课堂，享受学习过程，在学习中充分展现了高职学生刻苦、勤奋、踏实、努力的优秀品质，为这个即将复苏的春季传递了温暖和力量。

（素材来源：江苏食品药品职业技术学院新闻，2020 年 2 月）

榜样人物 3：拉东才索南

拉东才索南创业：打造雪域高原致富的"金豆子"

"每一粒黑青稞都饱含着高原人民的勤劳和智慧，每一滴黑青稞酒都浓缩着高原人民对美好生活的向往与追求。我们创业的初心就是扎根在青藏高原，作黑青稞产业的引领者，把幸福的滋味带进千家万户。"

在第六届中国国际"互联网+"大学生创新创业大赛总决赛上，扬州工业职业技术学院的藏族大学生拉东才索南的"雪域高原黑珍珠 —— 优质高产黑青稞种植及产业化"项目在比赛中斩获金奖。领完奖之后，还没有来得及好好庆祝，拉东才索南就订好了回家乡玉树的机票，公司准备引进一条新的生产线，接下来，他和团队要比以往更加忙碌了。

死里逃生，抱着感恩心返乡创业

10 年前的那场 7.1 级特大地震，将青海玉树震得支离破碎。正在读高二的拉东才索南从地震中幸存了下来。面对身边倒塌的房屋和逝去的生命，天降的灾难没有打倒年少的拉东才索南，反而让他更加坚强，对生命的意义有了更加深刻的认识。

在全国各族同胞的帮助下，经过艰苦重建，曾经满目疮痍的玉树浴火重生。拉东才索南也在政府和乡亲们的帮扶下继续完成了高中学业，接着考上了大学，成了村里的第一个大学生。

大学期间，走出大山的拉东才索南开了眼界，长了见识，心里也多了一份牵挂。"我们这儿好山好水，宝贝多着呢，可乡亲们的腰包一直鼓不起来。我能做些什么呢？"他的家乡玉树州囊谦县是 1984 年国务院公布的首批国家级贫困县。在他看来，政府的帮扶力度很大，家乡也不缺好的资源，缺的是能带头创业致富的人。学到真本事，并让乡亲们过上更好的日子，便成了拉东才索南悄悄埋在心里的梦想。

2016 年毕业后，家里人希望拉东才索南能够找一份体面的安稳工作。在他的家乡，上了大学就等于捧上了金饭碗，但拉东才索南却不走寻常路，带着大学时瞒着家人偷偷创业而辛苦攒下来的本钱，毅然回到了家乡。当家人表示反对时，拉东才索南告诉他们说："看着吧，我要让乡亲们都能捧上金饭碗。"

迎难而上，山地里走出个黑青稞王

回到家乡以后做什么？这是拉东才索南考虑了很久的事情。"开弓没有回头箭，创业开始之前没有瞄准方向是不行的。"一天，正在发愁的拉东才索南忽然看到眼前一片稀疏的黑青稞，如梦初醒般来了灵感，创业的路就不在这黑青稞地里嘛。

拉东才索南的家乡是黑青稞的重要产地，黑青稞是目前世界上含 β-葡聚糖最高的麦类作物，具有调节血糖、降低胆固醇等作用，这意味着优质青稞将有望成为"身价"最高的麦类作物。但一直以来，黑青稞种植难、产量低、产业化落后、经济效益不好，这一难题也是当地老百姓的一块大心病，种植黑青稞的意愿弱。

拉东才索南为自己勾画了创业蓝图，一是种出优质高产的黑青稞，二是实现黑青稞的精深加工，走产业化之路。说干就干，他找来了儿时的几个伙伴，从此开始了在黑青稞地里的摸爬滚打，从头到脚一身泥。可是黑青稞的种植不是一件容易的事。好的种子哪里来？好的技术哪里来？怎么调动农户种植黑青稞的积极性？创业之初，他就深刻体会到创业的艰难，这些问题如果不解决，后面想进一步做出好的黑青稞产品，简直就是天方夜谭。

就在拉东才索南最困苦的时候，学校伸出了援手。"他是一个有梦想的人，帮助他实现梦想是我们的责任。"扬州工业职业技术学院的钱俊老师第一次带队见到拉东才索南时就感觉这是个靠谱的小伙子。在学校的帮助下，拉东才索南突破了育种育苗、土壤改良、抗倒伏、病虫害防治、产品精深加工、市场开拓等各个环节的一系列难题。学校还专门成立了一个指导团队，负责全程全方位的指导和帮扶。拉东才索南的创业之路越走越顺，对未来也越来越有信心。"如果不是学校的帮助，我的创业之路早就止步了。"拉东才索南谈到学校对他的帮助时不禁热泪盈眶。

如今，拉东才索南创建的卓根玛公司已经拥有一级黑青稞种植基地1500亩，并初步实现了从田间管理到精深加工的产业化布局，黑青稞糌粑、黑青稞酒等产品深受藏区欢迎。其中，主打产品黑青稞酒通过古法工艺和现代技术相结合，解决了黑青稞出酒率低、品质不稳定的难题。2019年卓根玛公司实现营收已超一千万元，带动建档立卡贫困户脱贫44户，人均增收6 500元。拉东才索南也成为当地远近闻名的"黑青稞王"。未来，他将和团队扎根五省藏区市场，努力成为黑青稞产业化的引领者。

追梦不止，创业导师汇聚青春力量

拉东才索南告诉记者，他创业并不仅仅是为了让自己和乡亲们的腰包鼓起来，更是想通过创业传递一种为了梦想而奋斗拼搏的精神。这几年，拉东才索南把辛苦挣来的钱拿出来很大一部分，前后搭建了玉树市青年创业联盟、囊谦众创空间、囊谦青年创业联合会等平台。创客空间也在吸引越来越多的年轻人回乡创业，带动乡亲致富。拉东才索南使出浑身解数，在当地前后培育孵化出 20 余家成长性好的企业，为弘扬创业创新文化、带动当地青年创业就业、促进地区经济发展做出了突出贡献。2019 年，拉东才索南创立的囊谦众创空间获评青海省省级众创空间。同时，拉东才索南还是囊谦青年创业联合会的党支部书记。

拉东才索南告诉记者，他最有成就感的一件事就是能够成为母校扬州工业职业技术学院的一名创业导师。他说："是学校帮我圆了创业梦想，而我也很高兴能够把希望带给更多的人。"

该校党委书记刘金存表示，近年来，学校通过深入推进创新创业教育，确保"机制、人员、政策"三到位，充分激发和释放学生创新创业激情，着力培养高素质创新创业人才，造就源源不断、敢闯会创的青春力量。

当拉东才索南获得第六届中国国际"互联网+"大学生创新创业大赛金奖的消息传回遥远的家乡时，拉东才索南的团队和村民们在公司的黑青稞种植基地里跳起了古老的卓根玛舞，一起庆祝这个好消息。

从校园到乡村，从震中余生的幸运儿到励志创业的致富带头人，拉东才索南把梦想的种子播撒在了美丽的雪域高原，奋斗的身影在他脚下的土地上闪光，而他追梦的故事还在延续……

（素材来源：中国教育报、中国教育新闻网记者缪志聪，通讯员马俊）

榜样人物 4：祖比亚·加帕尔

祖比亚·加帕尔：天山雪莲尽绽放，新疆学子展风华

新疆维吾尔族姑娘祖比亚·加帕尔是我校电气工程学院通信 1421 班的一名学生，她不仅专业技能出色，而且能歌善舞。在校期间她携笔从戎，退伍后返校深造，毕业之际选择"为家乡代言"，唱响了爱国、爱校、爱家乡的主旋律，把家国情怀与责任担当书写得淋漓尽致。

所获荣誉：获党校"民族舞蹈奖"；"我的大学，我的宿舍"演讲比赛二等奖；第十四届校园文化艺术节"工作先进个人"；2014 年获所在部

队"优秀士兵"称号；2016 年获得校"大学生年度人物"和"校长奖章"称号；2016 年 7 月被吐鲁番市文工团组织选中并参加《吐鲁番盛典》电视连续剧拍摄。

初入校园·绽放美丽

她是一个来自新疆的美丽女孩，需经历 3 860 千米的路程才能抵达学校。刚踏入大学的她一直刻苦认真，并在大一担任团支书一职。虽然汉语不是她的强项，但她坚韧不拔、刻苦钻研，各项专业课成绩均名列前茅。热爱文艺的她在学校组织的舞蹈大赛、形象设计大赛、演讲比赛等活动中取得了较好的成绩。她用她的才艺展现出了新疆女孩的民族风采，绽放出她独有的魅力。

入选文艺兵·踏上军旅生活

"我享受着国家对少数民族的优惠政策，一直渴望能报效祖国，特别希望能体验手握钢枪的那种英姿。"祖比亚说。2013 年，当看到学校征兵入伍的宣传，看到身边有的同学去参军，祖比亚就已经按捺不住自己那颗火热和激动的心。因此，她毫不犹豫报了名，经过初审、体检、政审、定兵等各个环节的层层筛选，最终脱颖而出，如愿以偿地穿上了军装，成了南京军区政治部文工团的一名文艺兵。她内心暗暗立志，一定要在部队好好锻炼自己，为国家贡献自己的绵薄之力。

从一名大学生变成一名文艺战士，这对于一个刚步入校园的大学生来说是一种机遇也是一种挑战。每每遇到难关，祖比亚总会咬牙坚持，骨子里不服输不放弃的精神让她渐渐地从一名普通大学生蜕变成一名真正的文艺战士。她在入伍的第一年后就取得了南京军区 73211 部队嘉奖，2014 年被评为优秀士兵，多次参加部队大型演出。生活中，她还学会了钢琴及声乐知识，并在 2014 年报考了南京陆军指挥学院法律专业本科的接本考试。

重返校园·精彩人生

2015 年退伍后，经过部队这座大熔炉的"淬火"，回到学校的祖比亚显得更加刚强与娇美，她用特有的智慧和才华，充分展现出当代青年学子的巾帼风采。她的身影活跃在校园内外，成为大学生中的领军人物。她是美丽活跃的文艺骨干，充分发挥自己的文艺特长；她是志愿服务的践行者，她用精湛的专业技能，与"电子维修协会"的同学一起，深入栖霞区五福家园等社区为居民们义务维修小家电；她是促进民族团结的使者，闲暇时，她教同学们新疆舞蹈，给同学普及很多新疆民俗常识。

祖比亚发自内心地说："军人的职业意味着责任和奉献，这是我们当兵的人常讲的一句话。我现在也常用这句话激励自己在求学的路上加速前进。"返校后祖比亚出色的表现，赢得了老师和同学们的赞赏，2016 年她获得了"校大学生年度人物"和"校长奖章"荣誉称号。军人过硬的素质和作风，给予了她施展"拳脚"、成就事业的舞台。

家国情怀·回到故里

临近毕业，新疆电视台给祖比亚发来了邀请，邀请她拍摄《吐鲁番盛典》纪录片，她毅然选择了返回家乡。

在她的心中，还有许许多多的愿望，但是能回到家乡，为家乡做贡献，让更多的人通过她了解新疆，是她最想要圆的梦。祖比亚走访了南疆的 10 多所小学，她发现孩子们都非常喜欢去上学，只是缺乏汉语老师，祖比亚就利用节假日到学校教孩子们学习汉语。祖比亚坚信，家乡一定会越来越好！

（素材来源：南京工业职业技术大学新闻，2017 年 3 月）

榜样人物 5：琼拉

她被爱包围，也化身爱的使者传递爱，她是雪域高原上盛开的"海棠花"！

"我是苏电院 2019 级市场营销专业的学生琼拉，来自西藏日喀则福利院一院，在这里我有 200 多个兄弟姐妹，我们在党和国家的温暖中茁壮成长，我们是幸运的，更是幸福的。""2019 年，我在江苏淮安圆了大学梦。在苏电院，我体验了当地文化、提升了专业技能、增长了自信心，收获了很多，成长了很多。"

2022 年，琼拉被评为江苏省最美职校生标兵、江苏省学生资助宣传大使。

琼拉热心公益，她主动申请成为学校"海棠花"宣讲团成员。在琼拉的讲述中，伟人精神、周恩来纪念馆逐渐成了当地福利院孩子们心中的"诗和远方"。

疫情期间"停课不停学"，江苏电子信息职业学院（以下简称"苏电院"）为学生开展了线上教学。琼拉由此产生灵感，"何不带着弟弟妹妹们'云参观'周恩来纪念馆呢？"

苏电院的志愿者们和远在日喀则的琼拉直播连线，跟随志愿者的镜头，琼拉和藏族娃娃们参观了周恩来瞻仰台、周恩来遗物陈列馆等，帮助小"琼拉们"圆梦。一块大屏，连接淮安、北京、日喀则。

在中国共产党建党 100 周年、周总理诞辰 123 周年之际，琼拉在学校领导老师的帮助下，组织开展"三地连线"践初心、颂党恩活动。

活动中，北京大鸾翔宇基金会创始会长、中国新闻社原副社长、周恩来侄女周秉德通过视频连线方式，与西藏日喀则市儿童福利院一院的孩子们和苏电院的师生们一起，共同缅怀周恩来总理，传承弘扬伟人精神。

"周恩来总理是我们心中的偶像和榜样。作为学院海棠花宣讲团的一员，我有责任传承和弘扬伟人精神，赓续红色基因，汲取信仰力量。以后争取能在更大的平台宣讲伟人精神、传播学校海棠文化。"琼拉接受江苏卫视采访的时候说。

"家，对于我而言有着非凡的意义"

"我在周恩来故居参观，印象最深刻的是周总理小时候家里有一口大锅，大锅说明有很多人围坐一起吃饭，有家的感觉，就像在福利院时候一样。"

琼拉不舍得花每月 1 500 元的生活补助，总是省吃俭用。暑假回家，她就用这些省下来的钱给福利院里每一位弟弟妹妹买礼物。

琼拉和小伙伴们走遍西藏林芝市儿童福利院、拉萨市儿童福利院、那曲市儿童福利院、日喀则儿童福利院等 8 所福利院，开展支教活动，为孩子们辅导功课。

琼拉给日喀则福利院的孩子们讲述周恩来的红色故事，与孩子们一起学习传承伟人精神，将革命前辈的精神火种播撒到有着相同命运孩子的心中。

彩虹故事，守护藏族娃娃们甜蜜的梦

睡前故事，是每个孩子香甜夜晚的美好梦境。在琼拉的组织下，海棠花宣讲团的哥哥姐姐们精心选择故事，录制剪辑，用声音传递温暖。

目前已录制好 50 余则小故事，根据不同的年龄段，有中华传统文化故事、红色革命故事、四大名著小故事等。这些音频将录制到学习机里，寄送到雪域高原，为孩子们画上一道彩虹，给孩子们最有爱的晚安陪伴。

你的心愿我帮你实现

作为"江苏学生资助宣传大使"，琼拉和苏电院教育发展基金会一起策划推出"爱心心愿清单"行动，联合社会公益力量精准帮扶藏区受助对象。

琼拉和团队的老师同学一起，开发"苏电棠棠"资助小程序，广泛调研藏区福利院孩子们学习用品、生活用品的需求情况，结合重要时间节点及时上新"资助礼包"。

　　在新学期的"爱心心愿清单"里，孩子们表示，福利院的教室和宿舍没有钟表，生活学习有些不便。新学期"苏电棠棠"上新 20 台时钟，为孩子们提供更完善的学习条件，打造更温暖的家。

　　细心发现爱、虔诚感受爱、主动传递爱，琼拉以一颗感恩之心，在爱里成长，也在成长过程中付出爱，今后她将更加努力，照亮自己的梦，回报伟大的党和祖国。

　　琼拉的善举获得了全校师生的点赞，为学校藏族学生培养工作提供新的启发，同时也深深感动了许多校外爱心人士。我校优质校企合作单位中国工商银行淮安分行将携手苏电院教育发展基金会，启动"海棠花高原行"公益项目，为帮扶藏区困难学生成长成才注入更多资源和新的活力。

　　　　　　　　　　　　（素材来源：江苏电子信息职业学院，2022 年 3 月）

参考文献

艾尼瓦尔·亚森，2014. 内地新疆少数民族大学生学习适应性研究 [D].
　　大连：大连理工大学.

陈燕，2020. 高校少数民族学生教育管理工作机制研究 [J]. 才智（9）：
　　162-163.

陈燕，倪雪华，2020. 江苏高职院校中西部少数民族大学生专业认可度调查：
　　以淮安三所高职院校为例 [J]. 文教资料（19）：138-139，109.

陈田林，2012. 汉区高校少数民族大学生幸福感调查 [D]. 南昌：南昌
　　大学.

曹月如，2010. 内地少数民族大学生文化认同与心理和谐 [J]. 湖南师范
　　大学教育科学学报，9（3）：28-30.

范鸿飞，2022. 非民族高校党对民族大学生凝聚力和影响力提升研究 [J].
　　湖北开放职业学院学报，35（6）：135-136，143.

傅园洁，2015. 高校少数民族学生学习与发展状况调查报告：以江苏 A 大
　　学为例 [J]. 黑龙江教育（9）：69-71.

耿振振，卢东霖，2017. 内地高校新疆少数民族学生就业问题调查研究：
　　以南京中医药大学为例 [J]. 新疆职业教育研究，8（4）：70-72.

桂玲玲，2016. 安徽省内地新疆班护理专业学生学校适应状况及其影响因
　　素的研究 [D]. 合肥：安徽医科大学.

康其萍，2017. 少数民族地区中职生顶岗实习研究：以 G 省 R 县中职学校
　　为例 [D]. 贵阳：贵州师范大学.

梁琳，2018．西部少数民族地区大学生返乡创业教育的影响因素及路径研究 [J]．长春大学学报，28（10）：46-49．

李冠文，夏梦滢，黄婉宜，2021．珠三角地区高职院校少数民族学生党员发展工作研究 [J]．领导科学论坛（10）：149-155．

廖玲萍，2019．小组工作提升内地就读藏族大学生学习适应能力研究 [D]．吉安：井冈山大学．

刘利华，2016．少数民族地区大学生志愿者德育实践活动发展状况研究 [J]．统计与管理（4）：18-19．

刘瑞兰，马科中，2014．冲突、认同与融合：西北高校少数民族大学生的现状与调适 [J]．西北成人教育学院学报（3）：98-101．

刘萨仁，2021．"三全育人"视域下宁夏高校少数民族大学新生入学适应研究 [D]．宁夏，北方民族大学．

刘莹，郑东升，2022．少数民族大学生返乡创业意愿、困境与应对策略 [J]．创新创业（12）：33-40．

马俊霞，2016．普通高校少数民族大学生学习适应性研究 [D]．上海：上海交通大学．

齐小萍，米娜瓦尔·艾力，2015．内地高职院校新疆少数民族学生文化适应现状调查及对策研究 [J]．中国职业技术教育（30）：98-102．

尚艳青，谢纳泽，2022．高校民族团结进步创建多维路径研究：以河南大学"守望之家"少数民族学生思想政治工作室为例 [J]．河南教育（高教）（02）：6-8．

石慧，杜佳，2020．内地高职院校少数民族大学生多元资助体系构建 [J]．中国民族教育（4）：49-51．

孙进，2010．文化适应问题研究：西方的理论与模型 [J]．北京师范大学学报（社会科版）（5）：45-52．

苏倩倩，王艳霞，2020．高职院校少数民族大学生应对就业压力的策略［J］. 科教文汇（30）：120-121.

王超，王仲孝，2021. 少数民族大学生家国情怀培养机制构建［J］. 山东理工大学，37（4）：108-112.

王红，2014. 云南少数民族人口在东部沿海地区的适应与发展调查：以山东省烟台市牟平区水道镇为例［D］. 烟台：烟台大学.

王辉，张建欣，2019. 内地疆籍少数民族大学生师生交流创新路径研究［J］. 科教导刊（1）：181-183.

王丽，2016. 高职院校少数民族学生心理健康状况及其影响因素研究［J］. 科教导刊（上旬刊）（1）：180-181.

王廷中，哈龙，2017. 大学生专业认知度和认可度调查研究：以营口某高校为例［J］. 河北工程大学学报，34（1）：123-125.

王雅静，袁海萍，齐宁，2013. 内地高校少数民族大学生育人协同创新机制探析：基于“双导制”的应用［J］. 青海民族研究，24（2）：170-172.

王志梅，曹冬，崔占玲，2013. 内地少数民族学生心理适应性研究现状［J］. 中国学校卫生，34（1）：127-128.

吴地，2013. 南宁市高职院校民族体育社团现状与发展研究［D］. 南宁：广西民族大学.

谢海霞，2017. 藏族大学生跨文化社会适应研究［D］. 成都：四川师范大大学.

闫曦，2018. 发展性小组介入少数民族大学生学习适应问题［D］. 武汉：中南民族大学.

袁辰霞，2014. 内地高校新疆籍少数民族学生社会文化适应探析：以北京某大学的调查为例［J］. 民族教育研究，25（6）：55-61.

袁淑清，2011. 普通高校少数民族学生文化适应研究［J］. 黑龙江民族丛刊（5）：157-161.

赵国强，2013．少数民族大学生对当地经济社会发展的影响：以甘肃民族
　　地区为例［J］．丝绸之路（6）：96-97．

赵荷花，2022．超越中适应：新时代增强高等职业教育适应性的方
　　略［J］．江苏高职教育，22（3）：20-31．

张璟，2017．四川地区高职院校少数民族学生的文化适应研究［D］．
　　成都：四川师范大学．

张京玲，张庆林，2007．少数民族文化认同态度模式与文化适应的关
　　系［J］．中国组织工程研究与临床康复（52）：10636-10639．

张劲梅，2008．西南少数民族大学生的文化适应研究［D］．重庆：西南
　　大学．

郑雪亭，2022．新疆、西藏少数民族学生就业力提升的路径探析［J］．
　　北京教育（10）：94-96．

庄立臣，任成金，2011．内地高校少数民族大学生心理健康研究［J］．
　　山东理工大学学报：社会科学版，27（6）：98-102．

附　录　江苏高职中西部少数民族大学生的适应性调查问卷

第一部分：少数民族学生基本情况

第1题，你来自哪个民族？（单选题）

选项	小计/人	比例
藏族	383	91.41%
壮族	3	0.72%
回族	5	1.19%
满族	1	0.24%
维吾尔族	9	2.15%
苗族	0	0%
彝族	1	0.24%
土家族	0	0%
蒙古族	1	0.24%
侗族	0	0%
布依族	0	0%
瑶族	0	0%
白族	1	0.24%
朝鲜族	0	0%
哈尼族	0	0%

选项	小计/人	比例
黎族	0	0%
哈萨克族	0	0%
傣族	0	0%
畲族	0	0%
傈僳族	0	0%
东乡族	0	0%
仡佬族	0	0%
拉祜族	0	0%
佤族	0	0%
水族	0	0%
纳西族	0	0%
羌族	0	0%
土族	7	1.67%
仫佬族	0	0%
锡伯族	0	0%
柯尔克孜族	0	0%
景颇族	0	0%
达斡尔族	0	0%
撒拉族	2	0.48%
布朗族	0	0%
毛南族	0	0%
塔吉克族	0	0%
普米族	0	0%
阿昌族	0	0%
怒族	0	0%

选项	小计 / 人	比例	
鄂温克族	0		0%
京族	0		0%
基诺族	0		0%
德昂族	0		0%
保安族	0		0%
俄罗斯族	1		0.24%
裕固族	0		0%
乌孜别克族	0		0%
门巴族	3		0.72%
鄂伦春族	0		0%
独龙族	0		0%
赫哲族	0		0%
高山族	0		0%
珞巴族	2		0.48%
塔塔尔族	0		0%
本题有效填写人次	419		

第 2 题，你是大几的学生？（单选题）

选项	小计 / 人	比例	
21 级，大一	419		100%
20 级，大二	0		0%
19 级，大三	0		0%
18 级，大四（参加专接本、4+0 等各种继续教育形式）	0		0%
本题有效填写人次	419		

第 3 题，你的性别是____？（单选题）

选项	小计 / 人	比例	
男生	122		29.12%
女生	297		70.88%
本题有效填写人次	419		

第 4 题，你的家乡属于____？（单选题）

选项	小计 / 人	比例	
直辖市	9		2.15%
省会城市	16		3.82%
地级城市	22		5.25%
县城	67		15.99%
乡镇	57		13.6%
农村	248		59.19%
本题有效填写人次	419		

第 5 题，你的父母属于____？（多选题）

选项	小计 / 人	比例	
工人	26		6.21%
农牧民	342		81.62%
军人	4		0.95%
知识分子	12		2.86%
个体户	7		1.67%
公务员	5		1.19%
其他	63		15.04%
本题有效填写人次	419		

第 6 题，你是独生子女吗？（单选题）

选项	小计 / 人	比例
是	62	14.8%
否	357	85.2%
本题有效填写人次	419	

第 7 题，进入我校之前，你一直生活在少数民族聚居区吗？（单选题）

选项	小计 / 人	比例
是	351	83.77%
否	68	16.23%
本题有效填写人次	419	

第 8 题，进入我校之前，你上学时是用何种语言的？

选项	小计 / 人	比例
汉语	71	16.95%
本民族语言	99	23.63%
本民族语言为主，汉语为辅	170	40.57%
汉语为主，本民族语言为辅	79	18.85%
本题有效填写人次	419	

第 9 题，上大学对你的家庭来说是巨大的经济负担。（单选题）

选项	小计 / 人	比例
非常同意	105	25.06%
同意	252	60.14%
无所谓（不确定）	33	7.88%
不同意	20	4.77%
非常不同意	9	2.15%
本题有效填写人次	419	

第二部分：少数民族学生学习与专业技能情况

第 10 题，你认为学习是什么？（给下面的说法打分，1 分表示不同意，5 分表示非常同意）（矩阵量表题）

该矩阵题平均分：4.02

题目\选项	1	2	3	4	5	平均分
通过记忆来增加知识量	12 (2.86%)	32 (7.64%)	118 (28.16%)	124 (29.59%)	133 (31.74%)	3.8
帮助我们认识和理解世界	5 (1.19%)	24 (5.73%)	81 (19.33%)	119 (28.4%)	190 (45.35%)	4.11
是发现、探究的过程	8 (1.91%)	25 (5.97%)	92 (21.96%)	138 (32.94%)	156 (37.23%)	3.98
是职业训练的过程	7 (1.67%)	27 (6.44%)	84 (20.05%)	138 (32.94%)	163 (38.9%)	4.01
是自我发展和成长，使我成为真正意义上的人的过程	3 (0.72%)	23 (5.49%)	70 (16.71%)	107 (25.54%)	216 (51.55%)	4.22
小计	35 (1.67%)	131 (6.25%)	445 (21.24%)	626 (29.88%)	858 (40.95%)	4.02

第 11 题，你学习的动力是什么？（给下面的说法打分，1 分表示不同意，5 分表示非常同意）（矩阵量表题）

该矩阵题平均分：4.08

题目\选项	1	2	3	4	5	平均分
探索事物、知识的兴趣	4 (0.95%)	22 (5.25%)	96 (22.91%)	133 (31.74%)	164 (39.14%)	4.03
课程本身有趣	7 (1.67%)	36 (8.59%)	100 (23.87%)	144 (34.37%)	132 (31.5%)	3.85

题目\选项	1	2	3	4	5	平均分
挑战、提升自我	1（0.24%）	19（4.53%）	70（16.71%）	129（30.79%）	200（47.73%）	4.21
就业、升学	8（1.91%）	14（3.34%）	59（14.08%）	128（30.55%）	210（50.12%）	4.24
考试得高分	8（1.91%）	19（4.53%）	95（22.67%）	155（36.99%）	142（33.89%）	3.96
满足老师和父母的期待	9（2.15%）	21（5.01%）	62（14.8%）	125（29.83%）	202（48.21%）	4.17
小计	37（1.47%）	131（5.21%）	482（19.17%）	814（32.38%）	1050（41.77%）	4.08

第 12 题，你在课堂上的行为表现是（给下面的说法打分，1 分表示不同意，5 分表示非常同意）（矩阵量表题）

该矩阵题平均分：3.75

题目\选项	1	2	3	4	5	平均分
主动提问、积极参与讨论	6（1.43%）	25（5.97%）	116（27.68%）	139（33.17%）	133（31.74%）	3.88
积极思考、积极回答问题	0（0%）	21（5.01%）	105（25.06%）	146（34.84%）	147（35.08%）	4
就某一问题或主题做有预先准备的报告	1（0.24%）	29（6.92%）	116（27.68%）	147（35.08%）	126（30.07%）	3.88
质疑老师的观点	52（12.41%）	66（15.75%）	113（26.97%）	96（22.91%）	92（21.96%）	3.26
认真记笔记	5（1.19%）	25（5.97%）	81（19.33%）	143（34.13%）	165（39.38%）	4.05
集中注意力听讲	2（0.48%）	15（3.58%）	87（20.76%）	138（32.94%）	177（42.24%）	4.13

题目\选项	1	2	3	4	5	平均分
干与学习无关的事情	87（20.76%）	69（16.47%）	86（20.53%）	74（17.66%）	103（24.58%）	3.09
小计	153（5.22%）	250（8.52%）	704（24%）	883（30.11%）	943（32.15%）	3.75

第 13 题，你现在的普通话水平能完全满足上课需要（单选题）

选项	小计 / 人	比例
非常同意	109	26.01%
同意	263	62.77%
无所谓（不确定）	22	5.25%
不同意	24	5.73%
非常不同意	1	0.24%
本题有效填写人次	419	

第 14 题，你是否存在挂科现象？你挂科的科目是____？（多选题，至少选择一项）

选项	小计 / 人	比例
从来没有挂科	373	89.02%
数学	13	3.1%
英语	30	7.16%
语文	5	1.19%
专业课	14	3.34%
本题有效填写人次	419	

第 15 题，你的平均学分绩点属于下面哪种情况？（单选题）（学分绩点可以在自己的教务系统查到，具体是在课程成绩查询页面）

选项	小计 / 人	比例
低于或等于 2.0	89	21.24%
高于 2.0 低于等于 2.5	103	24.58%
高于 2.5 低于等于 3.0	98	23.39%
高于 3.0 低于等于 3.5	55	13.13%
高于 3.5 低于等于 4.0	35	8.35%
高于 4.0	39	9.31%
本题有效填写人次	419	

第 16 题，你对自己的专业感到满意。（单选题）

选项	小计 / 人	比例
非常同意	80	19.09%
同意	262	62.53%
无所谓（不确定）	25	5.97%
不同意	48	11.46%
非常不同意	4	0.95%
本题有效填写人次	419	

第 17 题，你通过计算机二级考试了吗？（单选题）

选项	小计 / 人	比例
是	17	4.06%
否	192	45.82%
没有参加该考试，原因是：	210	50.12%
本题有效填写人次	419	

第18题，你通过英语类的等级考试了吗？（多选题，至少选择一项）

选项	小计 / 人	比例
没有通过	184	43.91%
通过了三级 B 考试	21	5.01%
通过了四级考试	6	1.43%
通过了六级考试	4	0.95%
没有参加英语类等级考试，原因是	277	66.11%
本题有效填写人次	419	

第19题，你的学习主动性特别强，对学习充满热情。（单选题）

选项	小计 / 人	比例
非常同意	44	10.5%
同意	308	73.51%
无所谓（不确定）	42	10.02%
不同意	23	5.49%
非常不同意	2	0.48%
本题有效填写人次	419	

第20题，你的学习方法特别好，特别高效。（单选题）

选项	小计 / 人	比例
非常同意	29	6.92%
同意	258	61.58%
无所谓（不确定）	76	18.14%
不同意	53	12.65%
非常不同意	3	0.72%
本题有效填写人次	419	

第 21 题，你入学前的学习基础特别好，特别扎实，有助于你能够顺利过渡到大学阶段。（单选题）

选项	小计 / 人	比例
非常同意	47	11.22%
同意	266	63.48%
无所谓（不确定）	67	15.99%
不同意	37	8.83%
非常不同意	2	0.48%
本题有效填写人次	419	

第 22 题，你能很好地适应老师的授课方式。（单选题）

选项	小计 / 人	比例
非常同意	56	13.37%
同意	298	71.12%
无所谓（不确定）	36	8.59%
不同意	29	6.92%
非常不同意	0	0%
本题有效填写人次	419	

第 23 题，应对学业上出现的困难，你往往会选择____。（多选题，至少选择一项）

选项	小计 / 人	比例
与熟悉的同学讨论	281	67.06%
自己研究课本	145	34.61%
自己查找其他学习资料（网络资料或者图书馆等纸质资料）	217	51.79%
请教老师	233	55.61%

选项	小计/人	比例
请教学长学姐	93	22.2%
将问题搁置一边，不管它	5	1.19%
本题有效填写人次	419	

第 24 题，你的奖励学分（即不通过参加考试来获得学分，比如凭某些证书获得学分）情况是＿＿＿。（多选题，至少选择一项）

选项	小计/人	比例
因为技能大赛、创新创业等比赛获奖获得过奖励学分	77	18.38%
因为某些技能证书获得过奖励学分	97	23.15%
因为文艺体育类竞赛获奖获得过奖励学分	123	29.36%
不清楚学校关于奖励学分的规定	69	16.47%
没有获得过奖励学分	182	43.44%
本题有效填写人次	419	

第 25 题，如果学校允许你用特长换学分（得 1～2 个学分等于免学一门课程），你愿意努力锻炼你的特长。（单选题）

选项	小计/人	比例
非常同意	112	26.73%
同意	280	66.83%
无所谓（不确定）	20	4.77%
不同意	6	1.43%
非常不同意	1	0.24%
本题有效填写人次	419	

第26题，你的奖、助学金和荣誉情况是＿＿＿。（多选题，至少选择一项）

选项	小计/人	比例
获得过奖学金（如国家奖学金、国家励志奖学金、学校奖学金等）	40	9.55%
获得过助学金（如国家助学金、学校助学金、社会助学金等）	104	24.82%
获得过荣誉（如三好学生、优秀学生干部、优秀团员等）	52	12.41%
没有获得过任何奖、助学金	192	45.82%
没有获得过任何荣誉	133	31.74%
本题有效填写人次	419	

第27题，对于自己的学习和专业情况，你有什么想说的吗？可以在这里畅所欲言，字数不限。（填空题）

第三部分：少数民族学生适应与发展情况

第28题，你现在的普通话能完全满足日常交流需要。（单选题）

选项	小计/人	比例
非常同意	100	23.87%
同意	275	65.63%
无所谓（不确定）	23	5.49%
不同意	20	4.77%
非常不同意	1	0.24%
本题有效填写人次	419	

第29题，你的日常交际范围仅限在同民族同学的小圈子里。（单选题）

选项	小计／人	比例
非常同意	64	15.27%
同意	253	60.38%
无所谓（不确定）	33	7.88%
不同意	58	13.84%
非常不同意	11	2.63%
本题有效填写人次	419	

第30题，你能够与周围人正常交流，没有孤独、戒备心理。（单选题）

选项	小计／人	比例
非常同意	84	20.05%
同意	278	66.35%
无所谓（不确定）	37	8.83%
不同意	19	4.53%
非常不同意	1	0.24%
本题有效填写人次	419	

第31题，你没有因为宗教信仰、生活习惯与其他同学产生矛盾。（单选题）

选项	小计／人	比例
非常同意	74	17.66%
同意	219	52.27%
无所谓（不确定）	35	8.35%
不同意	72	17.18%
非常不同意	19	4.53%
本题有效填写人次	419	

第 32 题，你对学校感到满意。（单选题）

选项	小计 / 人	比例
非常同意	89	21.24%
同意	279	66.59%
无所谓（不确定）	36	8.59%
不同意	10	2.39%
非常不同意	5	1.19%
本题有效填写人次	419	

第 33 题，你能适应目前在校的大学生活。（单选题）

选项	小计 / 人	比例
非常同意	70	16.71%
同意	299	71.36%
无所谓（不确定）	30	7.16%
不同意	17	4.06%
非常不同意	3	0.72%
本题有效填写人次	419	

第 34 题，你宿舍的民族情况是____？（单选题）

选项	小计 / 人	比例
宿舍全是本民族同学	306	73.03%
宿舍全是其他民族同学	34	8.11%
宿舍有本民族同学，也有其他民族同学	79	18.85%
本题有效填写人次	419	

第35题，与宿舍同学没有因为生活习惯、宗教信仰等引起矛盾。（单选题）

选项	小计／人	比例	
非常同意	87		20.76%
同意	207		49.4%
无所谓（不确定）	30		7.16%
不同意	68		16.23%
非常不同意	27		6.44%
本题有效填写人次	419		

第36题，对你大学生活造成困扰的因素有＿＿＿。（多选题，至少选择一项）

选项	小计／人	比例	
学习压力	221		52.74%
人际关系	153		36.52%
经济压力	227		54.18%
气候	80		19.09%
饮食	92		21.96%
生活习惯和周围人不一样	81		19.33%
宗教信仰和周围人不一样	19		4.53%
我没有任何困扰	58		13.84%
本题有效填写人次	419		

第 37 题，在校园生活中，因为自己的民族身份感受过他人的关心。（单选题）

选项	小计 / 人	比例	
非常同意	40		9.55%
同意	246		58.71%
无所谓（不确定）	62		14.8%
不同意	56		13.37%
非常不同意	15		3.58%
本题有效填写人次	419		

第 38 题，如果因为自己的民族身份感受过他人的关心，这些关心来自于____。（多选题，至少选择一项）

选项	小计 / 人	比例	
宿舍同学	254		60.62%
辅导员	148		35.32%
班主任	189		45.11%
任课教师	93		22.2%
校领导	55		13.13%
其他朋友	166		39.62%
没有感受过	74		17.66%
本题有效填写人次	419		

第 39 题，你会和老师讨论自己的职业计划、想法、人生观、价值观
等问题。（单选题）

选项	小计 / 人	比例
非常同意	58	13.84%
同意	288	68.74%
无所谓（不确定）	51	12.17%
不同意	17	4.06%
非常不同意	5	1.19%
本题有效填写人次	419	

第 40 题，你会和老师一起参加课外的活动（比如社团活动、探索性学习、
研究项目等活动）。（单选题）

选项	小计 / 人	比例
非常同意	65	15.51%
同意	291	69.45%
无所谓（不确定）	41	9.79%
不同意	16	3.82%
非常不同意	6	1.43%
本题有效填写人次	419	

第 41 题，课余时间，你一般会做什么？（多选题，至少选择一项）

选项	小计 / 人	比例
自己上网娱乐或刷手机	181	43.2%
和朋友一起吃饭、玩耍	266	63.48%
睡觉	140	33.41%

选项	小计 / 人	比例	
学习、考证	169		40.33%
锻炼身体	255		60.86%
参加非学习性的学生或社团活动	141		33.65%
本题有效填写人次	419		

第 42 题，你对社会活动感兴趣，愿意参加或经常参加。（单选题）

选项	小计 / 人	比例	
非常同意	71		16.95%
同意	294		70.17%
无所谓（不确定）	42		10.02%
不同意	11		2.63%
非常不同意	1		0.24%
本题有效填写人次	419		

第 43 题，下列说法中，按照你希望获得的程度进行打分，5 分为特别希望，1 分为不希望。（矩阵量表题）

该矩阵题平均分：4.16

题目 \ 选项	1	2	3	4	5	平均分
希望学校能为你的学习提供支持与帮助（如额外的教师辅导、学业支持等）	6 (1.43%)	18 (4.3%)	88 (21%)	123 (29.36%)	184 (43.91%)	4.1
希望学校能为你的身心健康提供支持与服务（如医疗保健、心理咨询等）	3 (0.72%)	18 (4.3%)	93 (22.2%)	127 (30.31%)	178 (42.48%)	4.1

题目\选项	1	2	3	4	5	平均分
希望学校能为你的就业提供指导与帮助	3 （0.72%）	10 （2.39%）	76 （18.14%）	126 （30.07%）	204 （48.69%）	4.24
希望学校能为你提供更多的社交机会	3 （0.72%）	18 （4.3%）	74 （17.66%）	135 （32.22%）	189 （45.11%）	4.17
希望学校能组织更多的文艺体育类活动	7 （1.67%）	17 （4.06%）	75 （17.9%）	123 （29.36%）	197 （47.02%）	4.16
希望学校能为你提供更多的经济上的帮助	7 （1.67%）	18 （4.3%）	70 （16.71%）	111 （26.49%）	213 （50.84%）	4.21
小计	29 （1.15%）	99 （3.94%）	476 （18.93%）	745 （29.63%）	1165 （46.34%）	4.16

第 44 题，毕业后，你打算做什么？（多选题，至少选择一项）

选项	小计/人	比例
继续学习深造（专接本、专升本、考研等）	169	40.33%
考公务员、机关单位、事业单位	275	65.63%
参加西部计划、"三支一扶"等政策性就业	65	15.51%
进国有企业工作	67	15.99%
进民营企业工作	35	8.35%
自主创业	103	24.58%
尚无明确计划	35	8.35%
本题有效填写人次	419	

第 45 题，毕业之后，你愿意在哪里工作？（多选题，至少选择一项）

选项	小计 / 人	比例	
淮安	43		10.26%
江苏省	42		10.02%
家乡	279		66.59%
家乡所在的省份	239		57.04%
北上广等一线城市	12		2.86%
各省会城市	69		16.47%
一般地级市	40		9.55%
县乡	74		17.66%
本题有效填写人次	419		

第 46 题，你选择工作时主要考虑的因素有____。（多选题，至少选择一项）

选项	小计 / 人	比例	
与所学专业相关，能发挥专业优势	256		61.1%
符合自己的兴趣爱好	201		47.97%
工资满意	180		42.96%
工作稳定	271		64.68%
离家近	146		34.84%
有挑战性，实现自我价值	141		33.65%
能够服务社会	146		34.84%
其他	25		5.97%
本题有效填写人次	419		

第47题，根据自己的情况，你对自己初入职场的月工资的期望是____？（单选题）

选项	小计／人	比例	
1 500～2 500元	29		6.92%
2 501～3 500元	46		10.98%
3 501～5 000元	131		31.26%
5 001～8 000元	138		32.94%
8 001～10 000元	52		12.41%
1 万元以上	23		5.49%
本题有效填写人次	419		

第48题，谈谈你是否适应现在的校园生活，你觉得目前的校园生活怎么样，你对未来的发展有什么想法。可以在这里畅所欲言，字数不限。（填空题）